连接高铁和机场的城际轨道
南京至高淳城际轨道南京南站至禄口机场段
工程设计总结

广州地铁设计研究院有限公司
南京地铁建设有限责任公司   编著

中国建筑工业出版社

图书在版编目（CIP）数据

连接高铁和机场的城际轨道——南京至高淳城际轨道南京南站至禄口机场段工程设计总结 / 广州地铁设计研究院有限公司，南京地铁建设有限责任公司编著 . —北京：中国建筑工业出版社，2015.11

ISBN 978-7-112-18571-9

Ⅰ . ①连⋯ Ⅱ . ①广⋯②南⋯ Ⅲ . ①城市铁路—轨道交通—设计—南京市 Ⅳ . ①U239.5

中国版本图书馆CIP数据核字（2015）第248979号

责任编辑：李春敏 曾 威
书籍设计：京点制版
责任校对：李美娜 赵 颖

连接高铁和机场的城际轨道
——南京至高淳城际轨道南京南站至禄口机场段工程设计总结

广州地铁设计研究院有限公司
南京地铁建设有限责任公司 编著

＊

中国建筑工业出版社出版、发行（北京西郊百万庄）
各地新华书店、建筑书店经销
北京京点图文设计有限公司制版
北京方嘉彩色印刷有限责任公司印刷

＊

开本：787×1092 毫米 1/16 印张：19 字数：564 千字
2015 年 12 月第一版 2015 年 12 月第一次印刷
定价：**135.00** 元
ISBN 978-7-112-18571-9
　　　（27828）

南京南

翠屏山

河海大学·佛城西路

吉印大道

秣陵

正方中路

翔宇路北

翔宇路南

车辆段

禄口机场

方山

淳化

禄口

横溪

高架桥

图例:

—— 地下线
—— 高架线
—— 过渡线
—— 其它线

○ 换乘站
○ 一般站
■ 车辆段
⚡ 控制中心

南京南站

正方中路站

翔宇路北站

翔宇路南站

禄口新城南车辆段

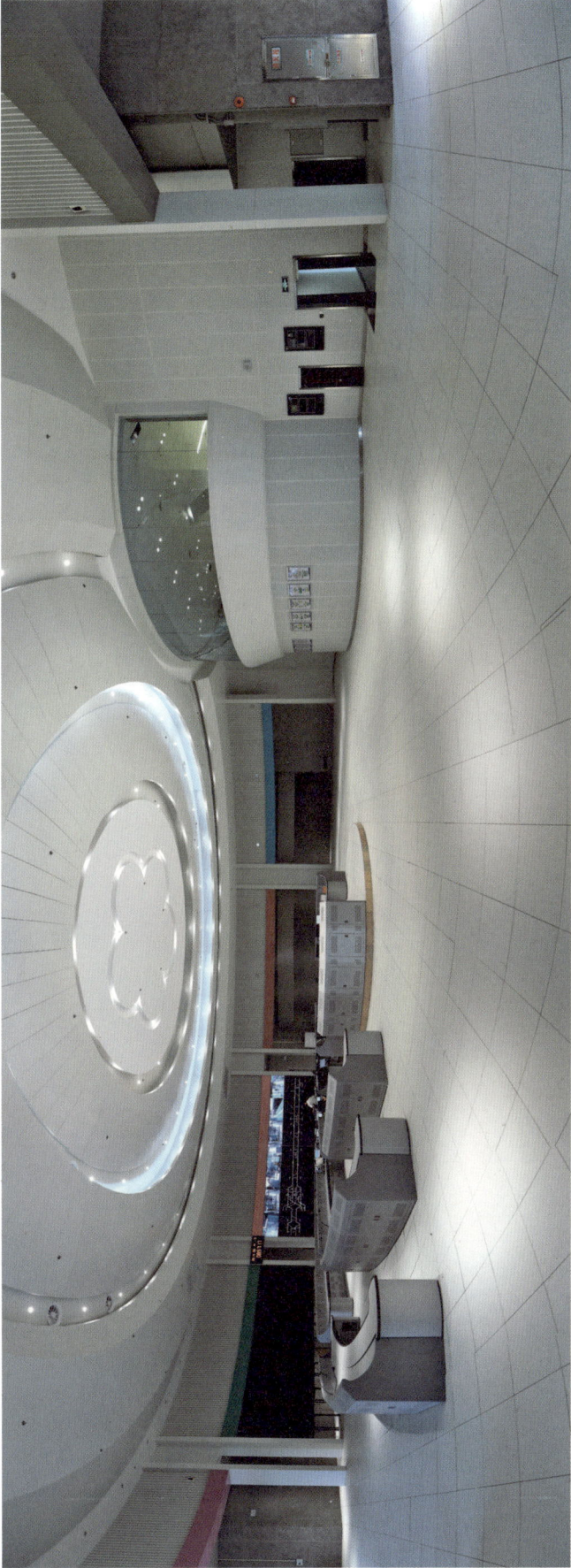

控制中心

编委会

主编单位：广州地铁设计研究院有限公司

南京地铁建设有限责任公司

主　编：王丹平　佘才高　黎　庆　史海欧

主　审：朱　斌　陈志宁　王长宁　裴顺鑫　王　建　廖　景

农兴中　许少辉　何　坚　王迪军　邓剑荣

参编人员：马天生　有智慧　刘延晨　刘丽萍　潘城志　蔡金山

巫玲玲　郭建强　徐　源　沈　瑜　高继传　张　静

许建军　许巧祥　陶建岳　毛宇丰　吴　梦　杨德春

罗燕萍　何治新　肖　锋　谢国胜　郑　石　尧珊珊

柳宪东　李云飞　林良栋　孟子雄　彭　磊（交规所）

刘鑫美　彭　磊（华东分院）梁　笛　朱志伟　刘　坚

王　睿　樊　辉　安　鑫　杨振宇　苗德旺　杨　琪

孔佩佩　刘乐天　赵德全　白唐瀛　伍应忠　任树文

刘　峰　汪　理　于　倩　王　宁　韦玉亭　孟丹青

瞿家宝　董晓春　陈小娟　包　捷　王　强　章　达

范永华　唐祖旺　刘增华　刘晓庆　李文新　苏　华

朱云冲　高　凡　李　双

序

近年来，我国轨道交通建设飞速发展，在规划、设计、施工领域都取得了巨大成就和许多经验，作者根据南京地铁机场线设计实践，系统总结了设计过程中的创新及经验，编著了《连接高铁和机场的城际轨道——南京至高淳城际轨道南京南站至禄口机场段工程设计总结》一书，并即将出版发行。

总体上，2015 年度全国各城市轨道交通系统在"稳中求进"的条件下，保持了必要的建设规模与投资规模。城轨交通作为改善民生的重要举措，近年来取得明显成效，但总体上供给不足。繁重的建设任务，良好的发展机遇，要求我们经常不断地对建设过程的各个环节进行总结和反思，以不断提高设计管理和技术水平，推动行业的技术进步和可持续发展。

南京至高淳城际轨道南京南站至禄口机场段工程作为连接华东最大交通枢纽南京南站和禄口国际机场的轨道交通工程，对南京和全国地铁建设影响较大。设计人员在先进理念的指导下，努力抓好关键技术的研究与突破，获得了一大批国家、省、市级优秀设计奖，全面提升了设计质量和水平。该工程合理确定建设标准，有效控制工程造价，创造了全国同期建设的线路在可比条件下造价较低的记录，并在设计中认真落实环保、节能要求，把绿色地铁设计融入城市整体环境。高架段 U 型梁的优化运用，车辆 6B 编组 100 公里最高时速在南京的首次运用，控制中心首次在南京实现 6 条线资源共享等创新技术，全面提升了南京地铁建设及运营水平，为行业做出了重要贡献。

本书根据南京地铁设计特点，结合广州地铁设计研究院有限公司和南京地铁建设有限责任公司的实践经验，编写思路清晰，内容全面，对南京地铁建设乃至全国城市轨道交通的发展都具有理论性、实践性、创新性的指导和参考意义，并对从事轨道交通设计的专业技术人员及高等院校师生具有一定的学习参考价值。

施仲衡

2015 年 12 月 23 日

前言

地铁作为人类利用地下空间的一种有效形式，对于提高土地利用效率、缓解地面交通、改善人类居住环境、减少环境污染、保持城市历史文化景观等都具有十分显著的作用。相对于既有的公路交通系统而言，地铁还具有运量大、能耗低、交通效率高、准时准点性好、快速安全等优点，已成为现代城市地下空间建设的重点。

南京市作为 2014 年第二届夏季青年奥运会的主办城市，建设南京至高淳城际轨道南京南站至禄口机场段工程是向世界展示南京市综合发展实力、实现南京城市总体规划、构建现代都市区空间格局的需要；是树立城市形象，巩固南京市作为长三角区域中心城市地位和构建国家综合交通枢纽的需要。

广州地铁设计研究院有限公司自 1993 年成立以来，完成了全国超过 30 条轨道交通线路工程可行性研究、勘察设计总体总包，200 多座车站的工程设计，200 多公里各种不同工法的区间设计，机电与系统设计涵盖了整个轨道交通工程。秉承"精心设计、诚信服务"的质量方针，致力于安全、节能、经济、环保的城市轨道交通设计与建设。2010 年 5 月份经南京地下铁道有限责任公司（现南京地铁集团有限公司）在全国范围内进行设计招标，确定由广州地铁设计研究院有限公司承担该工程的工程可行性研究及总体总包设计工作，该工程已于 2014 年 7 月 1 日正式开通试运营。在总结借鉴以往的技术成果和设计管理经验基础上，本书从各专业角度大篇幅介绍了设计人员在该工程中开展设计创新实践活动和取得的丰硕成果，并总结了经验及存在的问题，希望能对国内地铁工程设计提供一些新思路、新经验，对行业领域具有一定的参考和借鉴意义。

由于编者经验和水平有限，对书中的错误及不足，诚挚期盼能得到各位专家和读者的批评指正。

编者

2015 年 11 月

目 录

1 工程概况

1.1 概述

南京至高淳城际轨道线路位于南京市南部，主要经过雨花台区、江宁区、溧水县和高淳县。本线路正处于南京市城镇空间布局结构中的宁连、宁高综合交通走廊形成的南北向城镇发展轴上，是联系南京南站、禄口机场两大交通枢纽的主要通道。

2010 年 5 月份南京地下铁道有限责任公司（现南京地铁集团有限公司）在全国范围内进行了设计招标。经过比选，确定广州地铁设计研究院为总体总包单位和其他 4 家设计单位组成该项目的设计联合体。全线从 2011 年底开始开工，至 2014 年 7 月 1 日通车试运营，工程建设历时两年半左右。

1.2 江苏省及南京市轨道交通线网规划

根据国家发展改革委以发改基础 [2012]1135 号文批复《江苏省沿江城市群城际轨道交通网规划》，沿江地区都市圈城际线网方案规划城际轨道交通线共 21 条，线网总规模达 1350.07km，其中江苏境内里程达 1137.27km；其中南京都市圈城际线 9 条，线网规模 586.37km，其中江苏省境内 482.57km，苏锡常都市圈及其周边地区城际线 12 条，线网规模 763.7km，其中江苏省境内 654.7km。如图 1-1 所示。

南京轨道交通线网总体结构要与城市空间格局相适应，都市区以主城为核心，构建放射状网络，支持城市沿主要轴向拓展；主城各片区有机串联，构建格网状线网，保障重要地区间的衔接。

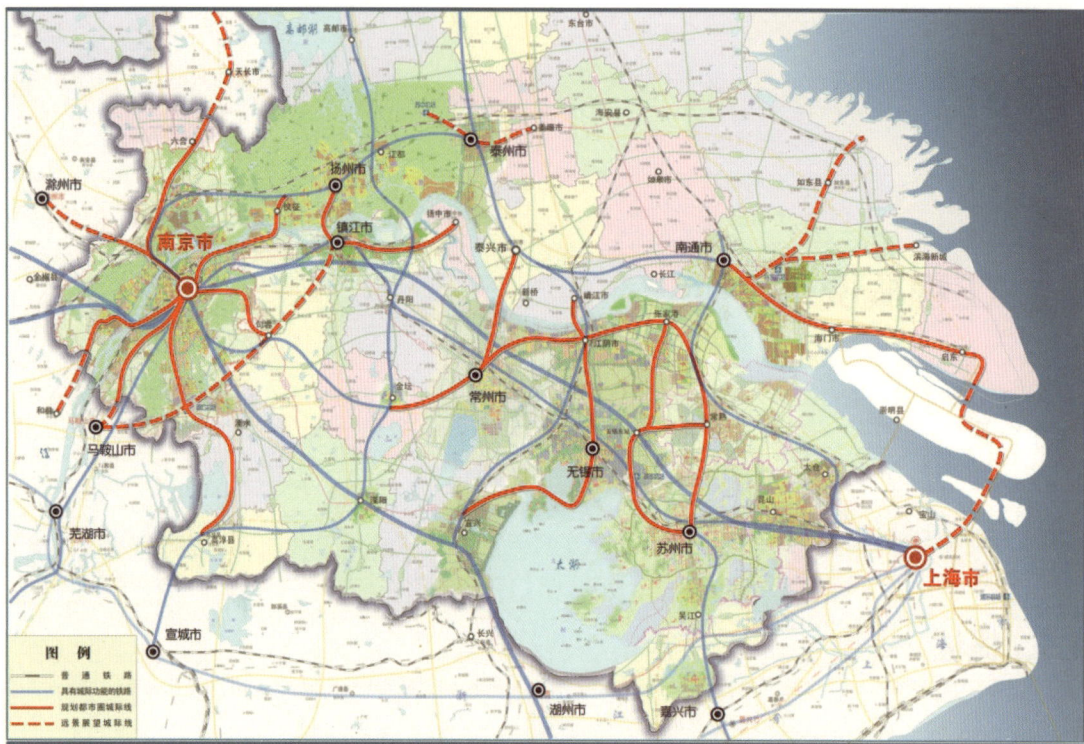

图 1-1　江苏省沿江城市群城际轨道交通线网规划

根据《南京市轨道交通线网规划（2009）》，南京市轨道交通交通线网由 14 条城市轨道交通线和 8 条都市圈城际轨道线，合计 775.3km（南京区域内长度），具体见图 1-2。

南京至高淳城际轨道南京南站至禄口机场段工程为 S1 线的首期段，线路起始于南京南站，终止于禄口机场站。

1.3　江苏省沿江城市群城际轨道交通近期建设规划

根据《江苏省沿江城市群城际轨道交通线网（2012-2020 年）》（图 1-3），2012-2015 年开工建设 4 条线路，总里程 161km。

（1）南京～高淳县（南京南站～禄口机场段），加强禄口新城、禄口机场间的联系，连接南京都市圈的主要机场、车站等客流集散点，线路全长 35km。

（2）南京～和县线（南京南站～黄里段），加强南京市中心城区与西南部城镇的交通联系，线路全长 46km。

（3）南京～天长线（林场站～金牛湖段），终点支持南京都市圈城镇发展轴北部区域的经济发展，线路全长 49km。

（4）无锡～江阴～靖江线（无锡～江阴段），促进无锡、江阴两城市经济一体化发展，线路全 31km。

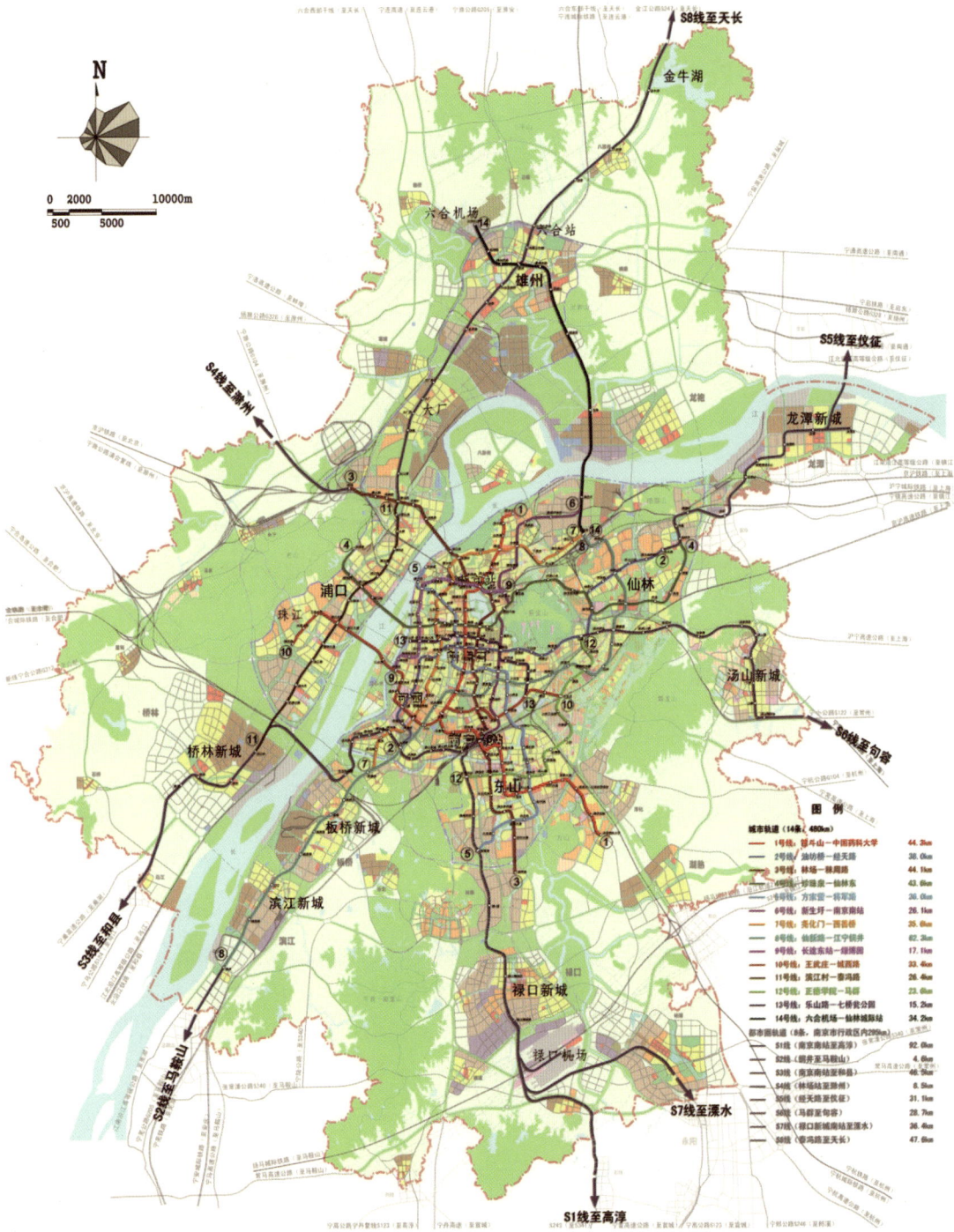

图 1-2　南京市轨道交通线网规划（2009 年）

图 1-3　江苏省沿江城市圈城际轨道交通近期建设规划图（红线所示为机场线）

1.4　设计基本情况

1.4.1　线路设计

南京至高淳城际快速轨道南京南站至禄口机场段南起禄口机场，经禄口新城、东善桥～秣陵片区、东山副城西侧，止于南京南站，全长约 35.8km，其中高架段长约 16.9km，过渡段长约 0.7km，地下段长约 18.2km。机场段共设置 8 座车站，其中高架车站 3 座，地下车站 5 座；最大站间距为禄口机场站至翔宇路南站区间，长约 7922.8m，最短站间距为将军路站至佛城西路站区间，长约 3239.1m。设置车辆段一座，位于禄口新城南附近。

1.4.2　系统及车辆选型

1. 最高速度的选择

根据本线特征，重点对最高速度 100km/h 和 120km/h 进行了对比分析，最终推荐最高速度 100km/h 的列车。两种时速列车用时对比如图 1-5 所示。

采用 120km/h 的列车，禄口机场～南京南站、高淳南～禄口机场的运行时间分别比 100km/h 的列车节省 4.15 分钟和 9.68 分钟。

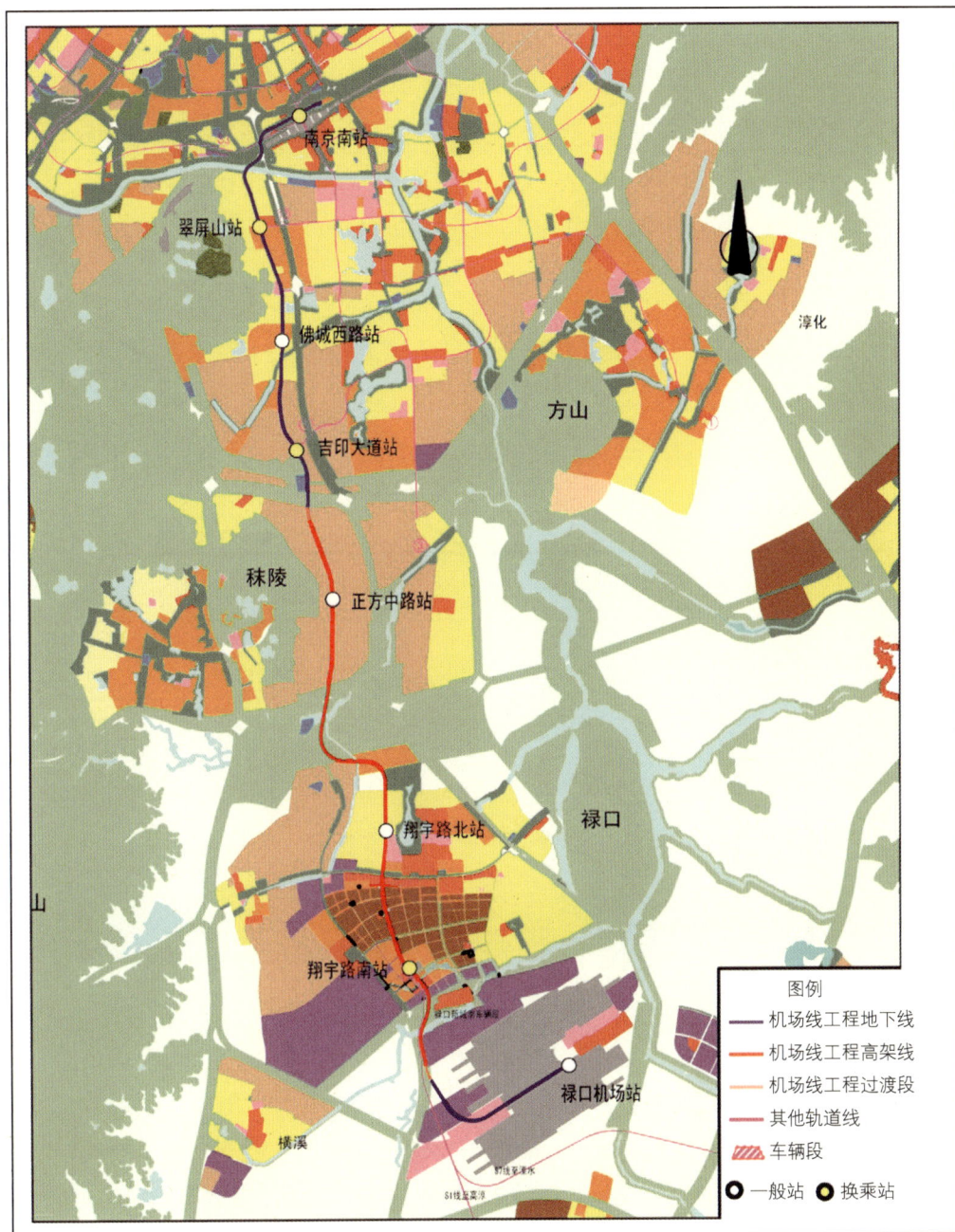

图1-4 南京至高淳城际快速轨道南京南站至禄口机场段示意图

　　若采用120km/h的最高速度的主要优点:

　　①在时间上较100km/h的最高速度短,禄口机场至南京南为23.12分钟,高淳至南京南为52.15分钟。

　　②根据计算配属车情况及目前国内不同速度列车的价格,120km/h的列车配属车购置费将减少4千万元,车辆段投资减少约6千万元。

采用 120km/h 及更高的最高速度的主要缺点：本线地下线路较长，占一期工程线路全长的 50% 以上，结合空气动力学的要求，高速情况下需加大盾构半径，以减小乘客在地下区间的不舒适，目前国内高速区间均采用 6m 内径的大盾构，目前国内大盾构设备较少，资源共享差，若采用这种大盾构设备，初步估计将增加建设周期约 10 个月。

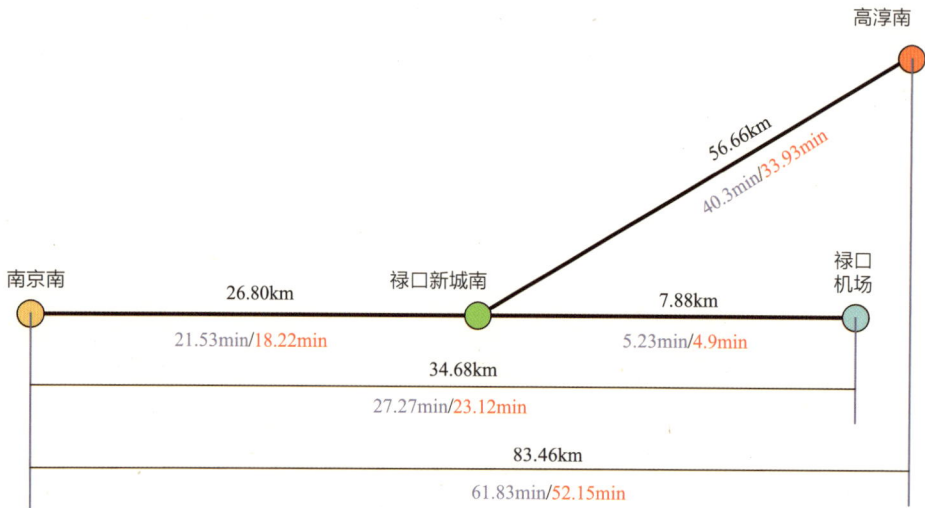

图 1-5 两种时速列车用时对比

图 1-5　两种时速列车用时对比

采用 120km/h 的最高速度运营能耗的增加如图 1-6 所示。

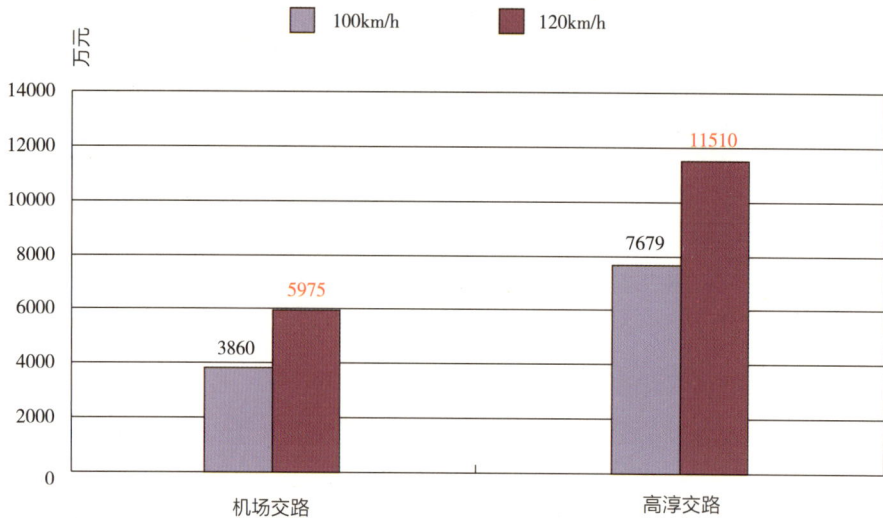

图 1-6　远期年耗电费用示意图

采用 100km/h 的列车分别比 120km/h 的列车节省年电费 2115 万元和 3831 万元（图 1-6）。采用 140km/h 及 160km/h 的最高速度运营能耗较 100km/h 更高，分别增加 90% 和 172% 左右。

① 由于 120km/h 的最高速度需采用大盾构的区间盾构，区间费用初步估算将较 100km/h 的最高速度增加约 3 亿元。

② 100km/h 的最高速度能够满足时间目标值的要求，考虑本线连接高淳段进城客流，所服务的乘客对 120km/h 最高速度所节约的 10 分钟左右的时间敏感性不高。

③ 若采用 140km/h 及更高速度，则需采用动车组车辆，列车造价较普通地铁列车增加一倍以上，列车购置费用增加巨大。

④ 若考虑高架段预留 120km/h 最高速度的条件，全线采用 120km/h 最高速度在地下段限速 100km/h，由于 120km/h 列车加速制动性能较 100km/h 列车差，地下区间 120km/h 列车巡航时间段，地下段 120km/h 的最高速度的运行时间较 100km/h 最高速度优势较小，全线的时间优势为 2 分钟左右。

100km/h 列车加速性能见图 1-7，120km/h 列车加速性能见图 1-8。

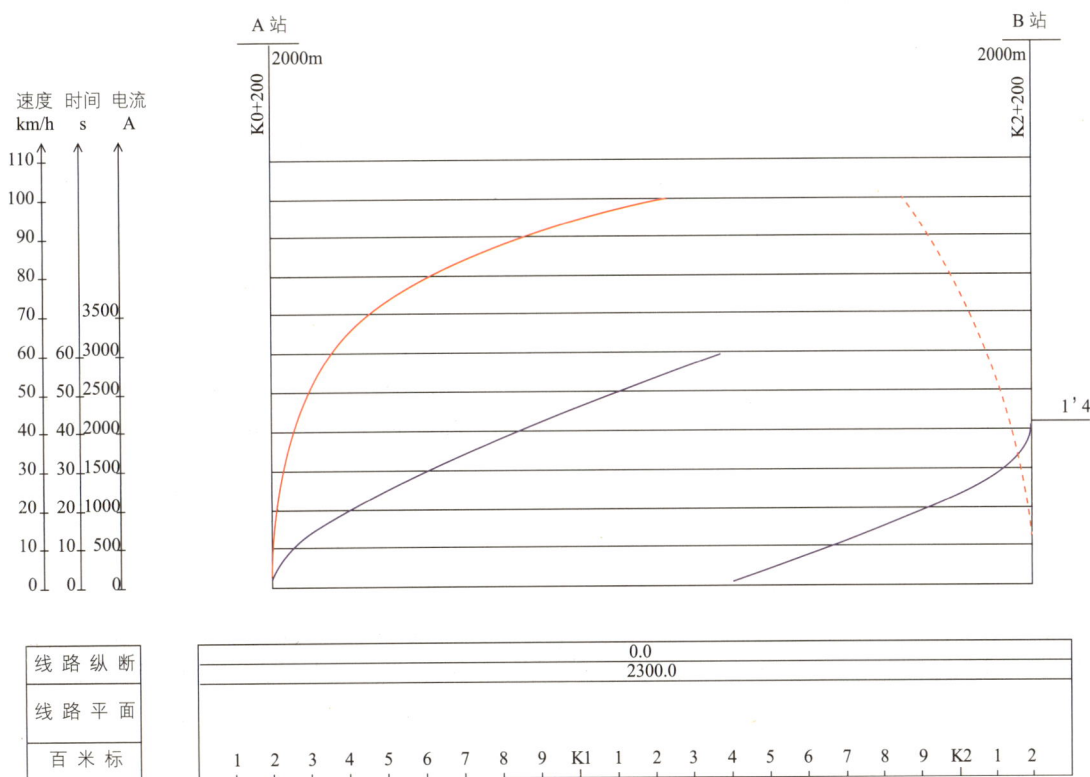

图 1-7　100km/h 列车加速性能

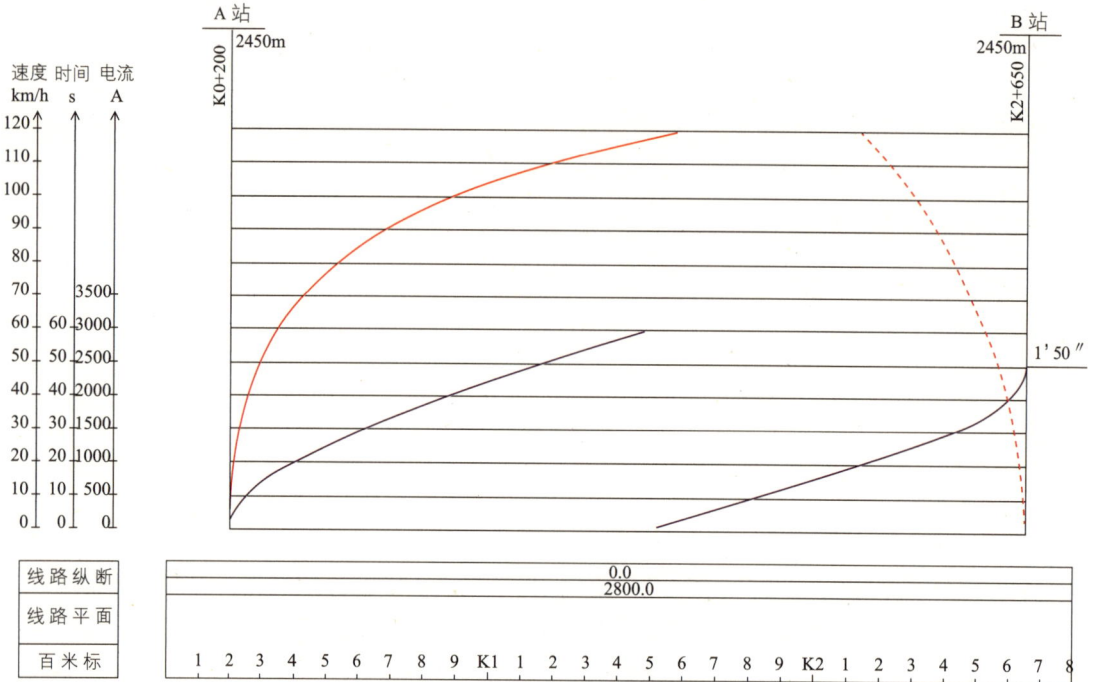

图 1-8　120km/h 列车加速性能

2. 车辆选型

本线连接机场，考虑机场客流的特殊性，对本线的车辆选型做了如下考虑：

（1）采用横向 2+1 的座位形式，列车座位数为 252 人，列车定员为 1206 人。

（2）采用 5 人 /m² 的舒适度要求，提高机场客流的舒适度水平。

采用以上车辆选型设计，机场乘客舒适度水平如表 1-1 所示。

机场乘客舒适度水平　　　　　　　　　　　　　　　　　　表 1-1

站立密度（人 /m²）	区间数（个）	占全线比例
0 ~ 1 人 /m²	3	25.0%
1 ~ 2 人 /m²	1	8.3%
2 ~ 3 人 /m²	3	25.0%
3 ~ 4 人 /m²	1	8.3%

远期晚高峰断面客流	最大站立密度（人 /m²）	站立密度（人 /m²）	区间数（个）	占全线比例
26843 人次 / 小时	3.91	4 ~ 5 人 /m²	0	0%
客流波动 5%	4.18	4 ~ 5 人 /m²	1	8.3%
客流波动 10%	4.46	4 ~ 5 人 /m²	1	8.3%

推荐行车方案最大站立密度不超过 4 人 /m²，不超过 3 人 /m² 的区间占区间总数的 91.7%，舒适度水平高；在客流波动 10% 的情况下，仍能保持较高的舒适度水平，符合该段平均运距长、组团交互多的客流特点和市域线的功能定位。

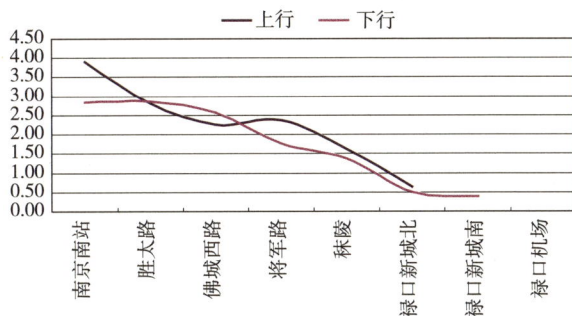

图 1-9 远期机场段高峰小时站立密度图

如图 1-9 所示，客流高峰小时远期机场段最大站立密度不超过 4 人 /m²，其中从禄口机场出发乘客全部有座位，到达机场的乘客 76.3% 有座位；高淳段站立密度均保持在 1 人 /m² 以下，符合该段平均运距长、组团交互多的客流特点和市域线的功能定位。

综上所述，采用目前的车辆选型对机场乘客的服务已达到较高的水平。

（1）目前设计选用的地铁 B 型车宽度为 2.8m，若选用 A 型车车辆宽度为 3.0m，较设计方案增加 0.2m，对乘客舒适度的改善影响不大。

（2）若采用香港机场线采用的全横向 2+2 的座位形式，根据车辆厂家提供的定员数据，座位数较设计横向 2+1 形式每辆增加 10 个左右，但设计列车定员降低 100 人 / 列，运输能力下降，机场段客流站立密度增大，服务水平下降。

（3）若采用车辆较宽的 A 型车，车辆购置费将有较大增加，每列增加约 300 万元左右。

（4）《城市轨道交通工程项目建设标准》第十五条规定 "城市轨道交通新线建设的运营规模，按线路远期单向高峰小时客运能力，划分为四个类别、三个量级。" 各级线路相关技术特征宜按表 1-2 的规定确定。

各级线路相关技术特征　　　　　　　　　　　　　　　　　　　表 1-2

线路运能分类	I	II	III	IV
	高运量	大运量	中运量	
	（钢轮钢轨）		（钢轮钢轨 / 单轨）	
线路形式	全封闭型			部分平交道口
列车最大长度（m）	185	140	100	60
单向运能（万人次 /h）	4.5 ~ 7	2.5 ~ 5	1.5 ~ 3	1 ~ 2

续表

线路运能分类	I	II	III	IV
	高运量	大运量	中运量	
	（钢轮钢轨）		（钢轮钢轨/单轨）	
适用车型	A	B 或 Lb	B、C、Lb 及单轨	C 或 D
最高速度（km/h）	80 ~ 100			60 ~ 80
平均站间距（km）	1.2 ~ 2			0.8 ~ 1.5
旅行速度（km/h）	35 ~ 40			20 ~ 30
适用城市城区人口规模（万人）	≥ 300		≥ 150	

本线预测远期高峰小时最大断面客流为 2.7 万人次 / 小时，属于大运量轨道交通。

（1）考虑南京市同期建设的线路，南京 3 号线远期高峰小时最大客流断面为 37918 人次 / 小时，南京地铁 4 号线远期高峰小时最大客流断面为 36081 人次 / 小时，两者均采用了 B 型车。考虑车辆及运营的资源共享，本线宜采用 B 型车。

（2）根据最新的《南京城市轨道交通线网规划（修编）》，除 1 号线、2 号线、10 号线采用 A 型车外，其余线路包括本线均推荐采用 B 型车。

（3）若本线采用 A 型车，则考虑保持一定系统利用率和服务水平，则需要开行小编组方式运行，目前国内没有 A 型车小编组方案，对于以后的资源共享不利，运营风险很大。

（4）若本线采用宽车体的 A 型车，根据客流预测情况初近期需采用 4 辆编组，远期采用 6 辆编组，初、近期列车编组采用 4 辆，4 辆编组向 6 辆编组过渡技术难度大；过渡过程对运营有干扰，增加管理难度；4 辆编组的车辆采购单价比 6 辆编组的车辆的单价高，交货周期长。

（5）目前国内与本线功能定位一致的市域线机场线，如广佛线、广州机场线、北京地铁顺义线均采用地铁 B 型车。

根据客流预测，远期高峰小时最大断面 2.68 万人次 / 小时，考虑南京至高淳城际快速轨道线远期平均运距为 25km，线路全长 83.47km，平均运距大，线路长度长，根据《城市轨道交通工程项目建设标准》，当全程线路大于 35km，平均运距大于 12km 时，宜适当降低车辆定员；同时考虑到本线市域线的特征，建议采用 5 人 /m² 定员标准的横向 2+1 座位的 B 型车，6 辆编组定员为 1192 人。

根据运能要求及客流特性，可以满足南京至高淳城际快速轨道远期客流需求的有：5 辆编组 B 型车、6 辆编组 B 型车，对应运能如表 1-3 所示。

南京至高淳城际快速轨道列车编组比较 表 1-3

年限	项目	B 型车	
		5B	6B
远期	高峰小时断面客流量（人 /h）	26843	
	高峰小时开行列车对数（对 /h）	30	27
	列车定员（横向 2+1 布置，5 人 /m²）	987	1192
	运输能力（人 /h）	29610	32184
	运能裕量	9.34%	16.6%
	系统能力储备率（%）	0%	10%

　　南京至高淳城际快速轨道沿线经过机场，南京南站等交通枢纽，客流效益明显，客流增长和波动的可能性大。根据表 1-3 的分析结果，如果采用 5 辆编组 B 型车，远期需要开行 30 对 /h，对折返能力和运营管理水平要求更高，且运能裕量低，系统能力没有储备，列车动力配置、维修不理想，且作为国内一种新编组车型，在采购价格和供货周期等方面无明显优势，资源共享程度较低。

　　6 辆编组 B 型车远期运能有适当的富裕（16.6%），系统能力储备率为 10%，高峰时段拥挤度水平适中，抗客流波动能力较强。

　　因此建议本线远期采用 6 辆编组 B 型车。

　　根据本线市域线的功能定位，可考虑适当降低初近期行车对数，按照机场线或市域线的标准选择初近期列车编组。

　　近期列车编组方案比较如表 1-4 所示。

近期编组方案对比表 表 1-4

项目	方案一：4+6 编组	方案二：6 辆编组	方案三：4 辆编组
运行交路	禄口机场 ●秣陵 13 对 /h（4 辆编组）7 对 /h（6 辆编组）15.3km 34.68km 南京南站	禄口机场 16 对 /h（6 辆编组）34.68 公里 南京南站	禄口机场 24 对 /h（4 辆编组）34.68 公里 南京南站
高峰小时断面流量（人次）	16005	16005	16005
定员（人）	782/1192	1192	782
高峰小时列车开行对数（对）	13（4）+7（6）	16	24
高峰小时发车间隔（秒）	180	225	150

续表

项目	方案一：4+6 编组	方案二：6 辆编组	方案三：4 辆编组
输送能力（人次）	18510	19072	18768
区间最大站立密度（人/m²）	4.12	3.94	4.03
全日辆公里	54990.2	84230.8	73300.3
日牵引能耗	76246kW·h	130310kW·h	86873.3kW·h
旅行速度计算值	66.4/69.2	69.2	66.4
旅行速度取值	59/62	62	59
运用车（列/辆）	9（4）+9（6）/90	21/126	31/124
配属车（列/辆）	11（4）+11（6）/110	27/162	38/152
运营影响	需采用 4、6 混跑运营，运营组织复杂	由于近、远期均采用 6 辆编组，对运营无较大影响	需采用混跑向远期 6 辆编组过渡

近期 4 辆编组配属车较少，运能储备合适，乘客舒适度较高；采用 4、6 辆编组混跑，配属车少，但运能储备不足，在一定时间内会造成 4、6 混跑，对近期运营组织要求较高，运营组织复杂；采用 6 辆编组旅客舒适性好，运能储备充足，服务水平适中。

综合比较考虑建议推荐近期采用 6 辆编组。

初期列车编组方案对比如表 1-5 所示。

初期编组方案对比表　　　　　　　　　　　　　表 1-5

项目	方案一：4 辆编组	方案二：6 辆编组
运行交路	禄口机场 ◄—— 12 对/h（4 辆编组） ——► 南京南站　34.68 公里	禄口机场 ◄—— 8 对/h（6 辆编组） ——► 南京南站　34.68 公里
高峰小时断面流量（人次）	8263	8263
定员（人）	782	1192
高峰小时列车开行对数（对）	12	8
高峰小时发车间隔（秒）	300	450
输送能力（人次）	9384	9536
区间最大站立密度（人/m²）	4.21	4.12

续表

项目	方案一：4辆编组	方案二：6辆编组
全日辆公里	48496.51	50729.9
日牵引能耗	53048kW·h	78482kW·h
旅行速度计算值	66.4	69.2
旅行速度取值	59	62
运用车（列/辆）	16/64	11/66
配属车（列/辆）	20/80	15/90
运营影响	需采用4、6混跑运营，运营组织复杂	由于近、远期均采用6辆编组，对运营无较大影响

由于初期高峰小时断面客流量较小，按照市域线或机场线标准，采用4辆编组开行12对/小时，运能储备适中，乘客舒适度较高，但远期采用6辆编组，存在列车从4辆编组向6辆编组的过渡，会有一段时间的4、6混跑运营，对运营影响较大；采用6辆编组开行8对，运能储备较4辆编组充足，配属车与4辆编组相当，服务水平能够满足市域线的功能定位的要求，且近期推荐采用6辆编组，初期宜与近期编组方案一致。如图1-6所示。

综合比较后建议推荐初期采用6辆编组。

初、近、远期编组方案 表1-6

年限	列车定员	高峰小时断面客流量（人/h）	高峰小时开行列车对数	运用车（列）	配属车（列）	运输能力（人/h）	能力富裕度（%）
初期	1192	8263	8	11/66	15/90	9536	13.35
近期	1192	16005	16	21/126	27/162	19072	16.1
远期	1192	26843	27	47/282	62/372	321184	16.6

综合比较，推荐初、近、远期采用6辆编组，此方案初、近、远期运能储备充足，服务水平适中，配属车数量较少，且初近远期不需混跑，对运营影响小，能够满足远期客流增长的需求。

1.4.3 行车及运营组织、配线设置情况

1.行车组织

（1）列车运行交路设置原则

列车运行交路的设置主要考虑了以下几个方面的因素：

①满足各年限客流断面规模的要求；

②满足客流流动规律；

③系统服务水平的合理性；

④列车运行管理的合理性；

⑤提高车辆的运用效率，减少运营成本；

⑥列车配属数量；

⑦系统运输效率；

⑧折返线设置的工程条件；

⑨大、小交路行车对数成倍比。

（2）正常运营状态列车运行交路

列车运行交路的设计本着满足客流特征的需要，交路所涵盖的范围应该是交路所服务的主要客流能够便捷、快速地直达目的地，减少中间换乘次数，降低运营管理的难度。同时，列车运行交路设计还需考虑减少运用车数量、提高车辆的使用效率，降低运营成本，提高系统的服务水平。

南京至高淳城际快速轨道线各预测年度高峰小时最大断面客流量分别为 0.83、1.60、2.68 万人次 / 小时，高断面均位于南京南站与胜太路站之间。高峰小时列车运行交路如图 1-10 所示。

初、近、远期高峰小时分别开行 8 对、16 对、27 对，均能满足客流需求并能抗击客流波动带来的风险，远期具有 16.6% 的系统能力富裕率，远期最大站立密度 3.91 人 / 平方米。乘客舒适度较高，抗客流风险能力也较好。

（3）非正常运营状态列车运行交路

临时列车运行交路可以在运营非正常状态下，由于正常折返交路道岔故障、某段线路堵塞或长时间无法开通等情况下，采取临时运营方式；临时列车运行交路也可以用于非运营时间工程车等灵活运行使用。

临时列车运行交路应考虑以下基本因素：

①沿线有条件进行列车折返作业的配线情况

由于临时运行交路只在极少数情况下使用，因此没有必要单独为其设置配线，只在现有配线的基础上考虑，或在不影响其功能的前提下，对原有配线进行适当调整。

②交路在沿线所覆盖的城区范围

临时运行交路是为避免全线长时间停运，减缓地面交通压力而设置的，因而其覆盖范围必须考虑沿线城区的地理条件、土地利用性质和交通状况，能够解决交通问题，否则临时交路将失去存在的意义。

③线路敷设方式和运行条件

线路敷设方式与线路在城区所处的位置以及列车运行条件密切相关。敷设方式的变化往往意味着土地使用条件和交通条件的变化。同时，由于临时交路需要进行列车折返，线路本身的坡度和曲线也会对交路的设置产生影响。

④设备系统所提供的条件

设备系统为列车运行提供的支持是必不可少的条件，而与临时列车交路密切相关的主要是牵引供电系统。在该系统的某一部分故障停止供电的情况下，其剩余部分所能覆盖的范围，基本决定了临时交路所能达到的范围。同时，在不影响整体系统设置合理性的前提下，其系统设置也应适当考虑交路覆盖范围的问题。

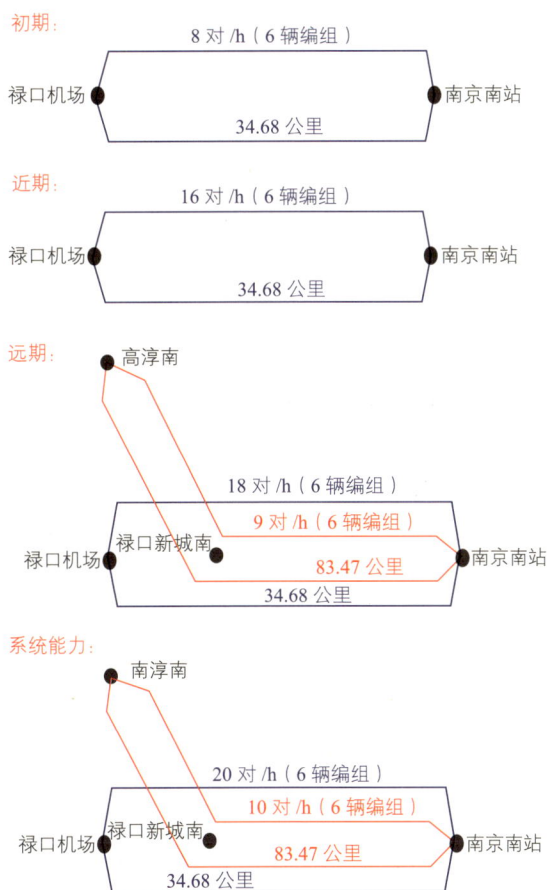

图 1-10　高峰小时列车运行交路

根据以上因素，南京至高淳城际快速轨道线全线可以作为临时折返站的车站有：佛城西路站、将军路站、正方中路站、翔宇路北站、铜山站、石湫站、明觉站、高淳北站。

根据假设堵塞状况，为尽量减少对乘客出行的不便，特别是考虑照顾换乘客流，运行组织可考虑采用的临时列车运行交路见图 1-11。

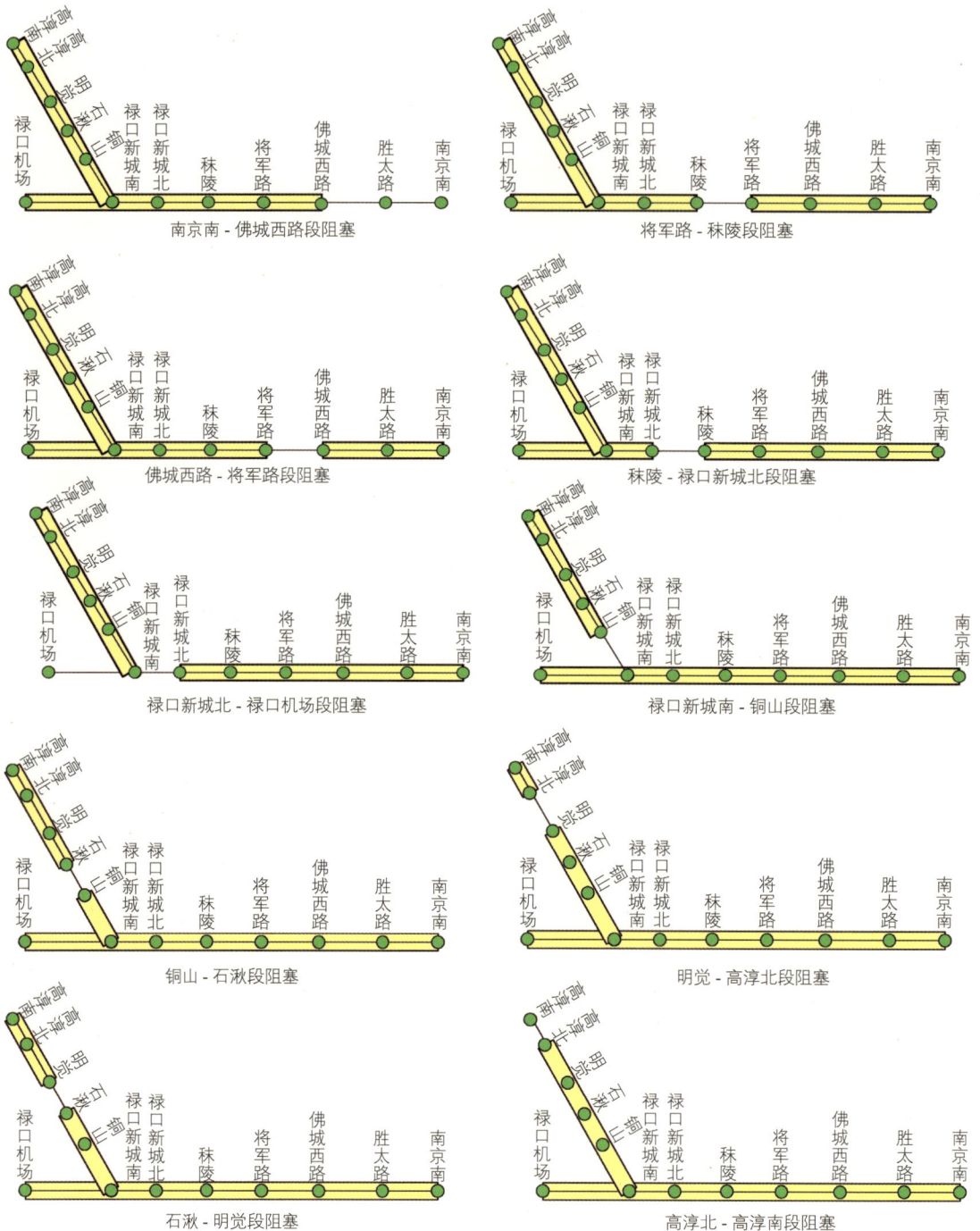

图 1-11 临时列车运行交路

信号设计需满足单线双向运行需求，在局部地段堵塞时，可组织列车采用临时运行交路运营。

2. 系统设计运输能力

（1）设计年限行车对数

设计运输能力是以预测客流各设计年限高峰小时单方向最大断面客流量、列车编组辆数、车辆定员及行车最小间隔为依据进行设计。在满足各设计年限高峰小时客流的基础上，适当的留有余量。各年限系统设计能力见表1-7。

各年限系统设计能力表				表1-7
项目＼年限	初期	近期	远期	系统设计能力
列车编组辆数（辆）	6B	6B	6 B	6 B
列车最高速度	100km/h			
列车定员（5人/m²）	1192	1192	1192	1192
高峰小时开行列车对数（对）	8	16	18+9	20+10
最小行车间隔（秒）	450	225	133	120
列车运用车数（列）	11	21	47	52
备用及检修车（列）	4	6	15	17
配属车（列）	15	27	62	69
早高峰最大断面客流量	8263	16005	26843	—
单向设计最大运输能力	9536	19072	32184	35760
运能裕量	13.35%	16.08%	16.60%	—

南京至高淳城际快速轨道线系统设计运输能力初近远期分别为9536人次、19072人次和32184人次，设计运输能力与客流断面能够较好的适应，并能够满足远期客流潜在增长的需求。系统设计能力与断面客流关系如图1-12所示。

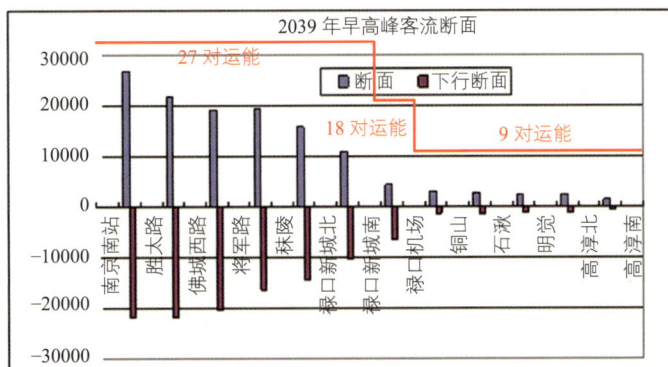

图1-12 远期系统运能与断面客流关系图

（2）各区段列车站立密度

远期高峰小时站立密度如图1-13所示。远期高峰断面客流波动应站立密度如表1-8所示，远期高峰小时站立密度分布如表1-9所示。

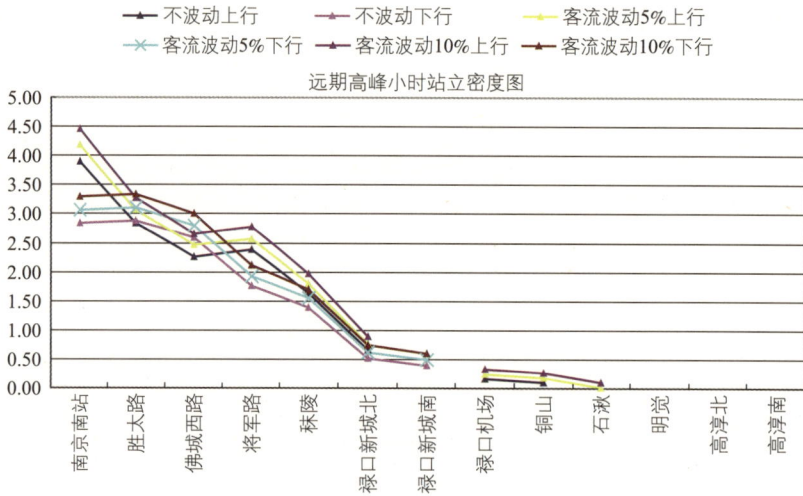

图1-13　远期高峰小时站立密度图

远期高峰断面客流波动对应站立密度表　　　　　　　　　　　表1-8

远期晚高峰断面客流	最大站立密度（人/m²）	站立密度（人/m²）	区间数（个）	占全线比例
26843人次/h	3.91	4~5人/m²	0	0%
客流波动5%	4.18	4~5人/m²	1	8.3%
客流波动10%	4.46	4~5人/m²	1	8.3%

远期高峰小时站立密度分布表　　　　　　　　　　　表1-9

站立密度（人/m²）	区间数（个）	占全线比例
0~1人/m²	3	25.0%
1~2人/m²	1	8.3%
2~3人/m²	3	25.0%
3~4人/m²	1	8.3%

由表1-8、表1-9可以看出，当客流高峰小时客流波动10%时，最大站立密度为4.46人/m²，列车乘客站席最大密度超过4人/m²的区间仅有一个，占全程的8.3%，高淳段站立密度在客流波动10%的情况下仍保持在1人/m²以下，符合该段平均运距长、组团交互多的客流特点和市域线的功能定位。

（3）各区段满载率及平均满载率

列车运行计划的安排综合考虑了运能、效率、服务水平等多种因素，其中运行间隔代表着运能和服务水平，而满载率则代表着运输效率。

从高峰和全日客流断面来看，客流分布呈中间高、两端低的状态，为了保证一定的服务水平，尤其在开通期和初期列车运行密度本身就较低的情况下，其运输效率是不可能很高的。

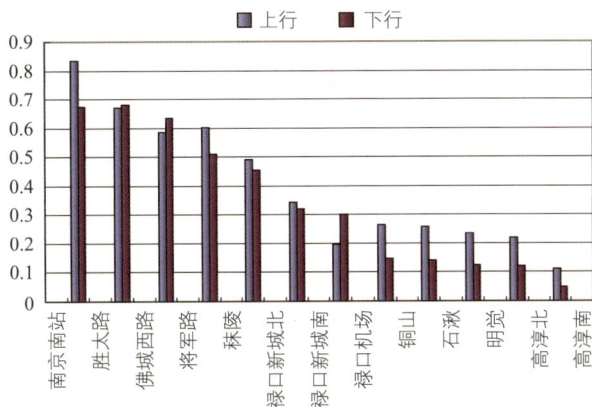

图 1-14　远期高峰小时各区段满载率

平均满载率是指单位时间内，车辆运能的平均利用率。平均满载率一般计算全日列车满载率。平均满载率综合考虑了线路长度、平均运距等因素。远期高峰小时各区段满载率见图1-15，各年限平均满载率见表 1-10。

表 1-10 中数据根据列车运行计划中的列车对数计算，作为对运行计划的一个概念性指标。

各年限列车平均满载率　　　　　　　　　　　　　　　表 1-10

项目	初期	近期	远期
行车对数（对/日）	106	176	303
日车公里（辆公里）	50729.9	84230.78	216380.99
全日客流量（万人次）	9.86	21.61	41.85
全日平均满载率	16.09%	23.36%	42.35%

注：日车公里未包含列车出入段以及列车折返走行部分。

3. 车站配线

从工可阶段开始，就对南京至高淳城际快速轨道线的配线进行了多次调整，对于南京至高淳城际快速轨道线全线配线的设置是配合南京至高淳城际快速轨道线工程的实施而设置的初步方案，全线配线的设置情况还需在后续全线实施工作中继续研究确定。

（1）配线设置原则

①车站配线的设置要满足远期线路运营能力的要求；

②配线的设置应考虑一定的运能余量以及运营管理上的灵活性；

③配线的设置需考虑线路敷设方式、工程条件及工程造价等因素；

④配线的设置要满足运营安全和管理方便的原则；

⑤停车线的分布要相对均匀，满足故障列车停放及灵活运营需求。

（2）配线分类

根据使用功能的不同，车站配线主要可以划分为以下几个种类：

①终点折返站

用于列车运行终点站的列车折返，要求折返能力大。

②临时停车线、渡线

临时停车线和渡线主要用于运营过程中故障列车的停放或在非正常情况下组织列车临时运行交路运营，一般应该比较均匀地分布于线路沿线。

③联络线

联络线用于南京至高淳城际快速轨道线与路网中已建或规划建设的其他线路的联系通道。

④车辆段（场）出入线

车辆段（场）出入线是列车出入车辆段（场）、进入或退出运营的通道。车辆段出入线除保证远期接发车能力外，还需考虑车辆段出入线具有双向运行的能力。

（3）配线设置

全线配线方案仅是根据工程需要而设计的初步方案，在南京至高淳城际快速轨道线具体实施阶段根据实际情况将会进行调整。全线配线设置见图1-15。

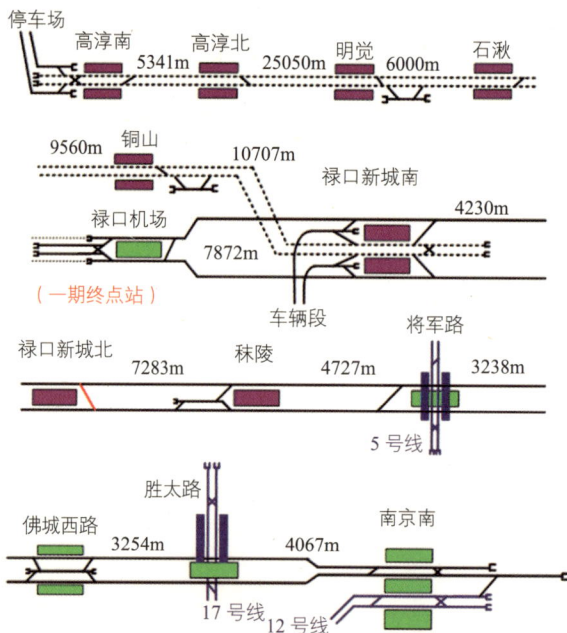

图1-15　全线配线设置

1.4.4 车站设计基本情况

1. 地下车站

1）禄口机场站

（1）站位环境

禄口机场站位于南京禄口国际机场 T2 航站楼西北、现状 T1 航站楼以南、交通中心的裙楼下方。东面为停车库及 T2 航站楼的匝道，西面为停机坪，北面为机场现状建筑，如图 1-16 所示。

图 1-16 禄口机场站站址环境

（2）车站形式与规模

车站为地下两层双柱岛式车站，站台宽 14m。车站总长 599.70m，其中渡线长度 131.05m，站厅长度 203.85m，折返线长度 264.80m，标准段外包总宽 22.7m。车站局部两层，渡线和折返线位置一层，同时站厅公共区范围与机场交通中心合建，站后折返线部分范围与机场停车楼合建。车站总建筑面积 21752m²，其中主体建筑面积 19787.2m²，附属建筑面积 1964.8m²。车站共设置 2 个平时出入口，从站厅分别往两侧的 T1、T2 航站楼方向。车站共设三组风亭，A 端风亭位于停机坪与交通中心塔楼的分隔绿地上，B、C 端风亭位于下沉式停车库的斜坡上。禄口机场站总平面见图 1-17，站厅层平面见图 1-18，站台层平面见图 1-19，站台层公共区见图 1-20。

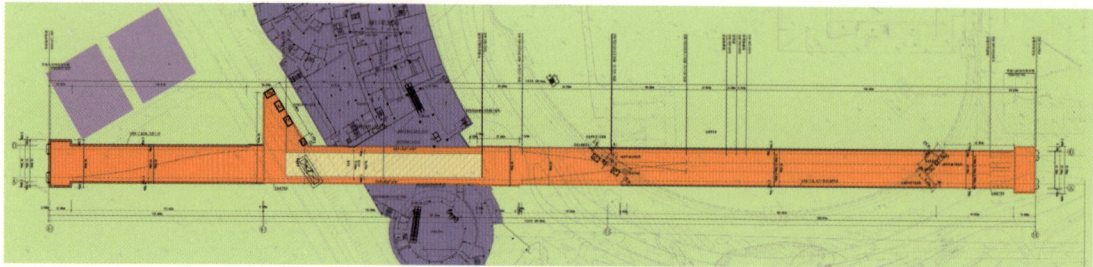

图 1-17　禄口机场站总平面图

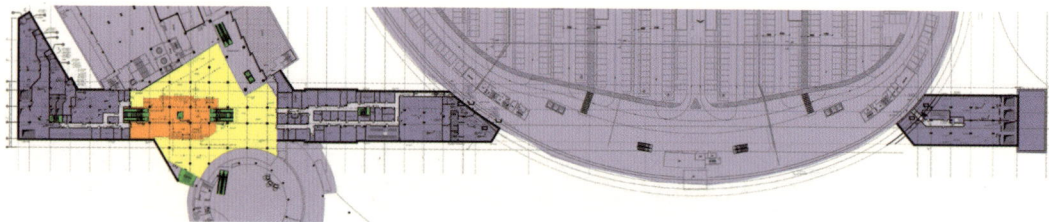

图 1-18　禄口机场站站厅层平面

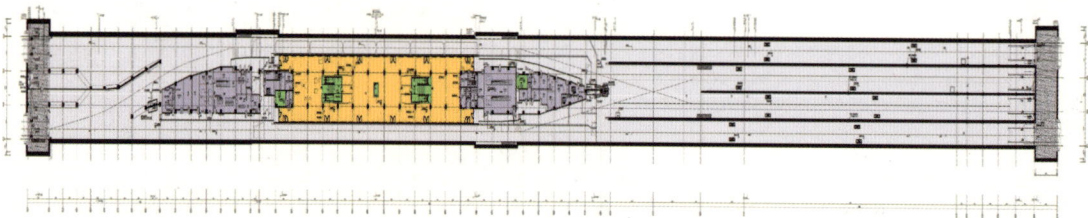

图 1-19　禄口机场站站台层平面

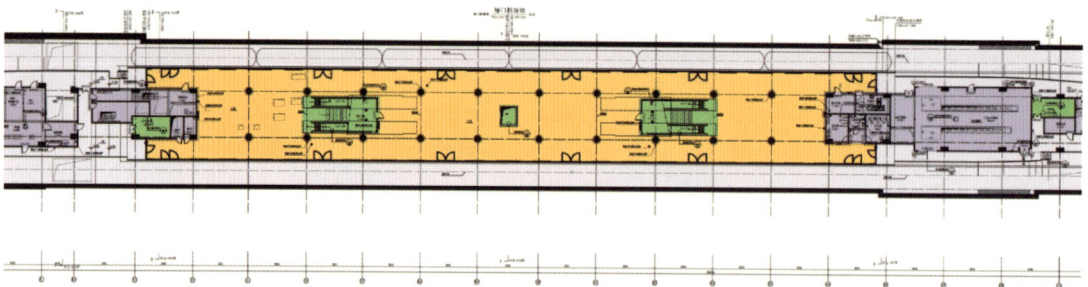

图 1-20　禄口机场站站台层公共区

（3）车站特点介绍

站位的选择，因为禄口机场有 T1、T2 航站楼，车站的站位应满足服务两个航站楼的要求，即为交通中心的位置，交通中心在 T1、T2 航站楼中间设置有交通大厅，车站如果选择在交通大厅的正下方，客流组织上会出现交叉严重的现场，根据分析对比，选择在交通中心大厅的旁边，既可以较容易的与 T1、T2 航站楼衔接，又能与交通中心的交通大厅沟通。禄口机场站内景见图 1-21。

地铁车站位于 T1、T2 航站楼之间交通中心下方，与交通中心采用合建的方式，通过公共区地铁付费区和非付费区的划分，首先通过进出闸机的合理布置，将地铁的进出站客流组织协调好，做到动线顺畅，无交叉，通过非付费区的售票机及交通中心换乘大厅的集合，通过扶梯连接 T1、T2 航站楼的空间。

（a）

（b）

（c）

图 1-21　禄口机场站内景

（a）站厅；（b）换乘大厅；（c）站台

本站与交通中心合建并在交通大厅连接，车站部分公共区采用防火卷帘与交通中心防火分隔，地铁车站没有采用常规的地铁出入口疏散，而是采用在公共区设置紧急疏散口解决车站公共区的疏散，通过客流计算设置满足疏散要求的宽度的三个紧急疏散口。

车站与交通中心和停车场合建，出入口风亭的设置紧密结合交通中心和停车场，A、B 风亭组放置在停车场的下沉广场的倾斜侧墙面上，C 风亭组和冷却塔放置在交通中心旁的绿化带上，均采用敞口矮风亭，对交通中心和停车场的功能和景观均没有影响，达到完美的结合。

2）吉印大道站（原将军路站）

（1）站位环境

南京至高淳城际轨道南京南站至禄口机场段工程换乘站吉印大道站，位于将军大道与吉印大道的交叉口，机场线沿将军大道东南-西北走向，5号线沿吉印大道站西南—东北走向，两线呈"十"字交叉，是机场线和5号线的换乘车站。将军大道道路红线宽度60m，吉印大道道路红线宽度52m。本站用地性质以工业用地、街头绿地、居住社区用地及社会停车用地为主。吉印大道站分层效果图见图1-22，总平面图见图1-23。

图1-22 吉印大道站分层效果图

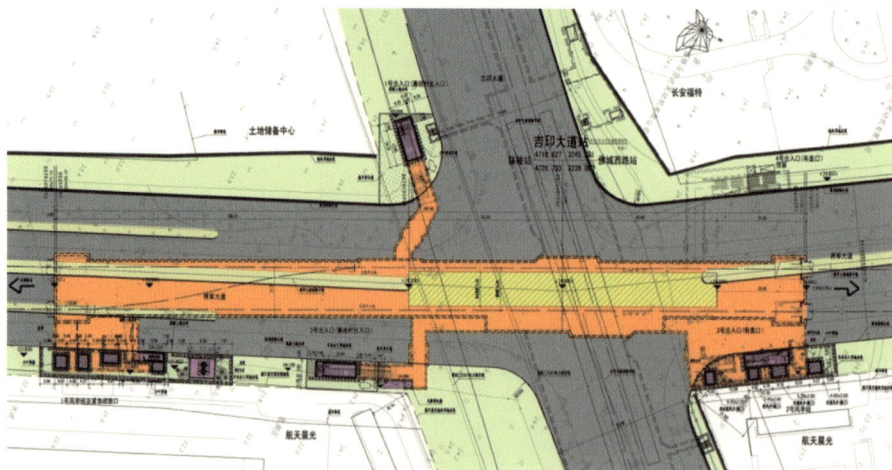

图1-23 吉印大道站总平面图

（2）车站形式与规模

本站是 5 号线与机场线上侧下岛的换乘车站，两线车站分期设计、分期建设，本工程包含机场线部分及换乘节点，其中换乘节点的预留可以满足十字及 T 字两种方式。机场线部分是地下两层双柱 13m 宽岛式站台车站，车站总长 295m，标准段宽 21.7m，主体建筑面积 14050m²。车站共设计 3 个出入口通道，2 组 8 个风亭。车站总建筑 17614m²，附属建筑面积共计 3564m²。吉印大道站站厅层平面见图 1-24，车站站厅层内景见图 1-25，站台层平面见图 1-26，站台层内景见图 1-27，车站纵剖面图见图 1-28。

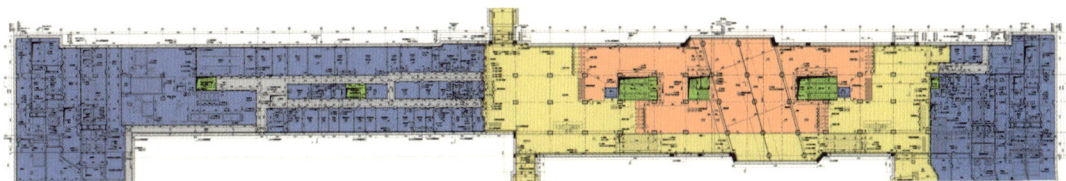

图 1-24　吉印大道站站厅层平面图

图 1-25　吉印大道站站厅层内景

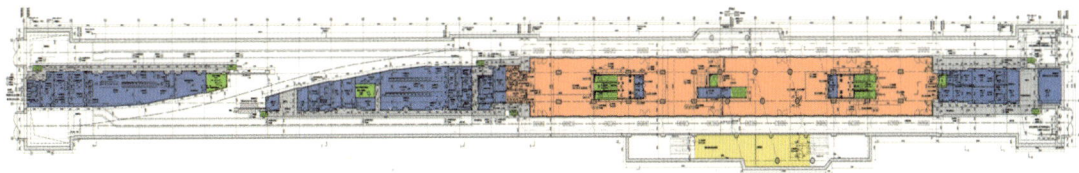

图 1-26　吉印大道站站台层平面图

图 1-27　吉印大道站站台层内景

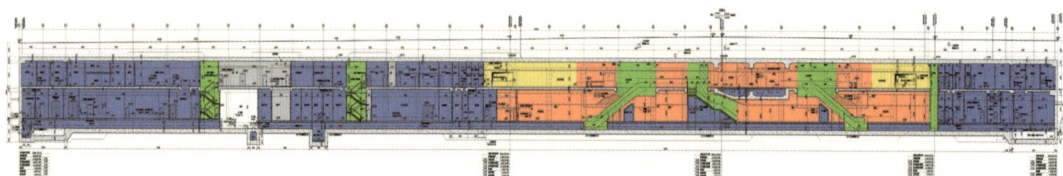

图 1-28　吉印大道站纵剖面图

车站公共区内中间共用付费区，主体外挂一跨，预留远期 5 号线开通后，下跨 5 号线的联络通道。方便将军大道和吉印大道十字交叉市政道路的过街。

吉印大道站共设置四个出入口，近期实施三个出入口，其中 1 号、2 号出入口为标准有盖出入口，3 号出入口为特殊有盖口，4 号出入口为预留口；车站共设两种风亭组，均为低矮风亭。紧急疏散口为标准有盖口，冷却塔在 1 号风亭组位置，无障碍电梯位于 2 号出入口位置。

（3）车站特点介绍

本站采用"上侧下岛"的换乘方式，其中换乘节点的预留可以满足十字及 T 字两种方式。5 号线设计的灵活性更大。换乘直接方便，换乘客流与进出站客流互不交叉，遇突发性换乘客流较多时，可通过折跑楼梯进行补充。

机场线是地下两层岛式站台车站，5 号线是地下一层侧式站台车站。机场线站台层布置两组扶梯直达站厅，5 号线与机场线同站厅。换乘渠道清晰，换乘距离短，换乘节点与进出站客流无交叉，遇突发性换乘客流较多时，可通过折跑楼梯进行补充。

车站装修设计在标准化、模数化、工业化的前提下努力创新，注重车站装修个性化、换乘站的表现，力求在共性中求个性、统一中求变化。共用公共区大厅，空间效果开阔，装修色彩的精心搭配，使吉印大道站的整体装修效果突出本站特点。

3）佛城西路站

（1）站位环境

佛城西路站是南京至高淳城际轨道（即原 6 号线，现名 S1 线）一期工程南京南站至禄口机场段（以下简称"S1 线"）的一层侧式车站，一次性建设完成。本站位于将军大道与佛城西路路口北侧，车站主体位于将军大道正下方，本线车站在路侧沿将军大道南北设置。车站周边以教育、居住、商业用地为主。佛城西路站总平面见图 1-29。

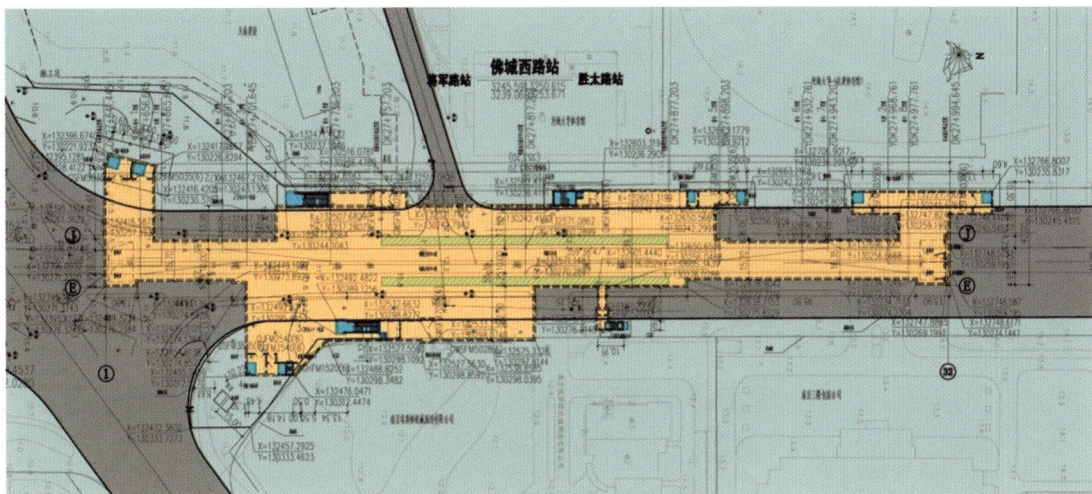

图 1-29　佛城西路站总平面图

（2）车站形式与规模

本站是地下一层侧式车站，中间设置存车线，有效站台宽度为 3.5m，两端均设有渡线，车站总长 353.2m，车站总建筑面积为 15481m²，共设置 3 个出入口 2 组风亭，顶板覆土约 3.9m。佛城西路站站厅层平面见图 1-30。

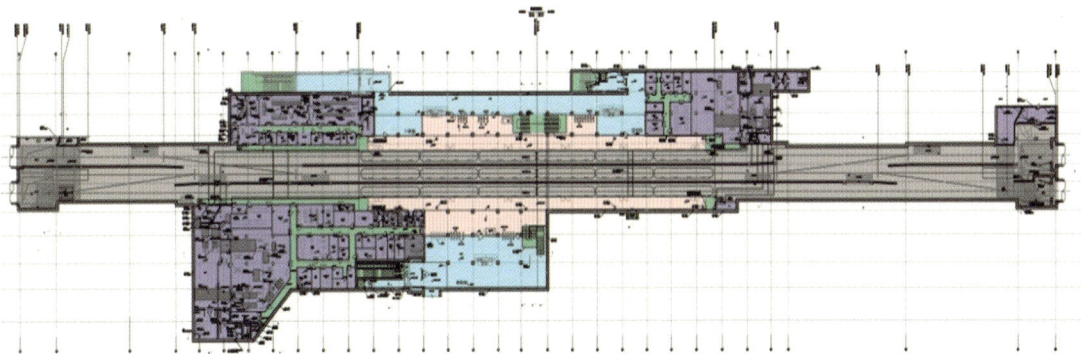

图 1-30　佛城西路站站厅层平面图

　　车站负一层每侧为站厅、站台层的公共区，由非付费区（站厅）、付费区（站台）及车站中部付费区、非付费区人行过轨通道组成。车站站厅、站台通过纵向的闸机、栏杆等分隔。主要管理及设备用房布置在车站东侧，站厅层设置紧急疏散出入口一个；其他管理及设备用房、牵引降压变电所等设备用房分别布置在车站西北侧和西南侧。佛城西路站站厅层内景之一见图1-31，内景之二见图1-32。

图1-31　佛城西路站站厅层内景之一

图1-32　佛城西路站车站层内景之二

　　本站近期共实施3个公共区出入口及1个公共区紧急出口，远期预留1个公共区出入口（与市政过街通道接驳），设置4组风亭组，1组冷却塔。其中1号出入口位于车站西侧，河海大学体育馆外，设置楼梯及垂直电梯。2号出入口位于路口的西北象限，3A号出入口位于路口的东北象限。1号风亭组位于北端盾构井西侧，2号风亭组位于将军大道西侧，河海大学新体育馆东侧，3号风亭组位于南端盾构井西侧，于绿化带内，4号风亭组位于路口东北象限绿化带内。

4）翠屏山站（原胜太路站）

（1）站位环境

翠屏山站是南京至高淳城际轨道（即原 6 号线，现名 S1 线）一期工程南京南站至禄口机场段（以下简称"S1 线"）、12 号线（即原 17 号线，马群站至翠屏山站）的换乘站，两线车站分期设计、分期建设。本站位于将军大道、胜太西路口，本线车站跨路口沿将军大道南北设置，12 号线站跨路口沿胜太西路东西设置。12 号线与本线线上侧下岛的换乘车站。车站周边以教育、居住、商业用地为主。翠屏山站总平面见图 1-33。

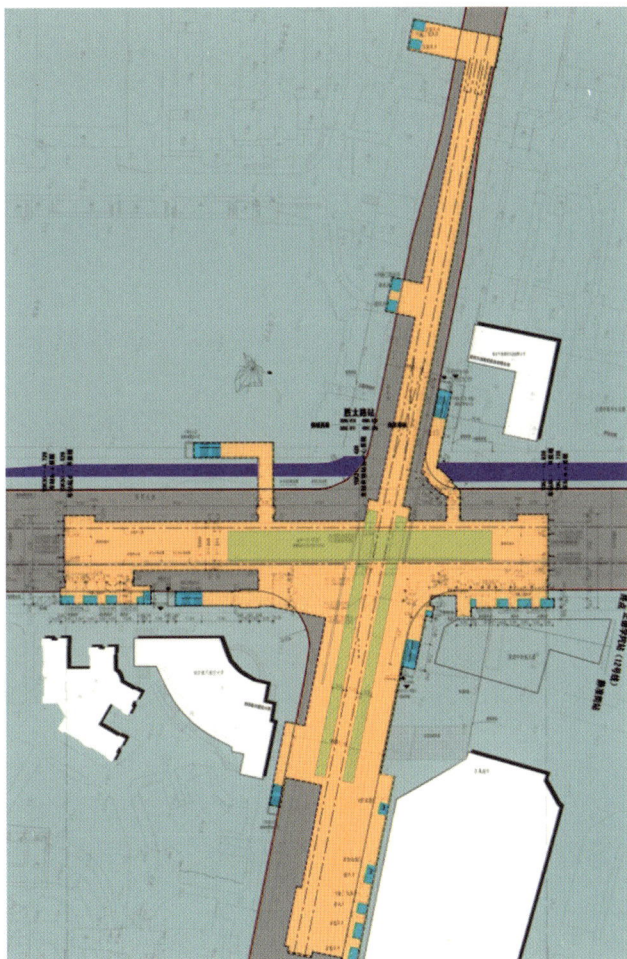

图 1-33 翠屏山站总平面图

（2）车站形式与规模

本线是地下两层岛式站台车站，12 号线是地下一层侧式站台车站，机场线与远期 12 号线共用站厅。本线车站总长 220m，总建筑面积为 12677m²，共设置 4 个出入口 2 组风亭，顶板覆土约 4m。翠屏山站总平面见图 1-34。

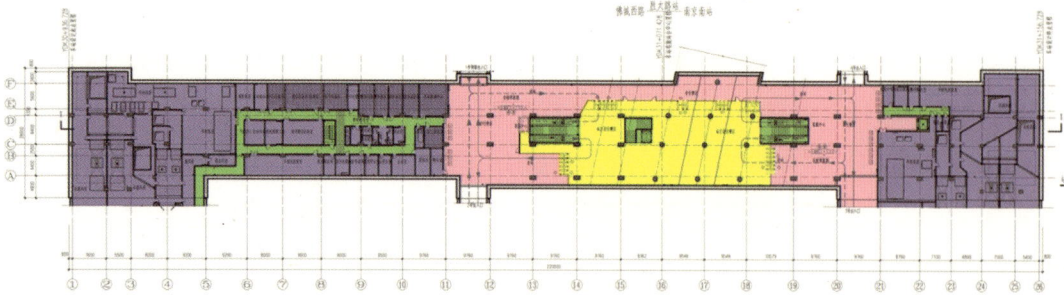

图 1-34　翠屏山站站厅层平面图

车站负一层为站厅，中部为公共区，两端为设备用房。

负二层为站台层，中部为公共区，南侧为主要设备用房，北侧为必要的设备用房。站台层平面见图 1-35。

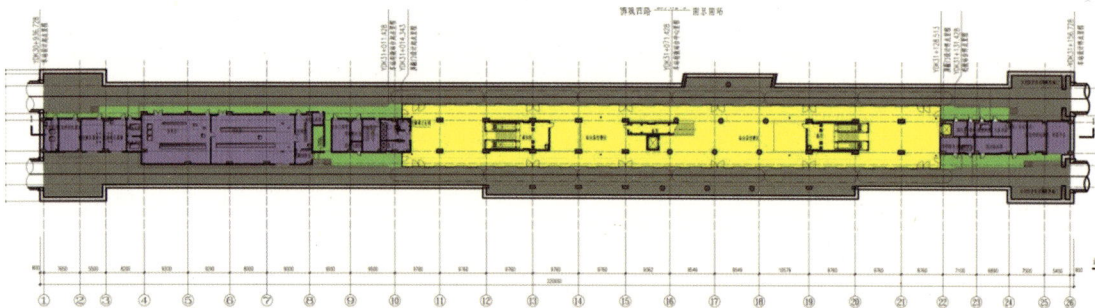

图 1-35　翠屏山站站台层平面图

本站共设 4 个出入口，其中有个出入口近期预留远期实施，一个紧急疏散口，设置两组矮风亭，一个冷却塔。1 号出入口位于西南正德学院操场内，近期预留远期实施，2 号出入口位于南京航空航天大学地块，3 号出入口位于托乐嘉商业地块，其中预留与托乐嘉商业的接口，4 号出入口位于正德学院操场地块；1、2 号风亭位于将军大道地块平行道路红线布置。

（3）车站特点介绍

本线、12 号线通过扶梯的灵活布置，达到了进出站客流和换乘客流分流，动线简洁，方便，不交叉。

车站兼顾过街功能最好的车站，设计将车站公共区非付费区设计在车站的中心位置，乘客可以通过此中心位置的大空间很方便的选择过街和进出站。

出入口风亭附属结合周边地块内物业设计，为地铁积累结合物业的方法和技术标准等，为后续车站乃至全国此类工程提供范例和参考。车站在中部公共区共设 4 个出入口通道，通道的设计可以比较灵活的设置出入口或者连接物业，目前有一个象限的出入口预留接物业开发的地下商场；本站设置 2 组共 8 个风亭，分别设于路侧绿化带内，其中 12 号线东端风亭考虑与苏果超市合建，其他的风亭最初设计时按照敞口低矮风亭设计在道路边，风亭均采用敞开式设计，高度控制在 1m 以下，尽量减少其规模。出入口采用南京市轨道交通标准造型设计，形成了城市景观的统一性，同时也为以后的结合物业留下便利的条件。

5）南京南站

（1）站位环境

南京南站是南京至高淳城际轨道（即原 6 号线，现名 S1 线）一期工程南京南站至禄口机场段（以下简称"S1 线"）、S3 线（即原 12 号线，南京南站至和县）的换乘站，两线车站同步设计、同步建设。本站位于南京南站北广场下方，为机场段工程的终点站、12 号线工程的起点站，并与地铁 1 号线、3 号线及国铁进行接驳。车站以东的路站中七路规划宽 33m，车站以西的站中二路路规划宽 33m。站址范围内为交通广场用地，站点附近以铁路、商业、商务办公、防护绿地为主，在车站西南 500m 范围内规划有地铁主变电站及控制中心。

（2）车站形式与规模

S1、S3 线南京南站位于南京南站北广场下方，地下二层（局部三层），一岛两侧式站台车站，负一层与 1 号线、3 号线进行 T 字通道换乘，局部负三层为 3 号线明挖区间。车站总长 252.4m，标准段宽 47.5m，顶板覆土约 1m。S1、S3 线建筑面积各占 50%。两线车站总建筑面积为 27732m²，其中主体建筑面积为 24338m²。南京南站剖透视效果图见图 1-36，总平面图见图 1-37，站厅层平面见图 1-38。

图 1-36 南京南站剖透视效果图

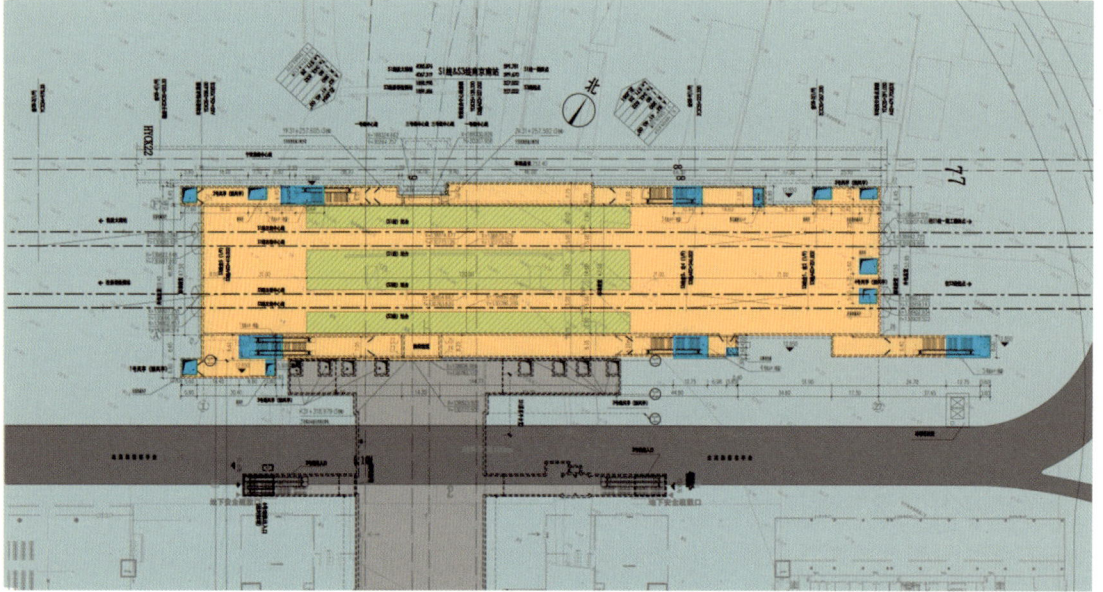

图1-37　南京南站总平面图

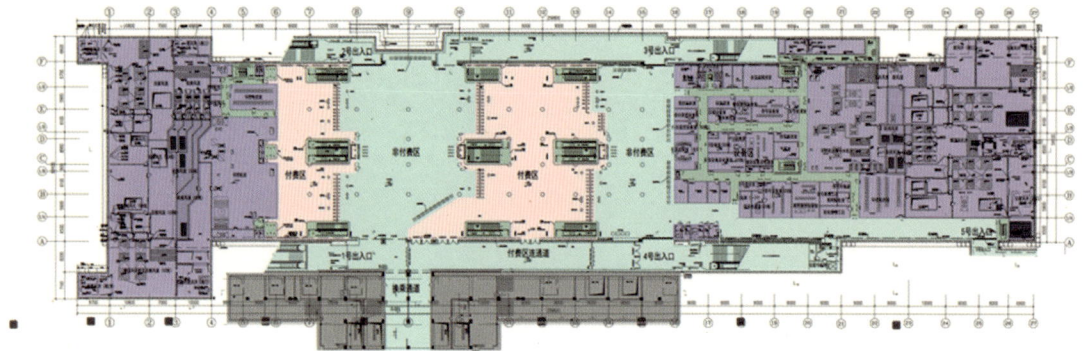

图1-38　南京南站站厅层平面图

车站负一层中部为共享站厅。分设2处付费区，其中东付费区与1号线、3号线换乘，1号线、3号线原预留非付费区换乘通道拟改造为付费区。两端为设备用房。南京南站站厅内景见图1-39。

图1-39　南京南站站厅内景

负二层中部为一岛两侧共 3 个站台，其中北侧两个侧站台为 S1 线，南侧两个侧站台为 S3 线。南京南站站台层平面见图 1-40，站台层内景见图 1-41。

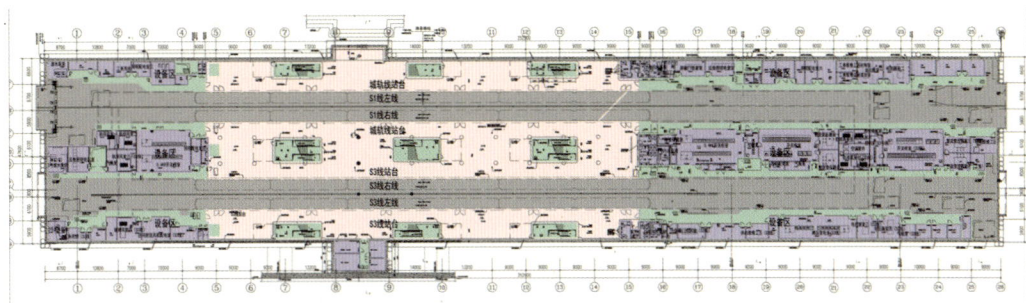

图 1-40 南京南站站台层平面图

图 1-41 南京南站站台层内景

车站主体、出入口、风亭、冷却塔基本位于北广场内（图 1-42），其中 1、4 号出入口靠近北广场南部，方便与国铁进行地面联系，2、3 号出入口靠近北广场中部，方便吸引外来客流及北广场地下空间的客流，5 号出入口位于落客平台以南的火车站停车场。4 组风亭均为矮风亭，结合北广场景观进行设置。冷却塔拟设于北广场内落客平台下方。无障碍电梯与 4 号出入口结合设置。

图 1-42 南京南站出入口、风亭外景

（3）车站特点介绍

南京南交通枢纽换乘形式多样、客流量大。机场线北止南京南交通枢纽，集 4 线地铁、高铁、公交、长途汽车站、的士停车场、社会停车场等各类交通形式于一体，换乘形式多样、客流量大。宁高机场线南京南站位于高铁南京南站北广场地下，车站在高铁南京南站房下与运营中的 1 号线、在建 3 号线、宁和城际线可实现站内换。其中地铁 1、3 号线在高铁主站房下以双岛平行站厅换乘，机场线、宁和城际线在北广场下以站台一岛两侧平行站厅换乘，均为地下二层（局部三层），1、3 号线与机场线、宁和城际线之间通过负一层站厅换乘通道进行换乘。机场线、宁和城际与 1、3 号线之间地铁换乘为 32959 人 /h。

2. 高架车站

宁高城际一期工程正线共有 3 座高架站，其中正方中路站、翔宇路北站为路中三层鱼腹岛式车站，翔宇路南站为路侧二层双岛四线换乘车站。

吉印大道站～正方中路站站间距约 4720m，正方中路站～翔宇路北站站间距约 7284m，翔宇路北站～翔宇路南站站间距约 4230m，翔宇路南站～禄口机场站站间距约 7925m。

正方中路站位于将军大道与正方中路交叉口北侧（图 1-43），主体沿将军大道路中设置，地面一层为架空层，双柱落于路中绿化带内；地面二层为站厅层，布置公共区及少部分设备用房，通过天桥出入口与周边地块相连接；地面三层为站台层，鱼腹岛式站台，站台宽度 7.48m ～ 10.50m。车站主要设备用房设在将军大道路东侧地块内。

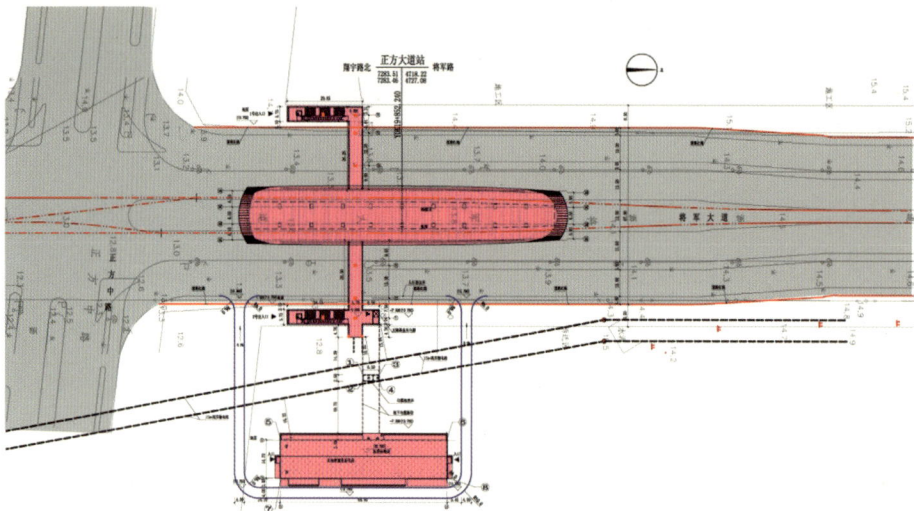

图 1-43 正方中路站总平面图

车站主体总长度 121.7m，宽度 16.56 ～ 19.42m，总高度 21.4m，主体建筑面积 3939.3m²，总建筑面积约 7484.2m²。车站外立面雨棚为全包方案，整体流线型的造型效果（图 1-44），突出了机场线快速轨道交通线的特点。

图 1-44　正方中路站外立面造型实景

　　翔宇路北站（原禄口新城北站）位于新生路与建设北路交叉口北侧（图 1-45），主体沿新生路路中设置，地面一层为架空层，双柱落于路中绿化带内；地面二层为站厅层，布置公共区及少部分设备用房，通过天桥出入口与周边地块相连接；地面三层为站台层，鱼腹岛式站台，站台宽度 7.48 ～ 10.50m。车站主要设备用房设在新生路西侧地块内。

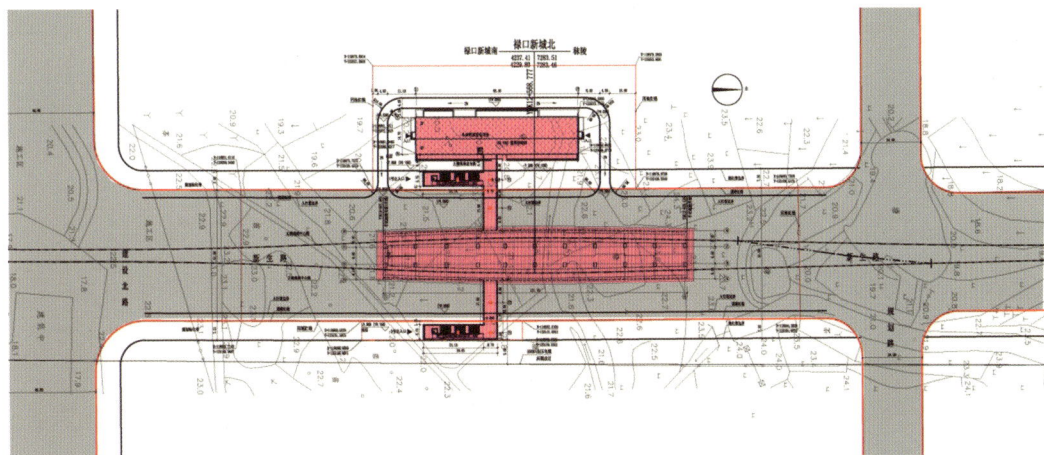

图 1-45　翔宇路北站总平面图

　　车站主体总长度 121.7m，宽度 16.69 ～ 19.56m，总高度 22.96m，主体建筑面积 3883.4m²，总建筑面积约 7329m²。车站外立面雨棚为全包方案（图 1-46）。

图 1-46　翔宇路北站外立面造型实景

　　翔宇路南站（原禄口新城南站）位于新生路与规划华商南路交叉口西北侧地块内，主体南北向设置，本站为机场线（S1 线）与宁高二期的换乘车站，机场线上下行线位于东西两侧，预留的宁高二期线位于中间，实现同站台换乘，见图 1-47。

　　车站地面一层为站厅层，南侧布置公共区，北侧布置主要设备管理用房区，部分设备用房（变电所等）位于区间桥下；地面二层为站台层，两个宽度为 10m 的岛式站台。

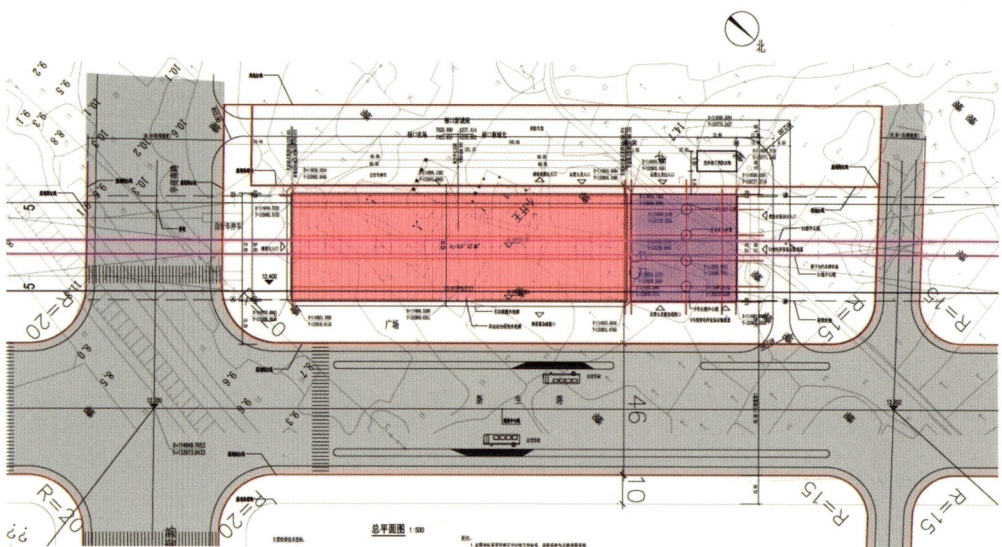

图 1-47　翔宇路南站总平面图

车站主体总长度 121.1m，宽度 37.8m，总高度 16.2m，总建筑面积约 10692m²。车站外立面雨棚为全包方案（图 1-48），较大面积的金属幕墙与玻璃幕墙结合交错，立面金属幕墙部分为倒锥形式，屋顶部分为直立锁边镀铝锌钢板屋顶，局部设置玻璃采光窗。

图 1-48　翔宇路南站外立面造型实景

1.4.5　区间设计基本情况

1. 地下区间

（1）禄口机场站～翔宇路南站区间地下段

本段线路起自禄口机场站，由东向西南行进至 1 号盾构井兼中间风井后，继续由东向西南前行，在徒盖河附近向西北拐，并下穿徒盖河。而后出机场规划区继续前进，进入盾构接收井，进入明挖暗埋段。而后沿将军大道东侧敷设直至 U 型槽与路基段接口位置为地下段设计终点。设计范围为：① 1 号盾构井兼中间风井，YDK2+670.00 ～ YDK2+780.00，风井主体结构外包全长为 111.4m；②盾构区间，禄口机场站～ 1 号井段，及 1 号井～明挖暗埋段。右线设计起终点里程为 YDK0+671.000 ～ YDK2+670.000、YDK2+780.000 ～ YDK4+700.000，右线长度分别为 1999m 及 1920m；③明挖暗埋段：右线设计起、终点里程为 YDK4+699.100 ～ YDK5+150.000，右线长度 850.9m；④ U 型槽段：右线设计起、终点里程为 YDK5+150.000 ～ YDK5+507.000，右线长度 357m。共设置 8 处联络通道，1 ～ 3、5 ～ 7

号联络通道位于盾构段，4号联络通道位于1号明挖风井范围内、8号联络通道位于明挖暗埋段范围内，其中3、6号联络通道兼做废水泵房。

（2）正方中路站~吉印大道站区间地下段

正方中路站~吉印大道站区间地下段起自将军大道与绕越高速交叉口南侧，沿将军大道向北下穿绕越高速后，继续向北到达将军大道与吉印大道交叉口处的吉印大道站。区间起始里程为YDK22+511.000，终点里程为YDK24+380.119；区间从南向北依次为227m长的U型槽，44m长明挖矩形隧道，12m长明挖矩形导坑，123m长浅埋盾构试验段，30m长盾构井及1431m长双线盾构隧道，区间共设置2处联络通道。

区间主要下穿地质为4-1b1粉质黏土、J3l-1全风化安山岩、J3l-2强风化安山岩、J3l-3中风化安山岩。

隧道衬砌采用350mm厚C50预制钢筋混凝土管片衬砌，联络通道采用小导管注浆加固、矿山法开挖。U型槽段分别采用放坡、工法桩、钻孔桩加内支撑形式；明挖段采用钻孔桩加内支撑形式；导坑采用钻孔桩加锚索形式；盾构井采用钻孔桩加内支撑形式。

（3）吉印大道站~佛城西路站区间

吉印大道站~佛城西路站区间（原将军路站~佛城西路站区间）位于南京江宁区将军大道上，拟建区间起始于将军大道与吉印大道交叉口处的吉印大道站，向北行进至东大金智园附近设置2号中间风井兼盾构始发井；继续向北前进下穿牛首山河、侧穿杨陈大桥后到达将军大道与佛胜西路交叉口处的佛城西路站。线路主要位于道路主干道下，道路两侧建构筑物距离区间结构外边线较远；区间右线起点里程YDK24+673.519，右线终点里程为YDK27+642.145，其中YDK26+443.642 ~ YDK26+553.642段为110m长2号井，右线盾构区间长2859.802m；区间共设置3座联络通道，其中2座兼做废水泵房。

区间主要下穿地质为：② -3b3-4粉质黏土夹粉土、③ -1b1-2粉质黏土、③ -4e含砾粉质黏土、J3l-1全风化安山岩、J3l-2强风化安山岩、J3l-3中风化安山岩。

隧道衬砌采用350mm厚C50预制钢筋混凝土管片衬砌；区间联络通道均采用钢拱架支护、矿山法施工；2号风井主体围护结构采用钻孔桩加桩间止水，内支撑为混凝土加钢支撑型式；主体结构为双层两跨框架结构。附属围护结构采用钻孔桩加桩间止水，内支撑为混凝土加钢支撑型式；附属内部结构为混凝土箱型结构。

（4）佛城西路站区间~翠屏山站区间

佛城西路站~翠屏山站区间（原佛城西路站~胜太路站区间）盾构段位于南京江宁区将军大道上，拟建区间起始于将军大道与佛城西路交叉口处的佛城西路站，向北行进至挪威森林小区附近设置3号中间风井兼盾构始发井、轨排井；继续向北前进到达将军大道与胜太西路交叉口处的翠屏山站。线路主要位于道路主干道下，道路两侧建构筑物距离区间结构外边线较远；区间右线起点里程YDK27+993.945，右线终点里程为YDK30+937.528，其中YDK29+719.400 ~ YDK29+829.400段为110m长3号井，右线盾构区间长2833.029m；区间共设置 4 座联络通道，其中 2 座兼做废水泵房。

区间主要下穿地质为：③ -1b1-2 粉质黏土、③ -4e 含砾粉质黏土、J1-2x-2c 强风化粉细砂岩、J1-2x-3c 中风化粉细砂岩。

隧道衬砌采用 350mm 厚 C50 预制钢筋混凝土管片衬砌；区间联络通道均采用钢拱架支护、矿山法施工；3 号风井主体围护结构采用钻孔桩加桩间止水，内支撑为混凝土加钢支撑型式；主体结构为双层两跨框架结构。附属围护结构采用钻孔桩加桩间止水，内支撑为混凝土加钢支撑型式；附属内部结构为混凝土箱型结构。

（5）翠屏山站～南京南站区间

胜太路站～南京南站区间线路起自胜太西路与将军大道交叉路口的胜太路站，由南向北沿将军大道敷设，先后经过正德学院学生公寓楼、某住宅片区、玛斯兰德桃子住宅区、翠萍东南住宅区、美之国花园住宅楼片区后线路转向东北向，经过海通大厦、秦淮新河大桥后进入设于秦淮新河南侧现状绿地内 4 号盾构井；线路出 4 号井后下穿秦淮新河，而后由西南向东北向穿行，在下穿大片临建片区（夹杂个别低矮破旧房屋）及规划龙西立交至机场路跨线桥后沿道路向北行进，并穿越京沪高铁等大铁组桥后东转入规划站北一路行进，到达 5 号井；而后沿规划站北一路行进穿越宁芜货线后到达 5A 竖井，并继续前行至南京南站为本段终点。

本段区间共分为以下几段：①盾构段：胜太路站～ 4 号井段，及 4 号井～ 5 号井段，区间右线设计起终点里程为 YDK31+155.928 ～ YDK32+642.709、YDK32+682.731 ～ YDK34+176.170，右线长度分别为 1486.781m 及 1493.808m；② 4 号风井，右线设计起点里程 YDK32+641.407，终点里程为 YDK32+684.033，外包长 42.6m，宽 22.8m；③ 5 号风井，右线设计起点里程为 YDK34+176.170，右线终点里程为 YDK34+226.170，外包全长 52.6m、宽 20m，埋深约 35m；④ 5A 竖井右线设计起点里程为 YDK34+784.300，右线终点里程为 YDK34+835.700，竖井外包尺寸为：长 51.4m，宽 13.69 ～ 18.94m，底板埋深 18.86 ～ 20.11m；⑤矿山法段：5 号井～ 5A 井单洞单线矿山法段设计起终点里程 YDK34+229.170 ～ YDK34+782.800，右线全长 553.63m，5A 井～南京南站单洞双线矿山法段设计起终点里程 YDK34+837.200 ～ YDK35+036.930，右线全长 199.73m。

（6）南京南站后区间

南京南站站后折返线区间线路起自地铁南京南站东端，由西向东沿规划站北一路铺设，穿越南京南站联络到平台后进入 6 号竖井，而后下穿明城大道后到达明挖段及 7 号井至线路终点。

本段区间主要分为以下几段：①机场线矿山法段，共南京南站～ 6 号风井、6 号风井～ 7 号风井两段单洞双线矿山法隧道，南京南站～ 6 号风井段隧道设计里程 YDK35+292.730 ～ YDK35+415.030，右线全长 122.3m，6 号风井～ 7 号风井段隧道设计里程 YDK35+555.080 ～ YDK35+695.062，右线全长 139.982m；② 6 号竖井；③明挖段及 7 号竖井；④ S3 线矿山法段，隧道设计里程 YDK0+053.100 ～ YDK0+172.062，右线全长 118.962m。

2. 高架区间

宁高城际一期工程正线高架线长 16.835km，其中预制 U 型梁正线长度约为 15.422km，出入段线长度约为 1.138km，车辆段试车线长度 0.417km，共 19 种类型预制 U 型梁，预制 U 型梁数量为 1218 片，预制 U 型梁概算价为 3.9 亿。标准梁主要采用 30m 跨径，采梁高 1.8m。施工方案为梁场预制梁体，梁上运梁，架桥机、汽车吊和龙门吊架设。

3. 区间风井及工作井

（1）禄口机场站～翔宇路南站区间地下段

1 号盾构井兼中间风井，YDK2+670.00 ～ YDK2+780.00，风井主体结构外包全长为 111.4m。

（2）佛城西路站～翠屏山站区间

3 号盾构井兼中间风井，YDK29+719.400 ～ YDK29+829.400，风井主体结构外包全长为 110m，埋深约 18m。

（3）将军路站～佛城西路站区间

2 号盾构井兼中间风井，YDK26+443.642 ～ YDK26+553.642，风井主体结构外包全长为 110m，埋深约 18m。

（4）翠屏山站～南京南站区间

4 号风井，右线设计起点里程 YDK32+641.407，终点里程为 YDK32+684.033，外包长 42.6m，宽 22.8m；5 号风井，右线设计起点里程为 YDK34+176.170，右线终点里程为 YDK34+226.170，外包全长 52.6m、宽 20m，埋深约 35m；5A 竖井右线设计起点里程为 YDK34+784.300，右线终点里程为 YDK34+835.700，竖井外包尺寸为：长 51.4m，宽 13.69 ～ 18.94m。

（5）南京南站后区间

6 号竖井主体结构外包尺寸为 140.25m×38.4m，覆土约 5.7m；7 号竖井外包尺寸约 63.7m×16.4m，覆土约 2.9m。

1.4.6　车辆段设计基本情况

南京至高淳城际轨道工程南京南站至禄口机场段工程设有一座禄口新城南车辆段，占地约 33 公顷。禄口新城南车辆段位于翔宇路南站以南、横溪河北岸、燕湖路西侧、将军大道东侧的规划用地内，在翔宇路南站南端与正线接轨。车辆段用地红线范围内长约 990m，宽约 380m。地块用地现状主要为农田、鱼塘及河涌，地势低洼平缓。地块北侧用地现状为农田，东侧为河涌，河涌以东为既有路燕湖路，南侧用地现状为鱼塘，规划为空港物流园区用地，西侧为农田及既有路将军大道。

禄口新城南车辆段功能定位为线网中的大架修基地，承担全线配属车辆的大架修、定修、临修和该段配属车辆的停放、运用整备、清扫洗刷和周月检任务，以及沿线各种运营设备、设施的保养维修等任务，同时，设计初期兼顾 6 号线、14 号线的大架修任务。试车线布置在运用库的南侧，长约 1500m，并设有检查坑和试车用房。

禄口新城南车辆段建筑物主要生产房屋包括：运用库，联合检修库，综合楼，物资总库，内燃机车、特种车库、材料棚，不落轮镟库、洗车库，信号楼，混合变电所，生活及消防泵房，污水、含油污水处理泵房，蓄电池检修间，易燃品库，备用房（公安用房、消防站），加油站，门卫等生产、生活房屋；总建筑面积约 11.6 万 m²。

运用库由停车列检库和周月检库组成，为尽端式车库。停车列检设库线 18 股（每线 2 列位），尽头式布置，共计 36 列位，近期建成 24 列位，远期预留 12 列位，每条股道间均设检查坑。双周三月检库位于停车列检库的北侧，设库线 5 股（每线 1 列位），尽头式布置，共计 5 列位。近期全部建成，每条股道间均设检查坑。

联合检修库由吹扫库、定临修库、静调库和厂架修库及辅助车间组成。吹扫库为 1 线库。定临修库为 4 线库，其中定修 3 列位，临修 1 列位，两股道间设检查坑。静调库为 1 线库，两股道间设检查坑，一侧设车顶作业平台。大架修库为 4 线库（含 1 列位称重线），并设转向架间、电机检修间、轮对检修间、轮对存放间、车体车间、油漆库等辅助车间。

除上述检修车间外，还设有综合维修中心、信号楼、洗车库和不落轮镟库、蓄电池间、生活及消防泵房、含油污水处理泵房、内燃机车库与特种车库、牵引降压混合变电所、跟随变压所、易燃品库、公安用房、汽车棚及加油站等。同时，为了承担全线范围内所需的各种物资的采购、储存、发放及管理等工作，设有材料库一、二和材料堆场及材料棚。其余生活办公房屋包括综合办公楼、食堂和司机公寓等。

1.4.7　控制中心设计基本情况

南京南控制中心是地铁线网中四大区域控制中心之一，承担 3 号线、5 号线、宁和城际线、宁高城际一期机场段、宁高城际二期以及宁溧线总计六条轨道交通线路的全面的集中控制、调度及管理任务，是地铁运营线路最高等级的管理场所，同时，地块内设有两条地铁线路及控制中心大楼的主变电所。控制中心室外环境见图 1-49。

图 1-49　控制中心室外环境

　　项目用地位于雨花台区站北广场以西，北面为 40m 宽的站北一路，地块与站北一路之间间隔 30m 宽城市绿化带，西临 52m 宽的站西路，南临站北路，东侧邻南京南站前广场上下客平台匝道。用地形状为梯形，用地东南面为南京火车南站，总用地面积 22185.5m²。该用地为综合属性用地，内含电力设施用地、轨道交通用地及商业用地。商业开发部分地下室内预留有宁和城际线区间隧道通过的空间。项目总建筑面积 69750m²，其中主变电站 3055m²，控制中心 32955m²，商业开发 33740m²，建筑高度 30m。控制中心建筑外景如图 1-50 所示，控制大厅内景如图 1-51 所示。

图 1-50　控制中心建筑外景

图 1-51　控制大厅内景

1.4.8 车辆设计基本情况

1. 列车编组

（1）车辆形式

车辆采用 B2 型车，DC1500V 架空接触网供电，分为 Tc 车、Mp 和 M 车。Tc 车为带司机室的拖车，Mp 车为带受电弓动车，M 车为动车。

（2）列车编组

初、近、远期采用 6 辆编组，4 动 2 拖，两动一拖为一个单元，编组形式如下：

$$= Tc + Mp + M*M + Mp + Tc =$$

其中：= ——自动车钩；

　　* ——半自动车钩；

　　+ ——半永久棒式车钩。

列车长度（列车两端车钩连接面之间）：6 辆编组 119.88m。

2. 车辆主要尺寸

车辆主要尺寸见图 1-52 ～图 1-58。

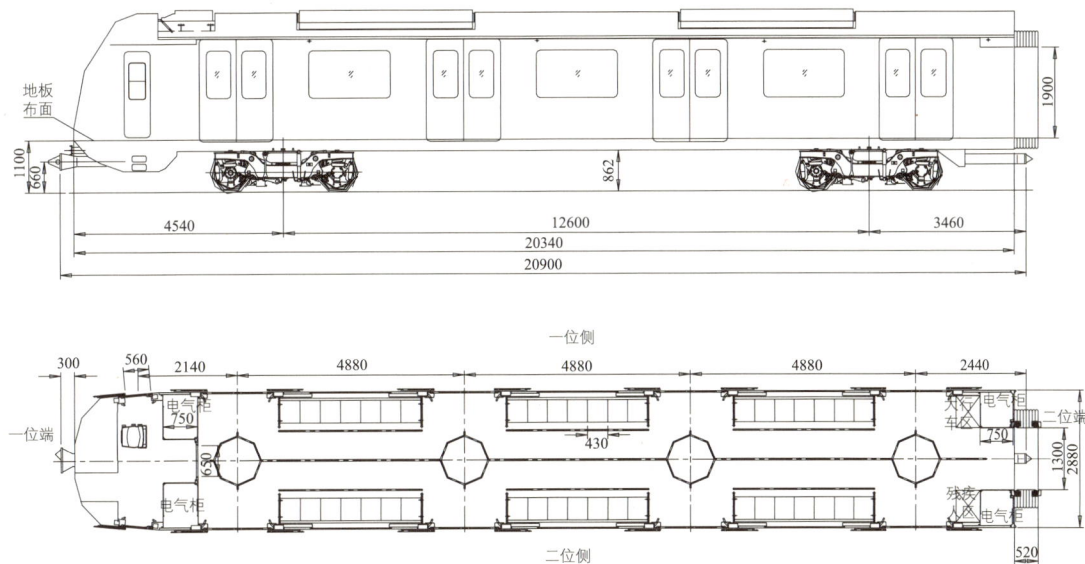

图 1-52　Tc 车平面示意图

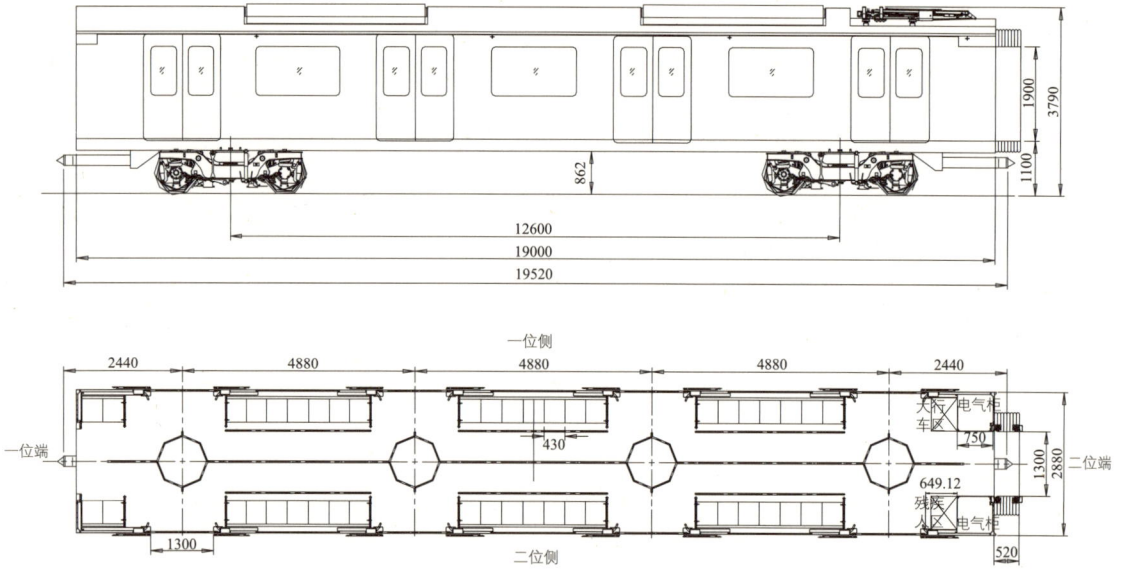

图 1-53 Mp 车平面示意图

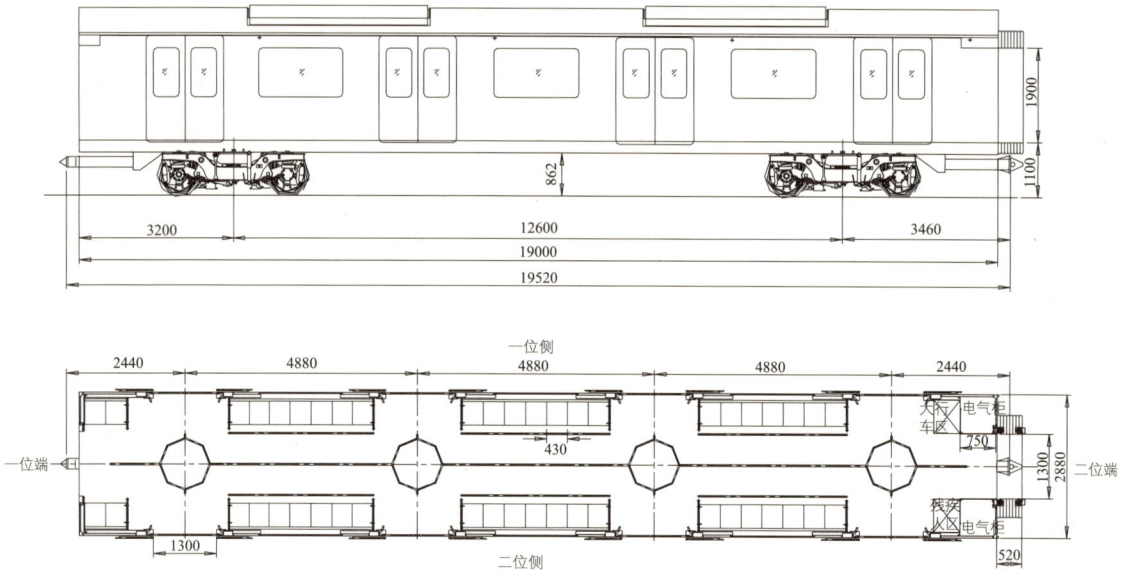

图 1-54 M 车平面示意图

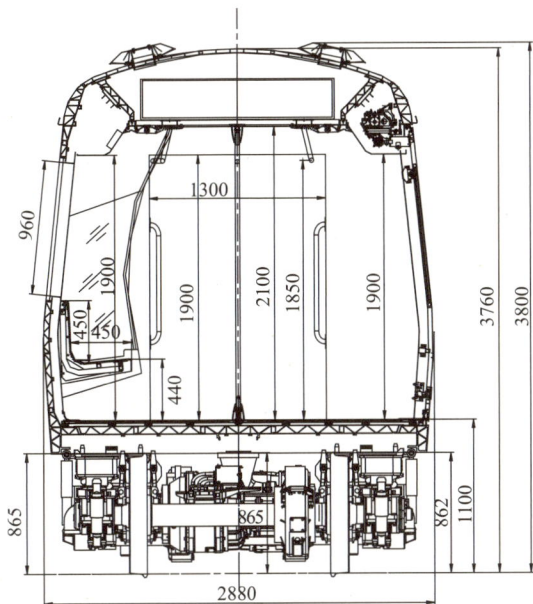

图 1-55　车辆断面示意图

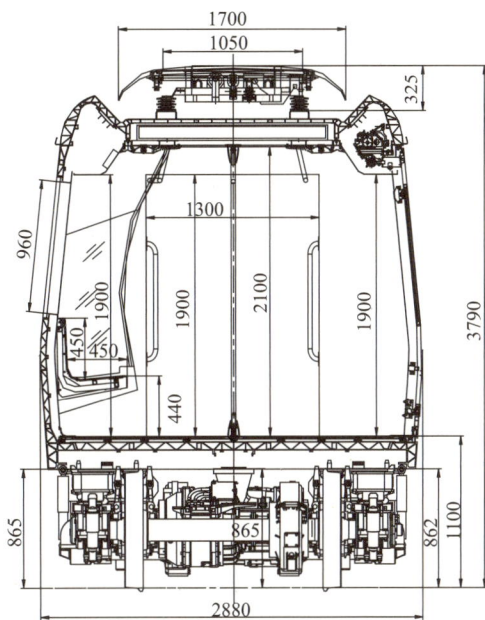

图 1-56　受电弓安装断面示意图

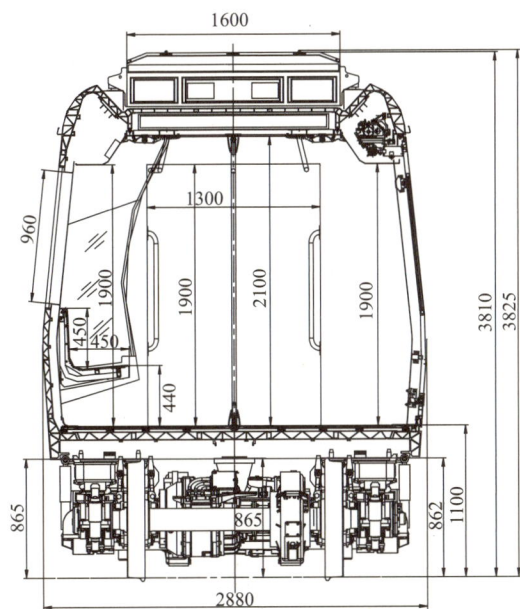

图 1-57　客室空调机组安装断面示意图

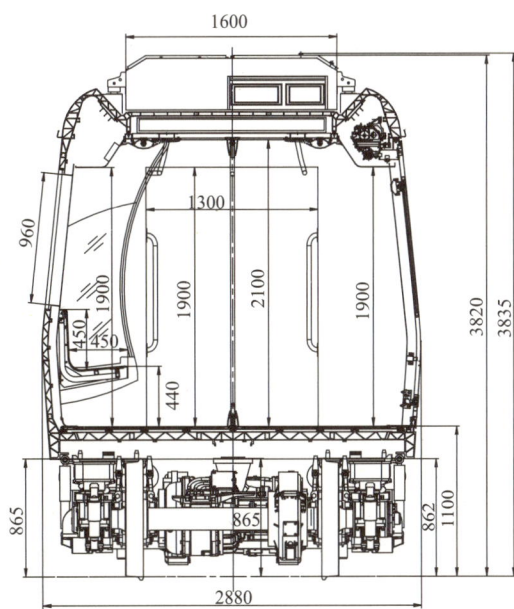

图 1-58　司机室空调机组安装断面示意图

3. 车辆载客量及重量

车辆载客量见表 1-11。

车辆载客量			表 1-11
项 目	Tc	Mp、M	6 辆编组载客量
载客量 · AW₁ 工况（座位）	42	46	268
· AW₂ 工况（6 人 /m²）	230	250	1460
· AW₃ 工况（9 人 /m²）	324	354	2064

车辆重量见表 1-12。

车辆重量			表 1-12
项 目	Tc	Mp、M	6 辆编组载客量
重量（t） · AW₀ 工况	32	34	200
· AW₂ 工况（6 人 /m²）	45.8	49	287.6
· AW₃ 工况（9 人 /m²）	51.44	55.24	323.84

4. 牵引和制动性能

列车在干燥、清洁的平直轨道上，在额定载荷（AW_2）、额定网压以及车轮半磨耗状态下，牵引和制动性能见表 1-13。

牵引和制动性能	表 1-13
最高运行速度	≥ 100 km/h（瞬时速度达到 115km/h）
牵引计算粘着系数	0.16 ~ 0.18
冲击极限	≤ 0.75m/s³
平均启动加速度（0 ~ 40km/h）	≥ 1.0m/s²
平均加速度（0 ~ 100km/h）	> 0.6m/s²
平均常用制动减速度（100km/h ~ 0 包括响应时间）	≥ 1.0m/s²
平均紧急制动减速度（100km/h ~ 0 包括响应时间）	≥ 1.3m/s²
制动计算粘着系数	0.14 ~ 0.16

列车制动包括电制动、空气制动和停放制动。列车电制动由再生制动和电阻制动组成，以再生制动优先；再生制动能平滑地转到电阻制动。粘着力允许情况下，在网压从 1650V 上升到 1800V 时，电制动能在 AW_2 负载下在 5km/h 到 90km/h 之间单独满足全常用制动的

要求。在网压上升到 DC1800V 时,再生制动能平滑过渡到电阻制动。在最高速度(AW₃ 载荷)行驶时,全部电制动加补偿的机械制动能够达到所需的最大减速度。

电制动与空气制动协调配合,以电制动优先;当不能实现电制动时,所需总制动力必须由空气制动来提供。电制动与空气制动起始转换点速度为 5km/h。

1.4.9　轨道设计基本情况

轨道工程正线全长约 35.8km,其中高架段长约 16.9km,过渡段长约 0.7km,地下段长约 18.2km,另外还包括①禄口新城南车辆段一处;②与 S1 线共建部分,长度约为 0.547km,采用高架敷设方式。

全线共设置 5 处铺轨基地,分别位于禄禄区间明挖过渡段、将秣区间明挖过渡段、3 号井、5 号井、禄口新城南车辆段。

钢轨:正线、辅助线、出入段线及试车线采用 25m 定尺长 60kg/m 钢轨,材质为 U75V。车场线采用 25m 定尺长 50kg/m 钢轨,材质为 U71Mn。试车线与车场线相连处为 60kg/m 钢轨与 50kg/m 钢轨相接点,采用 12.5m 异型轨过渡联结。

扣件及轨枕:地下线采用 ZX-2 型扣件,配套使用预应力混凝土长轨枕,钢筋混凝土整体道床;高架线采用 WJ-2A 型扣件,配套使用短轨枕,钢筋混凝土整体道床;地面线采用弹条 Ⅱ 型扣件,配套使用新 Ⅱ 型预应力混凝土轨枕,碎石道床;碎石道床与整体道床之间设置过渡段;车场线采用弹条 Ⅰ 型扣件,库内线均采用弹条 Ⅰ 型分开式扣件,混凝土整体道床。

道岔:正线及辅助线、试车线均采用 9 号曲线尖轨单开道岔及渡线,混凝土长岔枕。车场线采用 7 号单开道岔及渡线,混凝土长岔枕。其中在高架线道岔前后设置钢轨伸缩调节器,混凝土短轨枕。

高架线及地下线整体道床采用轨排架轨法施工,25m 轨排在铺轨基地内拼装,利用 2 节 12.5m 平板车连挂轨道车运送。施工现场利用 2 台铺轨龙门吊使 25m 轨排就位,钢轨精确定位后,进行整体道床施工。正线及库外线碎石道床采用散铺法施工,即用装载机先铺一层 0.2m 厚的底砟,再利用人工散铺的方法铺设轨排,再将面砟上到轨排上,并将轨排分三次起至设计标高,最后进行道床捣固作业。

全线铺设温度应力式无缝线路,选用移动接触焊。高架线锁定轨温为 28±5℃,地下线锁定轨温为 20±5℃。

轨道附属设备包括车挡、线路及信号标志、防脱护轨等。其中正线及试车线采用液压缓冲滑移式挡车器,库外线(除试车线外)采用固定式挡车器,库内线采用摩擦式车轮挡;线路标志主要有百米标、坡度标、曲线要素标、曲线始终点标等,信号标志主要有停车标、一度停车标、制动标、警冲标等。高架桥采用新型防脱护轨,护轨采用槽钢 63mm×40mm×4.8mm;库外线平过道采用混凝土长枕式碎石道床,铺设橡胶道口板。库内平过道为短枕整体道床,用混凝土灌注，轮缘槽处采用特制的橡胶轮缘槽，轮缘槽宽度 60mm。

另外根据环评要求、初设专家审查意见并结合工程经验、现场工况等资料，高架车站采用隔离式减振垫浮置板整体道床，高架区间采用梯形轨枕整体道床；地下线中等减振地段采用压缩型轨道减振扣件，地下线高等减振地段采用隔离式浮置板道床；此外，在施工阶段因南京南控制中心地块规划条件，受轨道结构高度、道床排水等因素影响，经业主同意该段采用纵向轨枕配合吸声板进行设计。

1.4.10　限界设计基本情况

1. 设计原则

（1）相邻的线路，当两线间无墙柱及其他设备时，两设备限界之间的安全间隙不得小于 100mm。

（2）建筑限界与设备限界之间的距离，一般情况下不小于 200mm，特殊困难条件下，不得小于 100mm。在宽度方向上，设备和设备限界之间应留出不小于 20 ~ 50mm 的安全间隙。

（3）全线采用列车端门疏散。

（4）本工程按区间最高速度 100km/h，车站最高速度 60km/h，采用 1500V 接触网授流 B_2 型车辆开展限界设计。

2. 线间距

（1）区间正线直线地段线间距

①圆形盾构段：按上、下行线隧道净距不小于隧道外径（D）控制，一般约 11 ~ 12m。

②暗埋段：矩形隧道暗埋段设中隔墙，两线线间距为 4000 + d + 施工误差，d 为中隔墙厚度。

③其他地下或地面地段：两线间最小线间距 3500mm（当两线间有墙、柱等其他设施时，应按限界要求加宽）。

④高架段：两线线间距为 4700mm。

（2）车站正线线间距

①直线地段岛式站台车站：1500×2 + 站台宽度（mm）；

②直线地段侧式站台车站：4700mm。

（3）单渡线地段最小线间距为 4000mm。交叉渡线地段最小线间距为 4600mm。

3. 区间、车站的限界

（1）区间直线段建筑限界

区间圆形隧道的建筑限界为 5200mm。

区间矩形隧道线路中心至隧左、右墙距离分别为 2000mm 和 2100mm，建筑限界宽度为 4100mm。建筑限界高度为 4500mm（未包含轨道结构）。

区间双线直线敞开段线路中心线至敞开段斜墙内侧面的距离安装接触网立柱区段为

2800mm，其余区段为 2100mm，最小线间距 3500mm。

（2）区间曲线地段建筑限界

①曲线超高地段圆形隧道和马蹄形隧道

采用隧道中心向线路中心线内侧偏移的办法解决轨道超高产生的内外侧不均匀偏移。

②区间曲线地段矩形隧道

圆曲线地段矩形隧道建筑限界，应在直线地段建筑限界的基础上进行加宽。加宽值按车辆在圆曲线上的最大运行速度及轨道超高量计算确定。

（3）车站建筑限界

①直线段岛式车站矩形隧道建筑限界

岛式站台车站矩形隧道线路中心线距外边墙内侧需要布置通信信号电缆和广告牌，线路中心线距外边墙内侧最小净距 2100mm，距站台边缘净距 1500mm，车站建筑限界最小总宽度 A=（2100+1500）×2+ 站台宽度，轨顶风道距轨面高度为 4550mm。

②直线段侧式车站矩形隧道建筑限界

直线段侧式站台车站矩形隧道线路中心线距站台边缘内侧净距 1500mm，车站建筑限界最小总宽度 A=1500×2+ 线间距 + 站台宽度 ×2（mm），轨顶风道距轨面高度为 4550mm。

③站台限界

在有效站台范围内，线路中心线至站台边缘内侧距离 1500mm；在非有效站台范围内，线路中心线至站台边缘内侧距离 1750mm；在外墙或立柱上不敷设任何设备或管线时，直线限界不小于 1850mm；外墙上有管线及设备时，对于岛式站台，直线限界不小于 2000mm，对于侧式站台，直线限界不小于 2100mm。

车站屏蔽门（安全门）安装尺寸应考虑在弹性变形状态下，屏蔽门最外突出点至车辆轮廓线之间应有不大于 130mm 的安全间隙，为 1530mm。

④曲线车站

曲线车站（或有曲线进站的直线车站）应在直线段车站的基础上，根据车辆参数、曲线半径、轨道超高等进行加宽。

⑤折返线和存车线

折返线和存车线直线建筑限界，采用 2000mm。

4. 车场线建筑限界

（1）库外连续建筑物至设备限界的净距不得小于 200mm，当有人行便道时取 1000mm。

（2）库外非连续建筑物（其长度不大于 2m）至设备限界的距离不得小于 200mm，当有人行便道时取 600mm。

（3）车库大门边框至设备限界的横向间隙不得小于 100mm。

①车库大门高度按车辆高度加不小于 200mm 安全间隙确定。

②直线地段信号设备按设备限界加不小于 200mm 安全间隙确定。

（4）车顶检修作业平台及安全栅栏与车辆轮廓线之间应留有 80mm 安全间隙，中间检修作业平台建筑限界采用车站站台建筑限界。

（5）射流风机地段限界：射流风机宜布置在隧道顶部，与设备限界的安全间隙不小于 100mm，且需考虑设备的日常维修维护空间。

1.4.11　主要设备系统的标准及制式、供货商的情况

1. 低压配电与照明系统标准

（1）低压配电系统采用 220/380V 三相四线制系统（TN-S 系统）。

（2）动力设备供电方式主要采用放射式。照明供电采用放射式和树干式相结合的方式。

（3）消防设备与非消防设备自变电所低压柜出线起分开供电，自成系统。非消防设备在火灾工况下切除。

（4）商业用电自成系统，独立计量。

（5）供电电压等级：动力、照明：交流 220/380V；应急照明系统逆变器电源：直流 220V；安全特低电压照明：交流 36V。

2. 低压配电与照明系统供货商情况

环控电控柜（大全集团镇江穆勒电器有限公司）。

3. 通风空调系统标准

按站台设置屏蔽门的通风空调系统设置，系统由隧道通风系统、车站公共区通风空调系统（简称大系统）、车站设备管理用房通风空调系统（简称小系统）、空调水系统（简称水系统）组成。

隧道通风系统为列车正常运营提供所需的环境条件，阻塞运行时保障列车空调正常工作，火灾运行时迅速排除烟气，诱导乘客安全撤离。区间隧道通风系统由活塞通风、机械通风兼排烟系统组成。区间隧道活塞／机械通风系统主要包括区间隧道机械通风兼排烟系统、车站轨行区排热兼排烟系统。风机设备主要有可逆转的耐高温轴流风机（TVF 风机或隧道风机）和单向运转的耐高温轴流风机（TEF 风机或排热风机）。TVF 风机一般布置在车站两端及中间风井的机械／活塞风道内。

地下车站每端分别设置 2 台共 4 台隧道风机。每台隧道风机前后各设置一组金属片式消声器。排热风机设置在车站两端的排热风道内，对应左右线单独设置，每端设置 2 台共 4 台排热风机，共同承担车站的轨顶排风和站台下排风。排热风道前、后分别设置一组结构片式消声器。新风道及排风道内，分别设置一组结构片式消声器。金属外壳消声器内板采用铝合金板材，内装离心玻璃棉板，外覆平纹无缄玻璃纤维布。隧道通风系统布置原理见图 1-59。

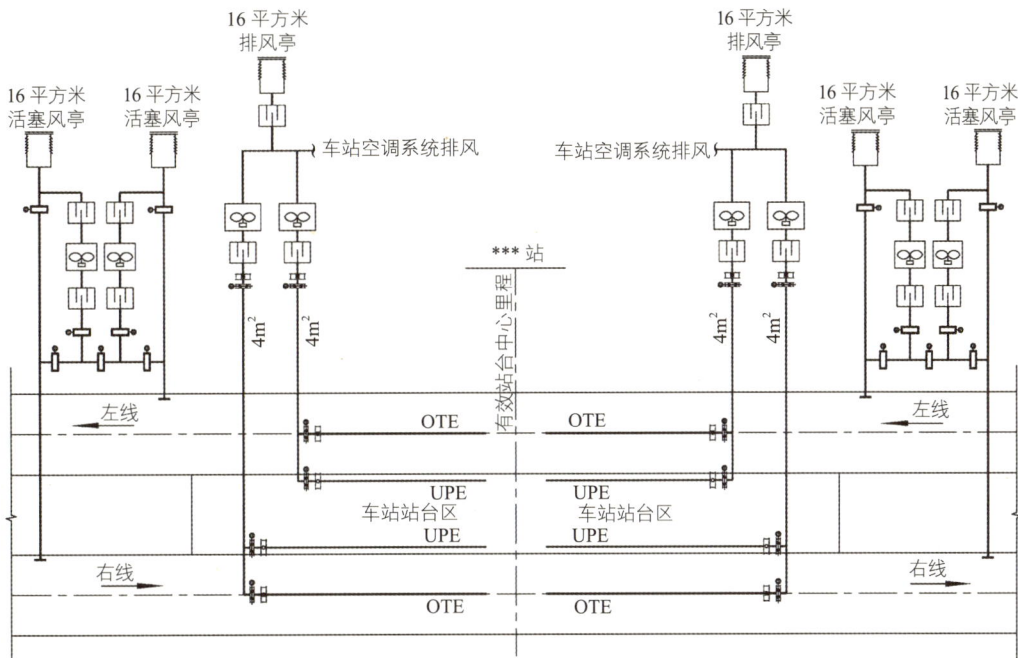

图 1-59 隧道通风系统布置原理图

车站大系统正常运营时为乘客提供过渡性舒适环境，火灾时迅速组织排除烟气；公共区通风空调系统按站台设置屏蔽门制式考虑，由公共区站厅、站台空调、通风及防排烟系统组成。大系统的组合式空调器及回排风机采用变频控制，运营期间可根据空调负荷变频节能运行。车站大系统布置原理见图 1-60。

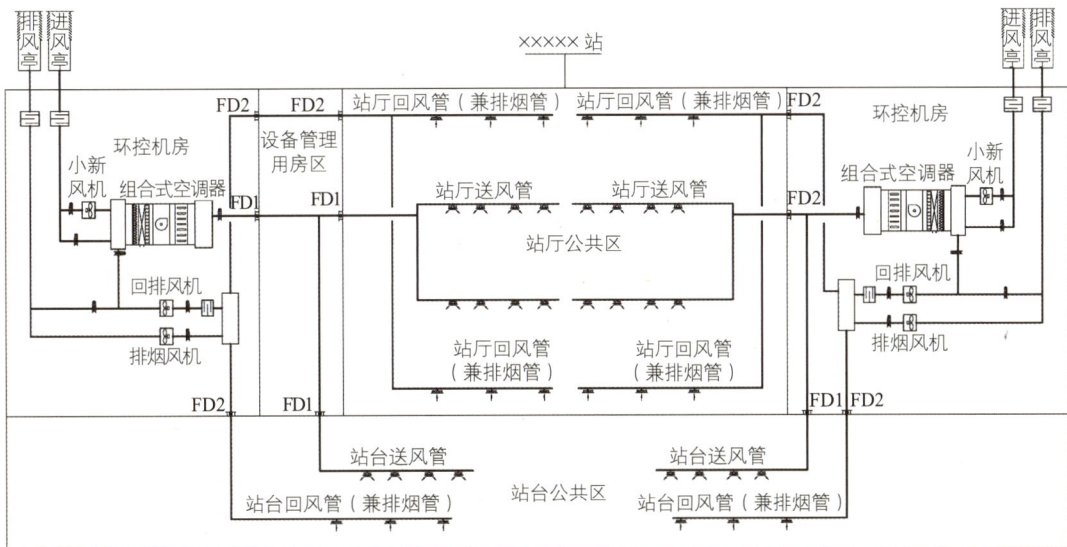

图 1-60 车站大系统布置原理图

车站小系统正常运行时为运营管理人员提供舒适的工作环境和为设备正常工作提供良好的运行环境，火灾时迅速组织排除烟气隔断烟气和火源。设备管理用房由空调通风、防排烟系统组成。

空调水系统为大、小系统提供冷源，主要由冷冻水泵、冷却水泵、冷却塔等设备及水系统管路组成。车站大系统布置原理见图1-61。

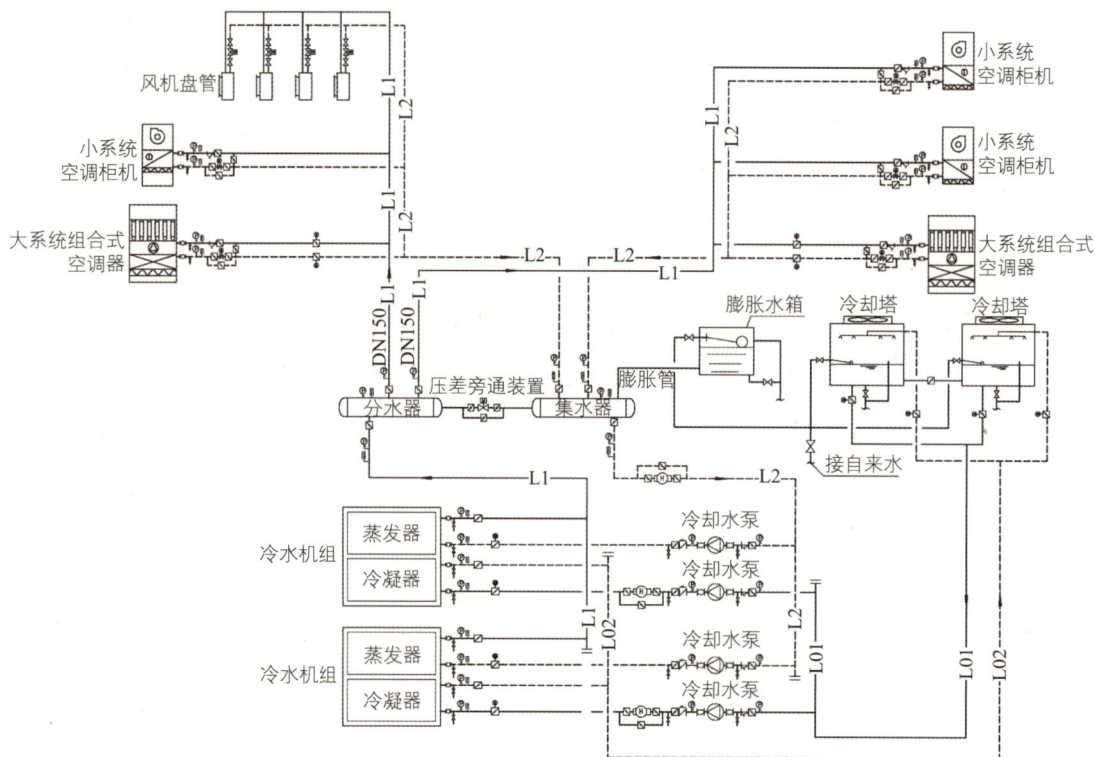

图 1-61　车站大系统布置原理图

4. 通风空调主要设备供货情况

设计掌握信息较少，仅是对技术了解，都能满足技术参数要求，采用品牌情况如下：

（1）冷水机组：采用顿汉布什（山东烟台）品牌，属行业领先品牌，在南京既有线路均有采用，且该品牌在全国开通地铁城市范围内占有率较高，品质及服务均有保证。

（2）空调器：南京创元，属南京本地品牌。

（3）水泵、冷却塔：荏原机械。

（4）风机、消声器：浙江上风，属行业主流品牌，品质及服务均有保证。

（5）多联机：大金，属行业领先品牌，品质及服务均有保证。

5. 电扶梯系统标准

（1）自动扶梯采用公共交通重载型扶梯。

（2）站内扶梯采用室内型扶梯，高架及出入口扶梯采用室外型扶梯。

（3）车站电梯采用无机房电梯，车辆段、控制中心有条件的建筑单体采用有机房电梯。

（4）车站站内采用透明观光电梯，站外电梯采用土建井道电梯。

6. 电扶梯系统供货商情况

共设电扶梯 84 台（其中自动扶梯 54 台，电梯 31 台），自动扶梯由杭州西子奥的斯电梯有限公司负责供货及安装，电梯由上海三菱电梯有限公司负责供货及安装。

7. 站台门系统标准

（1）地下车站设置全封闭式站台门，高架车站设置半高站台门。

（2）全封闭式站台门总高约 3.2m，半高站台门总高约 1.5m。

（3）站台门设置在车站站台边的有效站台长度范围内，以有效站台中心线为基准向两端对称布置。

（4）站台门的设备配置及控制系统设计应满足车辆初、近、远期的运营模式。

站台门在机械性能上能满足地下车站环境下的负载要求，其控制系统可靠性满足地铁运营需要。

8. 站台门系统供货商情况

站台门全线共设置 384 套门单元，由南京康尼机电有限公司供货及安装。

9. 通信系统标准

通信系统由专用通信系统及公安通信系统组成，其中专用通信系统包括传输、公务电话、专用电话、无线通信、视频监视、广播、时钟、电源、集中告警、乘客信息、光缆及电缆、办公自动化网络系统、综合布线等子系统，公安通信系统包括公安传输网络系统、公安计算机网络及 IP 电话、公安视频监视、公安消防无线、公安电源及接地等子系统，构成传送语言、文字、数据和图像等各种信息的综合业务通信网。该系统应能满足本工程运营、管理的要求，并留有网络扩充和设备增容的技术条件及物理空间。

1）技术标准和规范

（1）《地铁设计规范》GB 50157-2013

（2）《电子信息系统设计规范》GB 50174-2008

（3）《民用闭路监视电视系统工程设计规范》GB 50198-2011

（4）《安全防范工程程序和要求》GA/T 75-94

（5）《视频安防监控系统工程设计规范》GB 50395-2007

（6）《民用建筑电气设计规范》JGJ/T 16-2008

（7）《铁路运输通信设计规范》TB 10006-2005

（8）《铁路光（电）缆传输工程设计规范》TB 10026-2000

（9）《铁路通信电源设计规范》TB 10072-2000

（10）《综合布线系统工程设计规范》GB 50311-2007

（11）《综合布线系统工程验收规范》GB 50312-2007

（12）《信息技术设备的无线电干扰极限值和测量方法》GB 9254-2008

（13）《UTP电缆芯线定义》EIA/TIA-T568B

（14）《数字同步网工程设计规范》YD 5089-2005

（15）《有线接入网设备安装工程设计规范（附条文说明）》YD/T 5139-2005

（16）《数字集群通信工程设计暂行规定》YD/T 5034-2005

（17）《通信局（站）防雷与接地工程设计规范》YD 5098-2005

（18）《程控电话交换设备安装工程设计规范》YD 5076-2005

（19）《城市快速地铁工程项目建设标准》建标 04-2008

（20）《城市轨道交通通信工程质量验收规范》GB50382-2006

（21）《通信电源设备安装工程验收规范》YD/T 5079-2005

（22）《通信电源集中监控系统工程验收规范》YD/T 5058-2005

（23）《建筑与建筑群综合布线系统工程设计规范》GB/T 50311-2007

（24）《电气装置安装工程电缆线路施工及验收规范》GB 50168-2006

（25）《电气装置安装工程接地装置施工及验收规范》GB 50169-2006

（26）《无线通信系统室内覆盖工程验收规范》YD/T 5160-2007

（27）《基于SDH的多业务传输节点（MSTP）本地光缆传输工程验收规范》YD/T 5150-2007

（28）《通信用阀控式密封胶体蓄电池》YD/T 1360-2005

（29）《移动通信直放站工程验收规范》YD/T5180-2009

（30）《信息技术互连国际标准》ISO/IEC 11801-95

（31）《信息技术、软件包质量要求和测试》GB/T 25000.1-2010

（32）《国家电子政务总体框架》

（33）《以太网通讯标准》IEEE802.3

（34）国际标准化组织（ISO）相关标准

（35）国际电工技术委员会（IEC）相关标准

（36）国际电气与电子工程师协会 IEEE 有关协议

（37）国际电信联盟 ITU-T、ITU-R 的有关建议

（38）电子工业协会（EIA）的有关标准

（39）《地铁杂散电流腐蚀防护技术规程》CJJ49-92

（40）原邮电部、信息产业部相关标准、规范、规定

（41）公安部、信息产业部等部委的有关标准和规定

2）传输系统

南京地铁机场线专用通信传输系统采用 10G OTN 传输系统，为环形自愈结构；采用所有站点隔站相接成一个大环的光纤连接方式，组成一个双纤自愈环，沿线占用两对光纤。这

两对光纤分配在不同的物理路由上。

3）公务电话系统

在专用电话系统出现重大故障时，公务电话系统可作为专用电话的应急通信手段。

系统采用河北远东哈里斯通信有限公司的 20-20®IXP3000 数字程控交换机。

在禄口新城南车辆段配置一台 20-20®IXP3000/R1536 数字程控交换机，在 8 个车站各配置一台 20-20®IXP3000/NR512 数字程控交换机。

4）专用电话系统

为城市轨道交通工作人员提供用于运营、管理、维修等业务的专用电话系统，主要由调度电话，站内、站间行车电话等设备组成。

系统采用河北远东哈里斯通信有限公司的 20-20®DS 调度系统。

在控制中心配置一台 20-20® IXP3000/1024 数字调度交换机；在禄口新城南车辆段和 8 个车站各配置一台 20-20®IXP3000/512 数字调度交换机。

5）无线通信系统

系统采用 TETRA 制式的 800MHz 数字集群通信方式。

结合南京轨道交通网络的整体规划，本工程采用扩容 3 号线 MSO 的系统方案，不再新设 MSO。

6）视频监视系统

系统采用 H3C 公司的高清全数字视频监控系统，采用最新的专业图像技术，可提供 1080P 标准高清晰图像分辨率，支持 MPEG2/MPEG4/H.264 编码格式，编码带宽最高可达 8M，根据用户网络状况和实际需求编码速率在 128K 至 8M 之间平滑可调。

7）广播系统

广播系统由正线广播系统和车辆段库内广播系统组成。

正线广播系统主要用于地铁运营时对乘客进行公告信息广播、通告地铁列车运行及安全、向导等服务信息，向车站办公区工作人员发布作业通知。

车辆段库内广播系统为一套独立的区域广播系统，供车辆段信号楼行车值班员、停车列检库运转值班员对库内播音区进行定向语音广播。

当车站或车辆段库内发生灾害时，广播系统可兼做应急广播。

系统采用北京贝能达技术有限公司的广播设备。

8）时钟系统

系统采用烟台钟表研究所有限公司的时钟设备。本系统一级母钟接收 3 号线的一级母钟标准时间信号，并预留接收 TCC 标准时间的接口，统一管理机场线所有时钟设备，使所有时钟设备的时间保持同步，实现无累积误差运行。

9）专用电源及接地系统

系统采用北京鼎汉公司 PJD 系列交流配电屏将低压配电专业提供的两路交流市电，选择出供电质量比较好的一路输出给 UPS 电源、高频开关电源和各交流负载；

采用伊顿 UPS 电源为各交流用电通信设备提供交流电源（AC 220V）；

采用艾默生 PS48600-3/2900-X1 系列智能高频开关电源为各直流用电通信设备提供直流电源（基础电压为（DC 48V）；

采用意大利 FIAMM（非凡）XL 系列胶体蓄电池组为各通信设备提供后备电源；

采用北京鼎汉公司电源集中网管系统，对通信系统交流配电屏和高频开关电源以及 UPS 和蓄电池等电源设备进行统一网管系统；

采用北京鼎汉公司电源集中网管系统，对乘客信息系统交流配电屏、UPS 和蓄电池等电源设备进行统一网管。

10）集中告警系统

系统采用中国电子科技集团公司第五十四研究所的 FHC Smart AMS 集中告警系统，将各个子系统的告警信息统一处理，从而便于集中告警终端对各个子系统的告警信息实行统一管理。

11）乘客信息显示系统

乘客信息系统是运营信息、资源开发兼顾的系统，因此在正常情况下，双方共同协调使用，在紧急情况下运营信息优先使用。

乘客信息系统从结构上可分为四个子系统：中心子系统、车站子系统、车载子系统和网络子系统（有线网络和车地无线子系统），其中车地无线局域网系统设备由信号系统采购。

车站 PIS 系统采用高清视频（1920×1080）技术，从信息源、中心设备、网络传输、车站直至终端显示设备均满足高请视频的播放、控制和显示要求。

12）办公自动化系统网络（OA 网络）系统

机场线地铁 OA 网络采用简单化、层次化、分步实施的网络设计远处，考虑到接入信息的位置特点，将 OA 网络分为三层建设：核心层、汇聚层、接入层，核心层采用共用 3 号线核心层的方式，机场线相应配置汇聚层节点和用户接入层节点。

13）综合布线系统

本工程在各车站建设综合布线系统。

采用超 5 类屏蔽双绞线与 8 芯光缆混合布线方式，为本工程的信息基础链路的开通使用，提供可靠保障。

14）公安传输网络系统

系统选择华为技术有限公司的 OptiX OSN 系列智能 MSTP（内嵌 RPR）光传输设备组建传输系统。

在公安分局、派出所、车站选用 OptiX OSN3500 型智能 MSTP 设备，市公安分局选用 1 套 iManager U2000 光传输系统网管设备。市公安分局选用 1 套 SYNLOCK V3 BITS 同步时钟设备为 MSTP 设备提供时钟同步信号，向传输设备提供标准同步定时基准信号。

15）公安计算机网络、电话系统

网络系统采用思科的 Flow 技术。核心采用一台 Cisco 6509E 交换机作为计算机网络系统的核心交换机。

IP 电话系统配置的是河北远东哈里斯通信有限公司的 ArcoSwitch S6000 软交换系统。

16）公安视频监视系统

系统采用 H3C 公司的视频监控系统，可提供 1080P 标准高清晰图像分辨率，支持 MPEG2/MPEG4/H.264 编码格式，编码带宽最高可达 8M，根据用户网络状况和实际需求编码速率在 128K 至 8M 之间平滑可调。

17）公安消防无线系统

建设符合公安部无线通信系统建设规范要求，采用 MPT1327 公开信令，支持 MPT1343 和 CPS 编码标准，可兼容任何公安部门许可销售的集群移动台。

该系统使用 350MHz 公安无线频点，与市局 350MHz 集群网、消防常规网有机衔接，整合为一个完整、统一的通信调度网。

18）公安电源及接地系统

系统采用北京鼎汉公司 PJD 系列交流配电屏将低压配电专业提供的两路交流市电，选择出供电质量比较好的一路输出给 UPS 电源和各交流负载；

采用伊顿 UPS 电源为各交流用电通信设备提供交流电源（AC 220V）；

采用意大利 FIAMM（非凡）XL 系列胶体蓄电池组为各通信设备提供后备电源；

采用北京鼎汉公司电源集中网管系统，对通信系统交流配电屏和 UPS 以及蓄电池等电源设备进行统一网管。

10. 通信系统供货商情况

通信系统总承包商为中国电子科技集团公司第五十四、第十四研究所联合体。

中国电子科技集团公司第五十四所拥有的包括国家级检测中心的完善的检测设备，为承担通信系统集成项目提供了测试手段。通过长期积累的通信工程经验，对通信系统集成，特别是轨道交通通信系统集成的内涵有了更深切的认识。凭借技术优势和工程经验，通过对轨道交通通信系统的深刻理解和对用户需求的深入了解，能够针对用户需求提出全面的综合解决方案，完成了多条城市轨道交通专网、公安、民用通信系统集成以及数条无线集群通信系统工程，在全国的轨道交通行业占有领先地位。

中国电子科技集团公司第十四研究所所内设有国家级天线与微波技术重点实验室、轨道交通信号工程技术研究中心等学科研究机构，拥有国内最大的微波暗室、雷达系统仿真与集成试验室、微电子组装技术中心、柔性加工制造中心等一流研发设施，从事专业和开发产品覆盖了雷达、通讯、信息系统、天线微波、高功率设备、软件、信号处理、射频仿真、电子对抗、应用磁学、微电子、电子仪器仪表、交通电子、显示系统工程、工业自动化、特种元器件等数十个专业领域。

11. 信号系统标准

统由正线 Seltrac® 无线 CBTC 系统及车辆段信号系统组成。

正线信号系统采用上海自仪泰雷兹提供的 Seltrac® 无线 CBTC 系统，并配备点式 ATP 通信的降级运行模式。该系统由列车自动防护子系统（ATP）、列车自动运行子系统（ATO）、列车自动监控子系统（ATS）、正线计算机联锁子系统（CI）和数据传输子系统（DCS）设备组成。

车辆段信号系统主要由车辆段计算机联锁系统、车辆段微机监测系统、车辆段轨道占用/空闲检测设备及与正线 ATS 接口组成。

本 CBTC 系统的设计、制造、测试以及使用的材料，均遵守如下标准的最新版本：

（1）国际无线咨询委员会标准 CCIR

（2）国际电讯联盟标准 ITU-T

（3）电气和电子工程师协会标准 IEEE

（4）国际电工学会标准 IEC

（5）国际标准化组织标准 ISO

（6）国际铁路联盟规程标准 UIC

（7）《地铁设计规范》GB 50157-2013

（8）《城市快速轨道交通工程项目建设标准》建标 104-2008

（9）《城市轨道交通技术规范》GB 50490-2009

（10）《城市轨道交通信号系统通用技术条件》GB/T 12758-2004

（11）《电子信息系统机房设计规范》GB 50174-2008

（12）《铁路信号设计规范》TB 10007-2006

（13）《铁路信号站内联锁设计规范》TB 10071-2000

（14）《计算机联锁技术条件》TB/T 3027-2002

（15）《信号微机监测系统技术条件》TB/T 2496-2006

（16）《铁路信号计轴应用系统技术条件》TB/T 3189-2007

本 CBTC 系统的制式为正线采用上海自仪泰雷兹提供的基于无线扩频通信传输的移动闭塞信号系统，即 Seltrac® 无线 CBTC 系统，并且正线 ATC 系统应具备点式 ATP 通信的降级运行模式，同时信号系统自建 ATC 光纤传输骨干网；车辆段信号系统采用独立的国产计算机联锁系统设备，并配置微机监测设备，轨道占用/空闲检测设备。

12. 信号系统供货商情况

自仪泰雷兹交通自动化系统有限公司（TST）是上海自仪及法国泰雷兹的合资公司，是泰雷兹集团的 Seltrac® CBTC 系统在中国大陆的唯一技术提供方。TST 可以提供信号系统的硬件、软件及服务等所有核心技术，也可以提供系统全部的调试及开通。项目实施过程中不存在核心技术的总、分包关系。

自仪泰雷兹拥有 SelTrac® 无线 CBTC 系统的排他性许可，2011 年 12 月 2 日，技术转让正式开始执行。根据发改委 [2011] 2181 号文的批复，2014 年具备年提供 4 条正线的列车自动控制系统（ATC）的制造能力。2018 年合资公司形成自主知识产权的系列产品和企业自有的产品标准，并具有自行安全评估能力。目前国产化率能达到 55%，ATP、联锁系统安全性等级达到 SIL4。

SelTrac® S40 系统由联锁系统、ATP/ATO 系统、列车自动监督（ATS）三个主要子系统组成。联锁采用分散式结构，在各有岔车站均设置联锁计算机，联锁计算机与轨旁联锁设备采用继电器接口方式。在线路的个别站设置区域 ATP/ATO 设备控制全线。轨旁通信网络采用 ATS/ATP/ 无线 / 联锁通信通道共用的 IEEE802.3 以太网络通道的结构。车地通信采用符合 IEEE802.11a 标准的 FHSS 技术，采用无线天线作为车地双向通信传输媒介。列车仅配置一套 3 取 2 的 ATP/ATO 设备。轨旁采用美式信标作为位置校准，采用接近盘作为精确停车设备。根据需要还可配置点式 ATP 防护方案。

（1）系统基于环线式 Seltrac® 平台，仅对车 – 地通信技术进行了升级，该 ATP/ATO 平台已运用几十年。

（2）系统推荐点灯方案，也可实现灭灯方案。

（3）CBTC 模式下利用 slow-to-go 的原则，降级模式联锁采用双红灯防护。

（4）系统采用美式信标。

（5）系统具有轮径自动校正功能。

（6）空转 / 打滑的探测与补偿由转速计和加速计来完成。

（7）联锁不能对所有进路开放引导信号。

（8）不支持装备和非装备车混跑模式。

（9）车地通信采用 FHSS，仅支持天线传输媒介。

美式信标、精确停车接近盘、AP 及天线、计轴、信号机、转辙机；室外设备的典型布置原则如下：

（1）信号机、转辙机和计轴的布置可根据用户需求布置；

（2）每架信号机的每种开放信号显示（绿灯或黄灯）配置 1 个有源信标（无 LEU），在一个制动距离外再布置相应的填充信标；

（3）区间固定数据信标的最大距离一般不大于 150m；

（4）车站设固定数据信标和接近盘用于精确停车；

（5）天线 AP 点之间大约每 250m 一个；

（6）由于车载仅装设 1 个信标天线和接近传感器，地面信标和接近盘均在车头 / 车尾相应的位置冗余布置。

车载设备的典型布置原则如下：每列车配置 1 套车载 ATP/ATO 设备，其外围设备配置 2 个测速传感器、3 个加速度仪、1 个车载信标天线、1 个接近传感器、4 个车地通信天线、2

台司机显示器。

13. 自动售检票系统（AFC 系统）主要设备系统的标准及制式

（1）南京至高淳城际轨道南京南站至禄口机场段工程是南京市轨道交通线网规划中的一部分，AFC 系统应综合考虑远期发展及将来线路延长及与其他地铁线路换乘等要求。

（2）AFC 系统按远期设计年限设计，车站设备按近期客流规模、列车行车密度等进行配置，预留远期设备位置和安装条件。

（3）AFC 系统采用非接触式 IC 卡收费系统，票卡符合 ISO/IEC14443 标准。储值票采用标准卡式，单程票采用代币式 Token。

（4）AFC 系统不仅应满足本线运营和管理的需要，所采用车票的制式、车站设备的功能和票务政策等应与轨道交通各线路 AFC 系统一致或兼容。

（5）AFC 系统采用计程计时制、全封闭式的票务收费管理模式，并实行联乘票价制，满足乘客无障碍换乘的要求，同时满足运营对票务政策的灵活处理。

（6）AFC 系统能处理轨道交通专用车票及南京公共事业 IC 卡车票。

（7）AFC 系统采用集中控制、统一票务管理的模式。

（8）AFC 系统设备可实现线路中央、车站、就地三级控制。

（9）AFC 系统能满足各种运营模式。在出现运营异常情况时，系统可由正常运行模式转为相应的降级运行模式或紧急模式，并为票务管理、客流疏导提供方便。

（10）AFC 系统应具有 7×24 小时连续运行的能力，车站计算机和现场设备均按工业级标准设计，满足车站的环境要求和机电设备抗电磁干扰的技术要求。

（11）AFC 系统均选用阻燃、低烟、无卤电缆。

14. 自动售检票系统（AFC 系统）供货商情况

机场段 AFC 系统工程由浙江浙大网新众合轨道交通工程有限公司承担供货、安装、调试。

15. 供电系统的标准及制式、供货商的情况

南京至高淳城际轨道南京南站至禄口机场段工程地铁供电系统由主变电所、35kV 供电环网、牵引降压混合变电所及降压变电所、接触网系统、电力监控系统、杂散电流防护系统、供电车间组成。

供电系统采用集中 110/35kV 二级供电方式，从禄口新城南主变电所及在建的南京地铁 3 号线南京南站主变电所（共享）引出 35kV 电源，向地铁牵引降压混合变电所及降压变电所供电。

接触网系统采用 DC1500V 架空接触网受电方式。

1）供电系统基本标准及制式

（1）供电系统满足安全、可靠、经济、运行灵活的要求。

（2）根据城市电网外部电源的分布情况，供电系统采用集中供电、110/35kV 二级供电方式。

（3）充分考虑共享原则，做到资源节约，系统系能更优。全线新建一座禄口新城南主

变电所，并利用 3 号线南京南主变电所向本工程供电。禄口新城南主变电所按包容性原则为 S1 线和 S7 线预留供电条件，南京南主变电所为 3 号线、12 号线及本工程三线共享。主变压器容量结合南京市线网规划，综合考虑共享线路建设年限及负荷后确定。

（4）充分考虑未来发展，供电系统的设计预留将来向相邻线路支援供电的土建条件。

（5）一般每个车站设一座 35/0.4kV 降压变电所，对于规模较大的车站可根据具体情况增设跟随式降压变电所。每座降压变电所设两台 35/0.4kV 配电变压器。

（6）在设牵引变电所的车站和车辆段，牵引变电所与降压变电所尽量合设为牵引降压混合变电所。

（7）牵引变电所设两套相位角差 15° 的整流机组，并联运行构成等效二十四脉波方式，以减少谐波影响。

（8）接触网供电电压采用直流 1500V，接触网最高、最低电压水平应满足 GB50157-2003 规定，即：在任何运行方式下，接触网最高电压不得高于 1800V，最低电压不得低于 1000V。

（9）为保证旅客安全，每个车站、区间牵引所和车辆段设钢轨电位限制装置。

（10）在降压变电所 0.4kV 低压侧设有源滤波装置对有害的高次谐波进行滤波，并具有部分无功补偿功能，不单独设置 0.4kV 无功补偿装置。

2）供电系统主要设备供货情况

（1）变电所主要设备供货情况如表 1-14 所示。

变电所主要设备供货情况　　　　　　　　　　表 1-14

序号	名称	型号	供货商
1	AC40.5kV 开关柜	WS-G-40.5kV	施耐德开关（苏州）有限公司
2	整流变压器	ZQSC-2750/35	海南金盘电气有限公司
3	整流器柜	ZQA-1667A/1500V	上海整流器厂有限公司
4	动力变压器	SCB10-200 ～ 2000/35	江苏华鹏变压器有限公司
5	DC1500V 开关柜	MB08	大全赛雪龙
6	负极柜	MB08	大全赛雪龙
7	钢轨电位限制装置	NPMPD	大全赛雪龙
8	排流柜	—	珠海南自电气系统工程有限公司
9	AC0.4kV 开关柜	DQM	南京大全电气有限公司
10	控制信号盘	—	国电南京自动化股份有限公司
11	交、直流电源装置	—	上海凯华电源成套设备有限公司
12	电抗器	BKSC-1500/35	思源电气股份有限公司

（2）接触网主要设备供货情况如表 1-15 所示。

接触网主要设备供货情况　　　　表 1-15

序号	名称	类型	供货商
1	线材	接触线 CTA120	常州安凯特
		承力索 JT150	江阴电工
		架空地线 JT120	江阴电工
		汇流排 PAC110	宝鸡器材有限公司
2	绝缘子	棒式绝缘子	淄博泰科绝缘子
		悬式绝缘子	淄博泰科绝缘子
		针式绝缘子	淄博泰科绝缘子
3	设备	电动隔离开关	德雷希尔
		手动隔离开关	德雷希尔
		避雷器	山东迅实电气有限公司
		分段绝缘器	德国西门子 / 法国加朗
4	零部件	接触网零件	宝鸡器材有限公司
5	支柱	门型架	无锡华德钢杆有限公司
		圆锥型钢柱	无锡华德钢杆有限公司

16. 综合监控系统的标准及制式、供货商的情况

1）综合监控系统基本标准及制式

为实现地铁信息互通、资源共享，提升地铁整体自动化及信息化水平，提高地铁运营的安全性、可靠性和响应性，南京至高淳城际轨道南京南站至禄口机场段工程设置综合监控系统（ISCS）。综合监控系统采用以 BAS 为核心的设计方案，BAS 系统车站级、中心级设备及功能由综合监控系统统一实现，实现系统间联动及信息共享。综合监控系统由中央级综合监控系统、车站级综合监控系统和其他辅助功能子系统（例如维护管理系统和网管系统等）等多个部分组成，通过数据传输主干网将以上各部分联接起来，形成一个有机整体。

（1）中心集成和互联的系统

中心互联：PSCADA、ATS、通信集中告警（TA）、CLK、CCTV、PIS、AFC、PA、综合信息 WEB 系统、消防指挥中心，预留列车信息管理系统（TIMS）、车载 CCTV 互联接口。

（2）车站集成和互联的系统

①车站集成：BAS、ACS、PSD、UPS 电源系统；

②车站互联：FAS、PA、感温光纤。

（3）车辆段集成和互联的系统

①车场集成：ACS、EPS、UPS 电源系统；

②车场互联：FAS、预留安防系统互联接口。

2）主要设计原则

（1）综合监控系统采用两级管理、三级控制方式，系统中控制中心中央级系统、沿线各车站级系统、车辆段级系统及数据传输主干网组成。

（2）综合监控系统的集成互联模式须结合国内综合监控主流集成模式和南京地铁建设管理模式统筹考虑。

（3）系统应满足消防法规等要求，当出现异常情况需由正常运行模式转为灾害运行模式时，系统应能迅速转变为应急模式，为防灾、救援和事故处理指挥使用提供方便。

（4）系统设计遵循分散与自律的原则，既满足集中自动控制要求，又可尽量减少故障波及面。被集成系统具有独立的现场级网络连接现场设备，当综合监控系统出现问题时，各子系统仍然可以独立运行，内部安全可靠性由其自身保证。

（5）综合监控系统负责实现单点控制、模式（程序）控制和群组控制功能，各被集成系统现场级实施相关的联锁或联动控制。

（6）系统采用先进性、可靠性、可用性、可维护性及安全性技术，具有开放式结构，遵循模块化、组网灵活、冗余配置的原则，便于管理，节约投资。

（7）系统考虑为本工程服务外，还结合南京市轨道交通总体发展规划，系统预留二期工程的接入和与 TCC 的接口。

（8）系统设备优先选择国产先进设备，系统应能全天候运行。

3）综合监控系统主要设备供货情况

综合监控系统的系统总集成商为国电南京自动化股份有限公司采用其自主研发的 SCADACOM 全套系统软件。

17. 环境与设备监控系统（BAS）

1）环境与设备监控系统（BAS）基本标准及制式

BAS 系统负责对全线各站点机电设备（如：通风空调、给排水、低压配电、自动扶梯系统等）进行集中监控和日常管理，在满足环境调控、为地铁乘客提供一个舒适的乘车、候车环境的同时尽量考虑节省能源。

BAS 系统采用在车站级集成于综合监控系统方案，中央级、车站级、全线网络的软硬件配置及功能由综合监控系统完成，车站 BAS 的维修信息由综合监控系统集成，综合监控系统在车辆段设置全线总维修管理工作站。BAS 主要完成现场级的软硬件配置及监控功能。车站控制室 IBP 盘的布设由综合监控系统统一设置。

2）主要设计原则

（1）BAS 系统负责对全线各站点机电设备（如：通风空调、给排水、低压配电、自动扶梯系统等）进行集中监控和日常管理，在满足环境调控、为地铁乘客提供一个舒适的乘车、候车环境的同时尽量考虑节省能源。

（2）BAS系统设控制中心和车站两级管理，实现中央、车站、就地三级控制。

（3）火灾报警系统和环境与设备监控系统间设可靠接口，对于平时用于送、排风，火灾时执行防排烟任务的车站共用设备，由BAS控制，火灾时FAS向BAS发出火灾模式指令。专用排烟风机、消防泵等火灾专用设备由FAS进行控制。

（4）地铁区间的防灾和环控设备纳入就近的相邻车站监控。区间火灾和列车阻塞停车时，隧道通风、排烟控制程序命令由防灾指挥中心发布，车站环境与设备监控系统接收命令并执行。

（5）火灾情况下，BAS作为FAS的联动控制子系统，FAS的主要作用在火灾报警功能方面，BAS主要作用在于正常运营时对相关机电设备进行监控，以及发生火灾时接受FAS的信号，实现救灾模式控制。

（6）BAS系统的硬件和软件设计遵循模块化的设计原则，采用标准通信接口及标准的、开放的通信协议。

（7）BAS系统监控点规划预留10％至15％的裕量。

（8）BAS系统网络规划原则：满足集中自动监控原则；与系统规模相适应；尽量减少故障面，实现"危险分散"；节约投资；系统更改、扩展、升级易于实现；系统配置简单、接口开放。

（9）系统设计、配置设备均应具备较强的抗电磁干扰能力，满足地铁特殊环境条件下正常使用。另外应考虑防尘、防潮、防毒，确保设备正常运行。

（10）既有车站现场级系统设备应尽量维持现状，以减少系统改造的工作，减少工程实施风险。

3）环境与设备监控系统（BAS）主要设备供货情况

环境与设备监控系统（BAS）的系统总集成商为国电南京自动化股份有限公司，主要分集成及调试单位为上海电气自动化设计研究所有限公司，主要设备采用西门子S7-400系列PLC控制器。

18. 火灾自动报警系统（FAS）

1）火灾自动报警系统（FAS）基本标准及制式

地铁防火灾应贯彻"预防为主，防消结合"的方针，同一条线路按同一时间内发生一次火灾考虑。系统主要由控制中心、车站级、就地级以及主干网四部分组成。全线的防火灾指挥中心设在控制中心调度大厅内，车站级防火灾指挥中心分别设在车站控制室、车辆段消防值班室内。

2）主要设计原则

（1）地铁防火灾应贯彻"预防为主，防消结合"的方针，同一条线路按同一时间内发生一次火灾考虑。

（2）地下车站、区间隧道、车辆段车辆停放和各类检修车库、燃油品库、易燃物品仓库按一级保护对象设计火灾自动报警系统，车辆段其余各单体建筑按二级保护对象设计火灾自动报警系统。

（3）全线的防火灾指挥中心设在控制中心调度大厅内，车站级防火灾指挥中心分别设在车站控制室、车辆段消防值班室内。

（4）对于平时用于送、排风，火灾时执行防排烟任务的车站共用设备，由BAS控制，火灾时FAS向BAS发出火灾模式指令。专用排烟风机、消防泵等火灾专用设备由FAS进行控制。

（5）消防水泵、防烟和排烟风机的控制设备当采用总线编码模块控制时，还在消防控制室设置手动直接控制装置。紧急手动直接控制装置由综合监控系统IBP盘统一实现。

（6）气体自动灭火控制系统探测设备等接入FAS控制器单独报警回路，纳入车站FAS进行监视。

（7）消防广播与车站公共广播系统合用，火灾时将公共广播强制转入火灾应急广播状态。

（8）FAS产品必须经过国家消防电子产品质量监督检测中心检验合格。

3）火灾自动报警系统（FAS）主要设备供货情况

火灾自动报警系统（FAS）的系统总集成商为太通建设有限公司，FAS报警控制器采用诺蒂菲尔NFS2-3030系列产品。

19. 门禁系统（ACS）

1）门禁系统（ACS）基本标准及制式

城市轨道交通具有线路长、车站多、管理人员少的特点，对于涉及安全的重要设施（控制中心、车辆段、主变电所、车站等）人员进出使用频繁的通道门、系统和设备用房门及管理用房门或涉及安全的门，设置门禁系统（简称"ACS"）实现自动化安全监控和管理。门禁系统分为中央和车站两个管理级以及就地控制级。门禁系统的门禁卡与地铁员工卡合用，作为进入授权区域的门禁卡。

2）主要设计原则

（1）门禁系统采用中央与车站两级管理，中央、车站和现场三级控制方式。

（2）门禁系统在车站级集成于ISCS系统。

（3）系统运行模式分为在线、离线、灾害三种模式，并且可根据不同情况进行转换。

（4）在火灾等紧急情况下，通过设置在车控室IBP盘上的门禁系统紧急按钮切断门禁电锁电源，实现除票务室以外所有房间电锁断电释放，为人员提供疏散通道。

（5）在车站、车辆段对与行车有关、涉及安全且使用频繁的重要的系统设备用房和管理用房、进入设备区的通道门等位置设置门禁系统。

（6）门禁卡与地铁员工卡合用，各门禁卡的权限的授权由中央授权终端完成。

（7）门禁系统采用模块化设计，具有可扩展性，当系统需要增容或升级时可不必更换整个系统。

（8）整个系统具有高保安性，性能稳定、安全可靠、防伪性强。

（9）设备应满足防潮、防尘、防震及抗电磁干扰等要求，保证在地铁环境下，安全可靠运行。

3）门禁系统（ACS）主要设备供货情况

门禁系统（ACS）的系统总集成商为国电南京自动化股份有限公司，门禁主要设备采用爱克信的相关产品，主要控制为 NC-100 系列，就地控制器为 RC-2-I 系列。

20. 安防系统（SPS）

1）安防系统（SPS）基本标准及制式

安防系统由防周界入侵系统和视频监控系统组成，主要监控点为车辆段、主变电所区域内路口、周界、综合楼办公区域及公共区走廊、出入口、设备区走廊等处所的视频监控，以及对车辆段、主变电所周界入侵管理。

综合布线系统是实现语音、数据传输的通道，主要设置在车辆段内各单体楼层的重要设备、管理、办公用房。所有的设备材料为保证语音、数据传输的可靠性，应选择适合地铁电磁环境的设备和材料。

食堂管理系统是企业后勤现代化管理的需要，实现企业员工就餐、后勤管理，在车辆段设置食堂管理系统。

2）主要设计原则

（1）安防系统由中心安防系统、终端安防系统及传输网络组成；

（2）安防系统采用安防中心集中监视控制方式；

（3）安防系统以数字化监控为基础、统一的监控软件平台为基础的安防系统；

（4）在车辆段室外周界、主要出入口、主要道路以及综合楼、信号楼、停车库办公区域、设备区走廊等区域设置安防系统；

（5）安防系统软硬件采用模块化设计，通过软件升级及硬件扩展、增加现场设备就可以实现安防系统监控点扩展的要求；

（6）系统硬件和软件的设计充分考虑系统的可靠性、可维护性、可扩展性、通用性和先进性，并具备故障诊断、在线修改的功能，离线编辑功能。同时系统设计应遵循模块化原则；

（7）系统设计、配置设备均应具备较强的抗电磁干扰能力，满足地铁特殊环境条件下正常使用。另外应考虑防尘、防潮、防毒，确保设备正常运行；

（8）系统设备优先选择国产先进设备，系统应能全天候运行。

3）安防系统（SPS）主要设备供货情况

安防系统（SPS）系统总集成商为国电南京自动化股份有限公司，主要分集成及调试单位为上海电气自动化设计研究所有限公司，主要摄像设备采用英飞拓提供的相关系列产品，周界报警系统采用澳大利亚帕克顿（PAKTON）智能型周界安防阻挡报警系统。

2 设计历程回顾

2.1 项目建议书的编制与批复

2010年12月8日江苏省发展和改革委员会发布《省发展改革委关于南京至高淳城际轨道南京南站至禄口机场段工程项目建议书的批复》（苏发改设施发[2010]1648号），标志宁高城际一期工程正式立项。

2.2 工程可行性研究报告的编制与批复

根据南京线网规划及项目建设的必要性，对项目进行地震安全性评估、地质灾害评估、社会稳定评估、节能评估、工程安全性预评估、客流预测工作，编制工可研究报告，对建设项目的主要技术方案、经济效益、社会效益进行深入研究和评判，为项目决策提供更充分的依据，为下阶段的初步设计拟定主要方案。

2010年12月完成《宁高城际一期工程可行性研究报告》，2011年9月26日得到江苏省发改委对工可报告的批复（苏发改委设施发[2011]1575号）。

2.3 总体设计的编制

编制各类总体设计文件，编制总限额设计标准与分项限额设计标准，提出全线施工组织设计原则及工期要求。

对管线探测资料和沿线建筑物基础资料进行现场踏勘核对复查，了解和掌握沿线各种管线的专项规划，对于影响地铁建设的重大管线（如燃气、高压电力线缆等），结合改迁技术经济的可行性，在方案设计阶段对地铁主体工程设计提出指导意见，为地铁工程线路设计、站位设置、附属建筑设置、施工工法提出合理建议。

与规划、建设、水利等部门沟通，充分了解和掌握沿线规划资料和信息，为线路设计、站位选择、附属建筑和设施的布置等提供前提条件。

2011 年 5 月完成了《宁高城际一期工程总体设计》文件编制及专家评审。

2.4 初步设计的编制与批复

编制各类初步设计指导文件、全线初步设计文件、指导性施工组织工序等，编制全线地下结构防水通用图和地下车站建筑通用图设计。

对于管线复杂、重点及特殊车站，在初步设计阶段制作综合管线三维透视安装图；对枢纽及换乘车站进行客流仿真模拟，提交报告和电子数据，并为紧急状态的疏散方案提供依据。

组织对影响安全、设计稳定的重大问题进行方案比选和风险评估。结合环境影响评价要求，完成轨道结构基本型式及分类分段的减震降噪设计。

统一全线各设备系统的选型和技术参数，进行设备国产化研究，提出设备国产化实施方案；控制设备国产化率达到要求。

2011 年 9 月完成了《宁高城际一期工程初步设计》文件编制及专家评审，2012 年 10 月 29 日得到江苏省发改委对初步设计的批复（苏发改委设施发 [2012]1552 号）。

2.5 施工图设计

根据批准的初步设计，组织开展施工图设计，及时完成全线各车站、区间、车辆段、机电设备系统、控制中心的施工设计工作，并组织完成全线施工配合工作。

2.6 法定专题的编制与评审

（1）《南京地铁 6 号线机场段工程地质灾害危险性评估报告》（江苏省地质调查研究院，2010 年 9 月）及专家审查意见（2010 年 9 月 10 日，江苏省国土资源厅组织的专家审查会）；

（2）《南京至高淳城际轨道南京南站至禄口机场段工程节能评估报告书》（南京市节能评审中心，2011 年 2 月）及专家审查意见（2011 年 2 月 28 日，南京市节能评审中心组织）；

（3）《南京至高淳城际轨道南京南站至禄口机场段工程安全预评价报告》（中国安全生产科学研究院，2011 年 1 月）；

（4）《南京至高淳城际轨道南京南站至禄口机场段工程场地地震安全性评价报告》（江苏省地震工程研究院，2010 年 11 月）；

（5）《南京至高淳城际轨道南京南站至禄口机场段工程环境评估报告》（上海船舶运输研究所，2010 年 12 月）及专家评审意见（省环评中心，2011 年 2 月）；

（6）《南京至高淳城际快速轨道南京南站至禄口机场段客流预测研究》（南京市城市与交通规划设计研究院有限责任公司，2010 年 12 月）及专家评审意见（南京市地下铁道工程建设指挥部主持，2010 年 12 月 30 日）。

2.7　相关支撑专题的编制

（1）《主变电所设置方案及电源引入研究报告》

（2）《通风空调系统形式比选专题研究》

（3）《节能分析报告》

（4）《桥跨研究专题报告》

（5）《高压线升塔专题》

（6）《主要工法及大型施工设备资源调查与研究》

（7）《工程筹划专题报告》

（8）《车站标准化专题研究报告》

（9）《胜太路站~南京南站区间下穿京沪高铁专项设计》

（10）《公共交通接驳专题研究报告》

（11）《换乘站专题》

2.8　重大技术方案的演变

2.8.1　机场线与宁高二期及 6 号线关系，预留对接条件，方案探讨

机场线与宁高二期在翔宇路南站（原禄口新城南站）接轨，在机场线与其运营模式上做了多方案研究。机场线与宁高二期的运营模式关系主要有以下方案比选。

1. 方案一：贯通运营交路方案

根据远期各区段最大断面客流情况，禄口机场至翔宇路南段的高峰小时客流断面（6475 人次 /h）是高淳至禄口新城南高峰小时客流断面（2851 人次 /h）的 2.3 倍，因此，贯通方案两交路开行比例宜为 2：1。高峰小时推荐列车运行交路图见图 2-1。

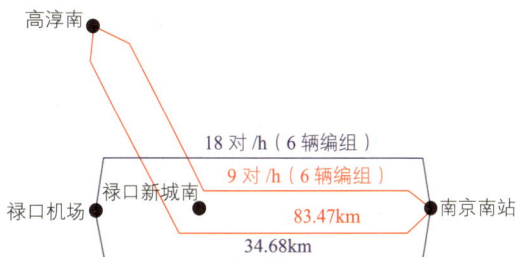

图 2-1　高峰小时推荐列车运行交路图

2. 方案二：独立运营交路方案

（1）支线采用 6 辆编组

根据断面客流和配线设置条件，在翔宇路南站也预留了高淳段独立运营远期与主线换乘的运营条件。禄口新城南配线形式见图 2-2，高峰小时列车对比交路见图 2-3。

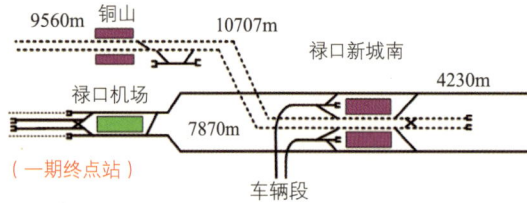

图 2-2　禄口新城南配线形式

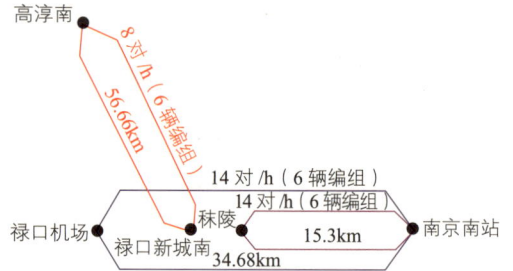

图 2-3　高峰小时列车运行对比交路

（2）支线采用 4 辆编组

根据断面客流数据，高淳南至翔宇路南站最大客流断面为 2851 人次 /h，最大断面较小，也可考虑采用 4 辆编组独立运营。交路方案如图 2-4 所示，远期交路综合比较见表 2-1。

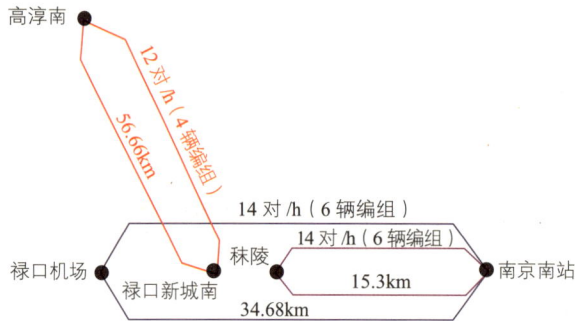

图 2-4　高峰小时列车运行对比交路

根据远期高峰小时客流断面数据，同时考虑高淳段与中心的直达性，综合考虑，推荐远期采用方案一：南京南至禄口机场、南京南至高淳南的交路方案，同时预留了远期独立运营的条件。

机场线在南京南站预留了线路继续向北延伸的条件，与线网中的 6 号线预留了贯通的条件（图 2-5）。

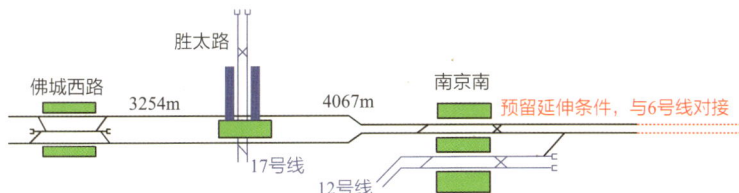

图 2-5　南京南站预留了延伸条件

2.8.2　减振措施改进，浮置板及 T 型轨枕技术运用

针对高架区间采用 U 型梁结构，承载能力小，轨道结构高度仅 500mm，为适应线路铺设条件，梯形轨枕断面在满足结构强度的前提下，缩小结构断面，由一般设计的 580mm×185mm 断面，优化为 580mm×165mm，并增加 20mm 高的承轨台，保证钢轨与整体道床之间的绝缘。在现场施工过程中，在小曲线地段，轨道超高 120mm，局部地段由于土建施工误差，轨道结构高度小于原设计高度 500mm，最低值仅为 472mm。原设计难以满足施工方案，通过研究确定当轨道结构高度低于 490mm 时，采用以下施工方案：①超高内侧道床厚度较薄，建议采用自流平砂浆浇筑道床，强度等级不低于 C40，同时建议选用经验丰富的供货商并现场供货指导，以确保质量，超高曲线外股仍采用原设计方案。②为防止道床开裂，超高内侧增加横向钢筋。

高架线梯形轨枕现场照片如图 2-6 所示。

图 2-6　高架线梯形轨枕现场照片

另外高架车站及地下车站采用隔离式减振垫浮置板道床，如图 2-7、图 2-8 所示。因其属于质量弹簧系统，在轨道高度不足（机场站 560mm，高架车站 500mm）的情况下，为保证减振降噪效果，增加参振质量，采用凸台设计方案，且在高架车站地段采用无枕式道床设计方案。地下区间圆形隧道地段因现场状况较好，为增加施工效率，保证施工质量，提高道床整体强度，采用长枕埋入式整体道床、基底中心水沟设计方案，在与普通道床相接地段，

采用中心水沟过渡，其长度根据线路纵向坡度计算确定，另外为保证维修方便，紧急疏散人员安全，中心水沟增加盖板设计。

图 2-7 高架线隔离式减振垫道床图

图 2-8 地下线隔离式减振垫道床图

2.8.3 南京南控制中心方案的稳定与主变临建消防问题探讨

1. 总体和初步设计阶段（2011 年 7 月）

初步设计阶段平面图见图 2-9，效果图见图 2-10。

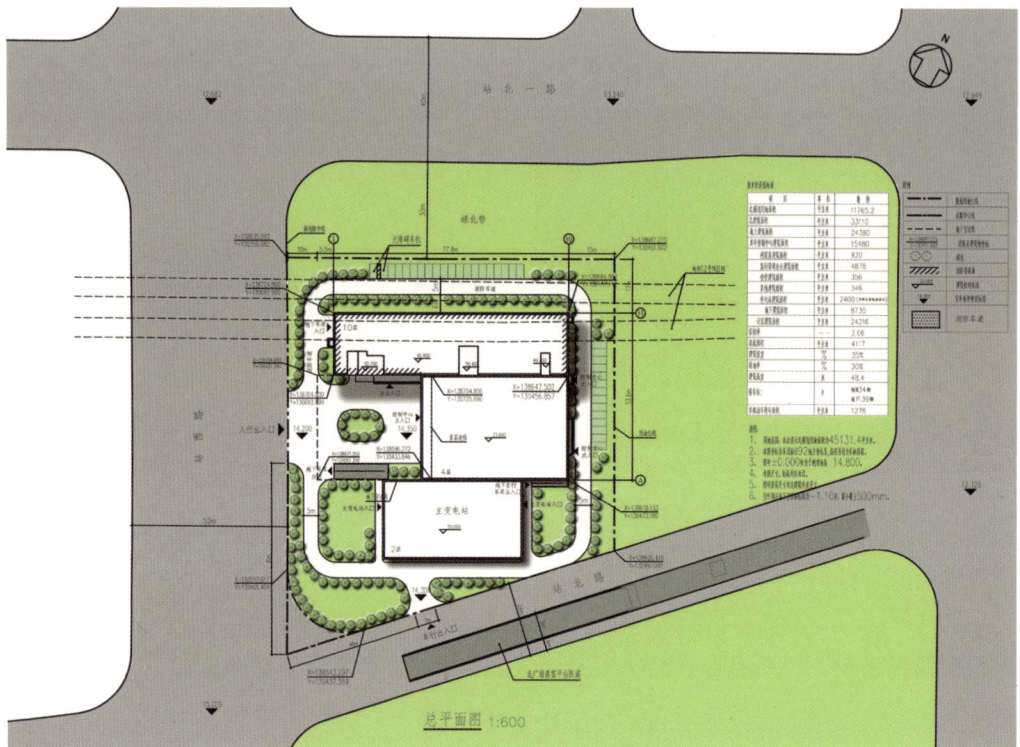

图 2-9 初步设计阶段平面图

图 2-10 初步设计阶段效果图

（1）建筑规模

总用地面积：11765.2m²（净用地）

总建筑面积：33110m²

地下建筑面积：8580m²（不含电缆廊道面积）

控制中心与 12 号线区间联系电缆廊道长：150m

地上建筑面积：24380m²

其中：控制中心建筑面积：15480m²

档案库建筑面积：920m²

集团管理办公建筑面积：4878m²

食堂建筑面积：356m²

变电站建筑面积：2400m²

建筑基底面积：4117m²

建筑层数：地上 10 层，地下 2 层（地下）

建筑总高度：46.400m

（2）功能布局

地下负二层：机动车库、设备用房；

地下负一层：机动车库、非机动车库、设备用房；

首层：各功能入口大堂、控制中心展示大厅、食堂、档案库；

二、三层：控制中心设备机房及管理用房，其中设备用房布置在裙楼，管理用房布置在塔楼；

四层：中央控制室、应急指挥室、控制中心管理用房；

五层：参观演示室、控制中心设备机房；

六、七层：AFC 管理及设备用房；

八至十层：集团管理办公。

1）施工图

施工图阶段总平面图见图 2-11，效果图见图 2-12。

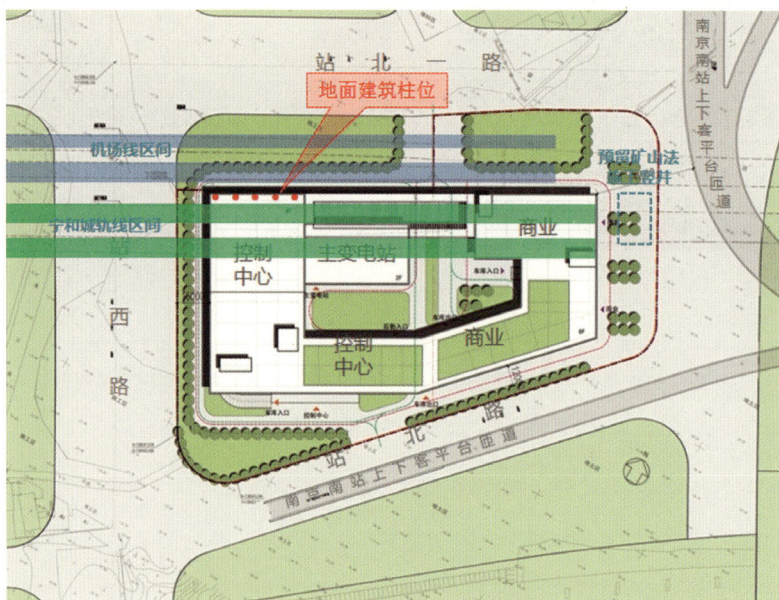

图 2-11　施工图阶段总平面图

图 2-12　施工图阶段效果图

①建筑功能

重新规划后的南京南控制中心，承担地铁 3 号线、5 号线、宁高城际一期机场线、宁高城际二期、宁和城际以及宁溧城际总计 6 条轨道交通线路全面的集中控制、调度及管理任务，是地铁运营线路最高等级的管理场所。控制中心办公楼为地下两层，地上六层，层高 30m。同时，地块内与控制中心办公楼相邻设置了机场线及控制中心大楼的主变电所。

②建筑规模

总建筑面积 34900m²；

控制中心用房：15640m²（其中含公司档案库 1000m²，集团信息中心 200m²，6 线控制大厅 2000m²，6 线设备用房及相关管理用房）；

资源办公用房：其中含资源办 9650m²，食堂 650m²；

地下两层 8830m²。

2）方案调整情况

根据 2012 年 7 月 18 日市政府规划项目方案审查会及规划部门要求，南京南站北广场地铁控制中心用地与东侧紧邻的铁投公司收储规划商业用地统一进行方案设计，形成整体建筑单体（规划用地整合），如图 2-13 所示。

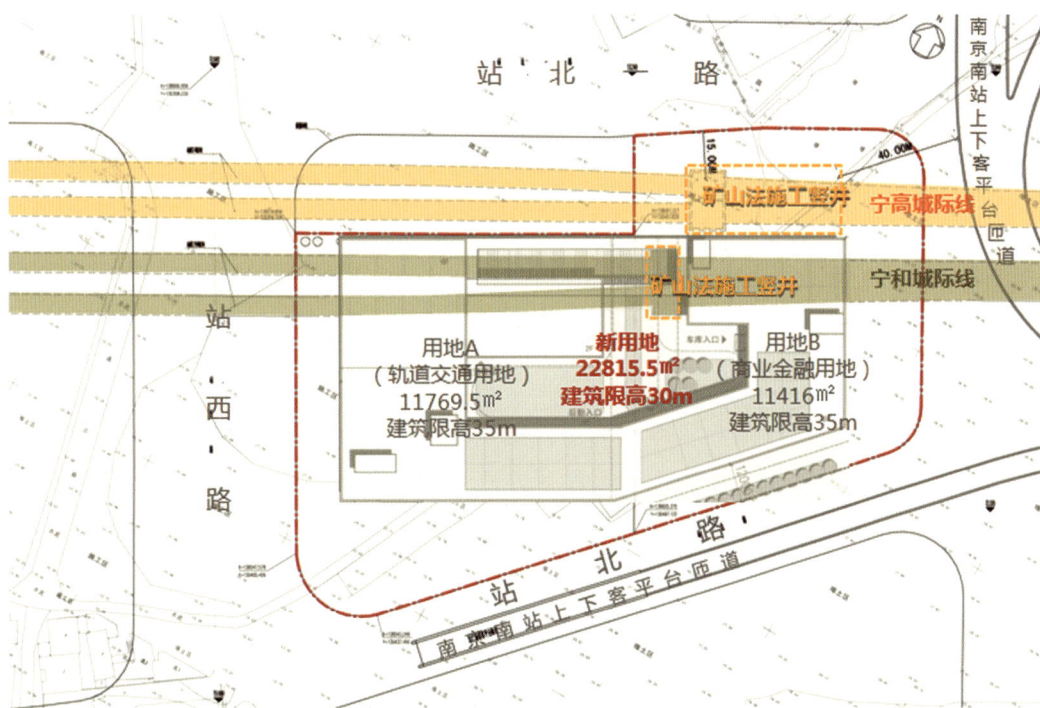

图 2-13 方案调整情况示意

由于控制中心用地位于国铁南京南站北广场西侧，国铁主站房高度 49.7m，为更好地与与国铁南京南站主站房高度相协调，按照国铁主站房高度的黄金分割比例进行规划控制，经计算，控制中心办公建筑高度按 30m 考虑，如图 2-14 所示。

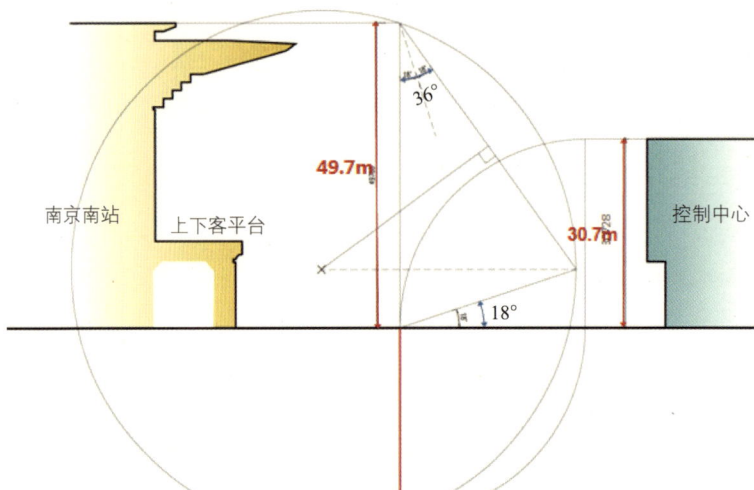

图 2-14　控制中心办公建筑高度选定

根据南京南北广场区域规划需求，经与规划部门沟通，控制中心用地主入口仅能布置用地北侧，为更有效地节约用地，控制中心办公楼与主变电所采用相邻设置的形式。因此，主变电所建筑位置由初步设计阶段的南侧调整至北侧，并与办公楼紧邻设计。

控制中心办公楼新增地铁资源公司、信息中心办公楼功能，导致办公楼布局重新调整。

3）控制中心办公楼与主变电所建筑消防问题处理

根据规划部门要求，有效利用土地资源，控制中心办公楼与主变电所采用相邻设置的形式。目前办公楼与主变电所建筑之前采用双层防火隔墙、地下室独立设计、相邻一侧办公楼15m 范围内不开启窗洞的措施，但由此带来建筑消防问题：

首先，南京南主变电站变压器为油浸式变压器，型号为：110kV、40MV·A、总油量 $15.7 \times 4 = 62.8$t，根据《火力发电厂与变电站设计防火规范》表 11.1.1，南京南主变电所为丙类一级厂房建筑。

另外，根据《高层建筑设计防火规范》条文说明第 4.1.2 第二项规定可燃油油浸电力变压器和充有可燃油的高压电容器、多油开关等不宜布置在高层民用建筑裙房内。结合《高层建筑设计防火规范》第 4.1.2 条：燃油或燃气锅炉、油浸电力变压器、充有可燃油的高压电容器和多油开关等宜设置在高层建筑外的专用房间内。当上述设备受条件限制需与高层建筑贴临布置时，应设置在耐火等级不低于二级的建筑内，并应采用防火墙与高层建筑隔开，且不应贴临人员密集场所。建筑消防规范对此类问题存在一定的分歧。

为解决变电所与其他建筑相邻建设的相类似问题，由地铁公司分别通过类似工程的实地考察，2013 年 7 月 12 日组织全国地铁设计、消防设计专家召开了控制中心消防问题专题研究会，专家一致认为主变电所与控制中心办公楼（建筑高度 30m）贴邻布置，其控制中心相邻一侧 15m 范围内采用不开启洞口的防火墙，措施可保证火灾时阻止蔓延另一建筑的做法基本可行，由此通过消防部门的认可。

2.8.4 宁和城际下穿的考虑

除了满足建筑功能要求，本栋建筑结构重点解决宁和城际下穿问题，地块内宁和城际区间下穿控制中心及主变电站，如图 2-15 所示。

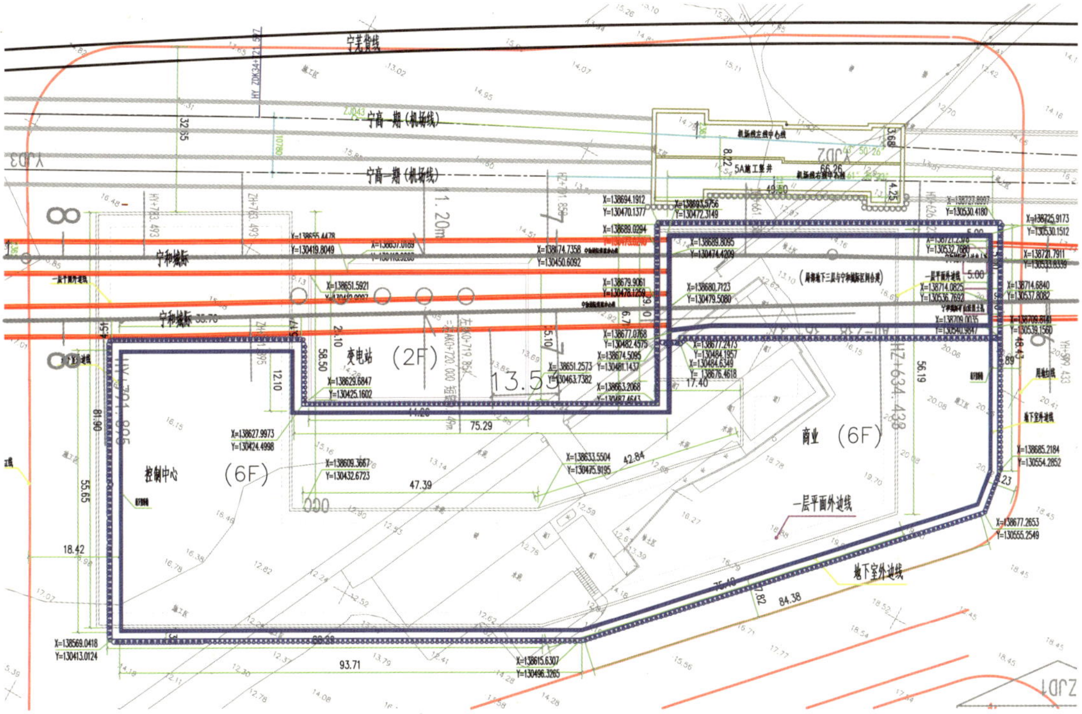

图 2-15 宁和城际下穿总平面图

为保证宁和城际区间的安全下穿并减小区间对控制中心影响，采取了以下措施：

（1）结构柱下设大直径（2m）单桩基础，调整结构跨度，让宁和城际在控制中心桩间穿过。

（2）主变电站因设备尺寸及建筑布置要求，柱跨调整空间有限，故桩基设在宁和区间两侧，在桩顶设托换承台梁，托结构柱，如图 2-16 所示。

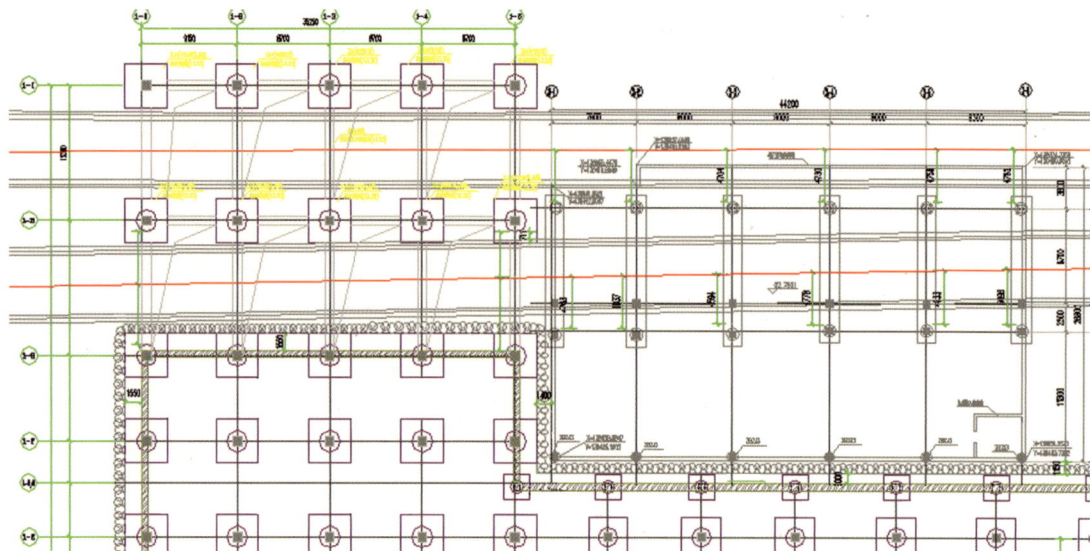

图 2-16　桩顶设托换承台梁示意

（3）商业楼负三层地下室与区间合建

南京南站北广场地铁控制中心用地与东侧紧邻的铁投公司收储规划商业用地统一进行方案设计，形成双塔大底盘建筑单体，控制中心基坑与东侧商业开发地下室（宁和城际下穿）进行整合为一个大基坑，如图 2-17 所示。

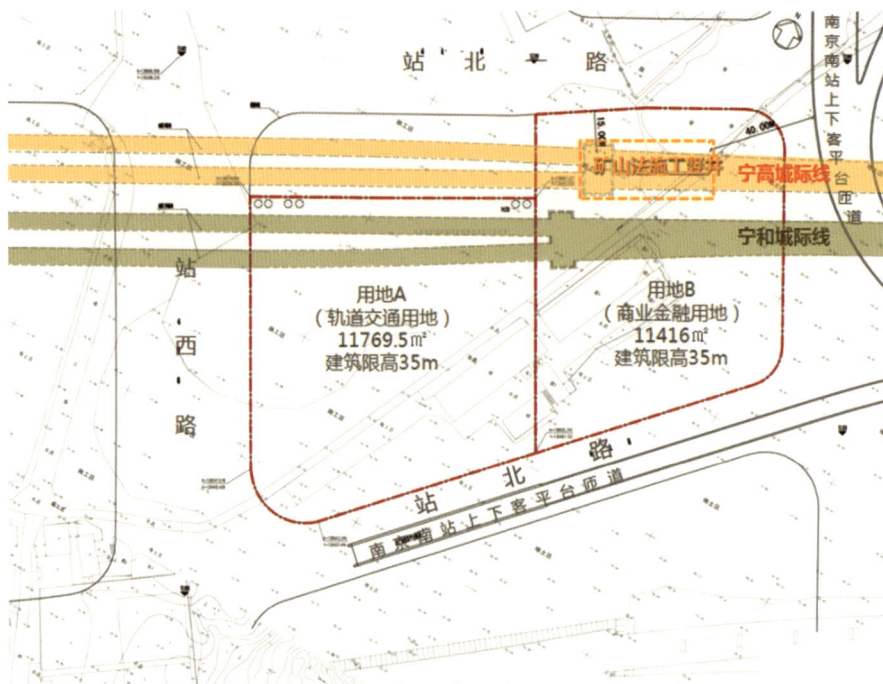

图 2-17　规划平面图

地块内下穿的宁和城际矿山法区间往东侧（南京南站方向）为上升段，单洞双线处轨面标高位于负二层地下室板面下约 7.3m，若区间不与地下室合建，单洞单线大断面将与负二层板冲突，若取消该部分局部地下室，人防地下室面积将减小，不满足人防相关要求（总建筑面积 10119m²，防护面积 8232m²），故施工图阶段拟对控制中心东侧商业楼负三层地下室与宁和区间合建，并增加两端区间设计。同时取消宁和城际原方案阶段设置于地块内的矿山法施工竖井，并在地下室顶、中板预留矿山法施工出土孔（5m×7m，5m×6.1m），底板设渣土坑。因负三层地下室采用民建常见的离壁式设计，围护结构距离地下室外墙西侧为 1.6m，东侧为 1.2m，考虑到结构合理性，变形缝拟设在围护桩边，地下室设计增加东西侧各 1.2m、1.6m 区间设计，包括区间防水，端头超前管棚注浆支护在内的相关内容。剖面图如图 2-18 所示。

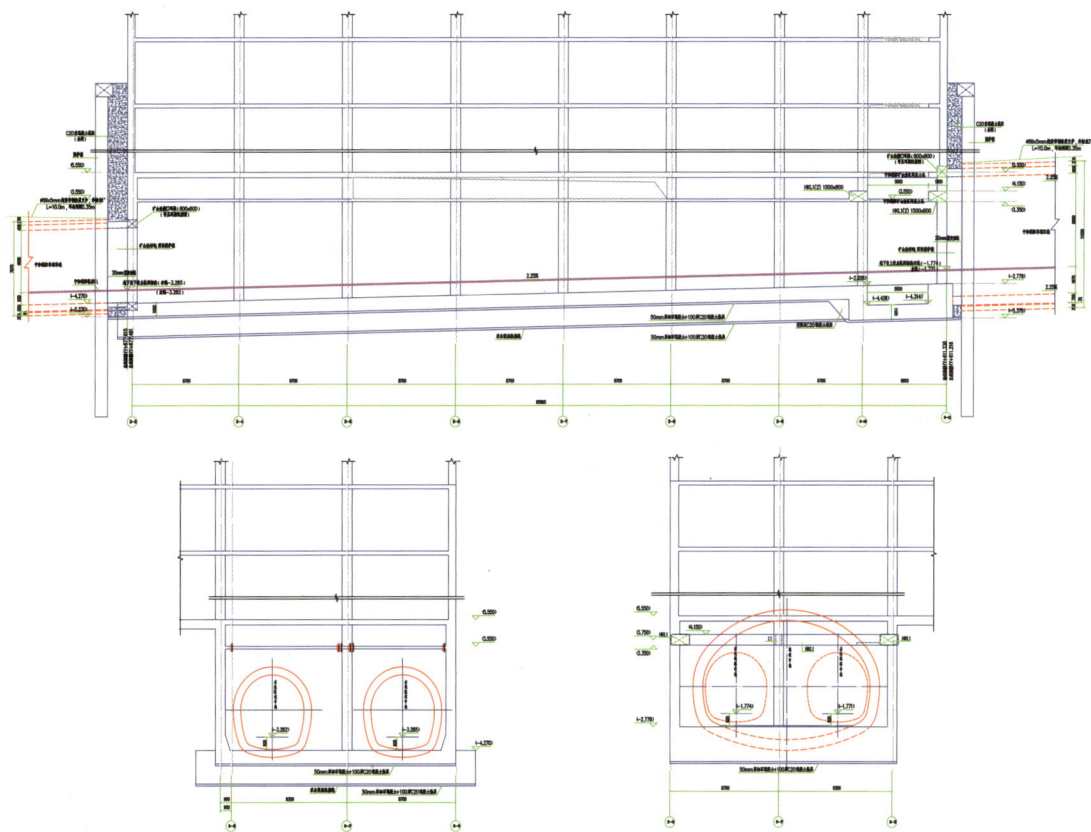

图 2-18 剖面图

（4）因控制中心精密设备较多对震动较为敏感，统一要求区间加强减震设计，采用浮置板或其他减震措施。

2.8.5　南京南站结构方案变更，盖挖逆作法运用

1. 围护由连续墙改为钻孔桩

南京南站是南京至高淳城际轨道南京南站至禄口机场段工程的第一个车站。车站位于站北路北侧，沿站北路设置，车站为地下 2 层岛侧式站台车站，车站长度为 249.8m，标准段宽度为 47.2m。车站基坑开挖深度为 14.3 ～ 15.6m，南京南站是南京至高淳城际轨道南京南站至禄口机场段工程的终点站和 12 号线的起点站，同时又与南京地铁 1 号线和 3 号线换乘。

车站设有 5 个出入口（其中四号口预留）和 3 组风亭；站位情况及周边环境如图 2-19 所示。

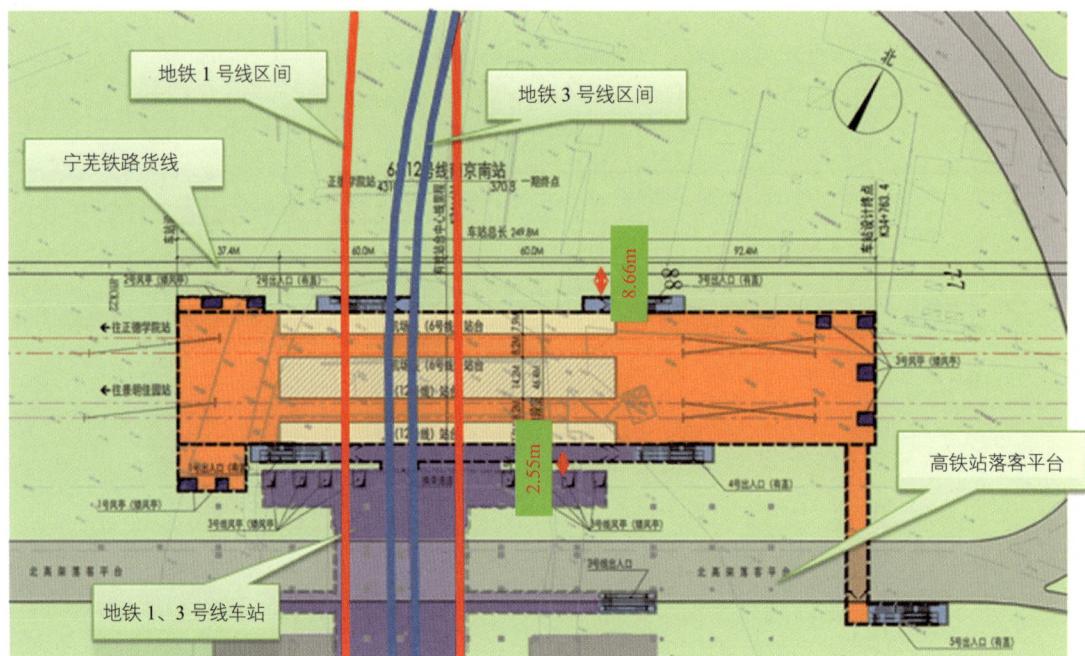

图 2-19　站位情况及周边环境

拟建场地处于侵蚀堆积地貌单元，如图 2-20 所示。场地覆盖层表层为 <1> 层填土，厚度一般，局部厚度较大，松散～较松散，工程地质性质差；3-1b2 粉质黏土，可塑，局部软塑，中压缩性，工程地质性能一般；3-1b1-2 粉质黏土，可～硬塑，中压缩性，工程地质性能良好。场地底部基岩为白垩系葛村组 K1g-2 强风化泥质粉砂岩，风化强烈，砂土状夹碎块状，工程地质性能良好；K1g-3 中风化泥质粉砂岩，泥质结构，块状构造，岩芯较完整，夹中风化粉砂质泥岩或泥岩，工程地质性能良好。

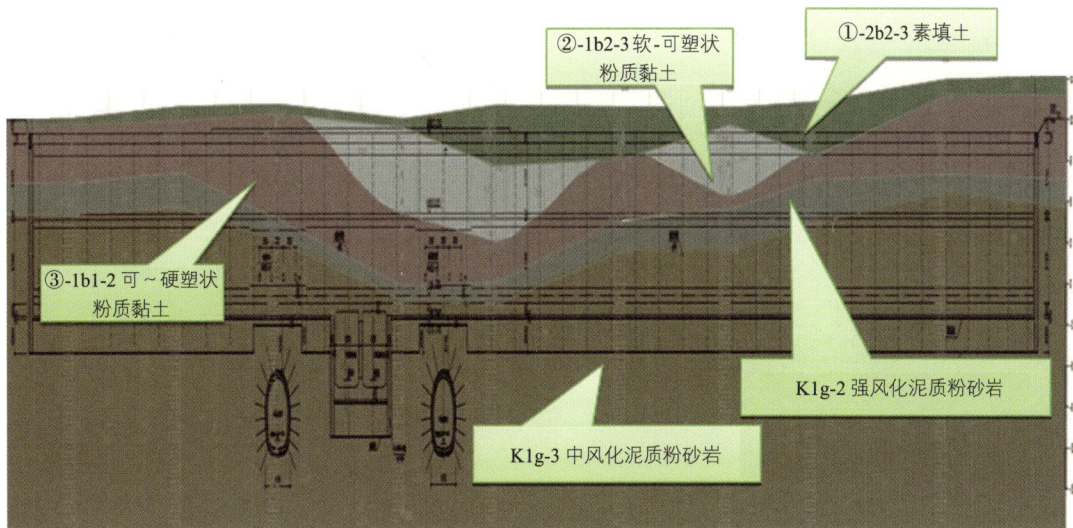

②-1b2-3 软-可塑状粉质黏土

①-2b2-3 素填土

③-1b1-2 可～硬塑状粉质黏土

K1g-2 强风化泥质粉砂岩

K1g-3 中风化泥质粉砂岩

图 2-20 工程地质情况

在初步设计阶段，考虑到车站宽度较宽，加设支撑效果不好，故采用盖挖逆做法施工；由于车站的北侧紧贴宁芜货线和高铁南京南站，车站南侧紧贴 1、3 号线南京南站，车站周边用地紧张，于是采用了叠合墙结构；围护结构采用 800mm 厚的连续墙，侧墙采用 400mm 厚。施工方案如图 2-21 所示。

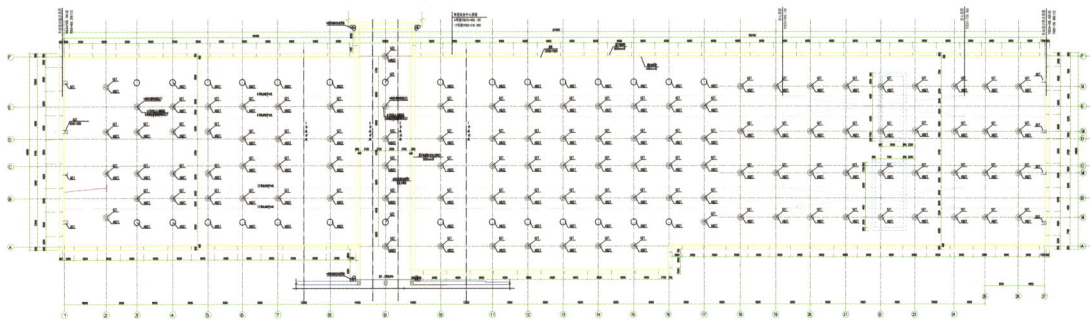

图 2-21 施工方案示意

施工图阶段由于高铁南京南站要求与 2011 年 5 月 20 号开通，北广场需在此时间之前完成覆土，工期紧张这就使得采用连续墙变得不可行，后经过变更将围护结构由连续墙变为直径 1200mm、间距 1400mm 的钻孔桩，如图 2-22 所示。

经过方案优化，南站在周边环境极为复杂的条件下顺利地施工完成，保证了工期，整个施工过程没有出现大的险情，较好地保护了已建成的 1、3 号线南京南站及正在运营的地铁 1 号线区间隧道。

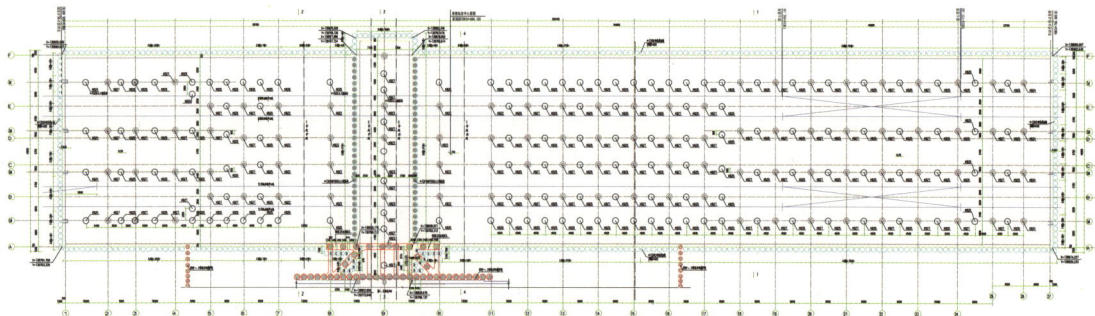

图 2-22　由连续墙改为钻孔桩

2. 主体结构由叠合墙结构改为复合墙结构

初步设计阶段围护结构采用连续墙，主体结构和围护结构采用叠合墙的形式侧墙的厚度为 400mm。施工图阶段由于工期原因，围护结构由 800mm 厚的连续墙改为直径 1200mm、间距 1400mm 的钻孔桩。由于桩墙围护结构内侧表面的平整度差异使得叠合墙在钻孔桩围护结构中变得不可用，因而只能采用复合墙结构。改变之后，侧墙的厚度由 400mm 变为700mm。

3. 盖挖逆作法的运用

南京南站之所以采用盖挖逆作法施工主要考虑了以下因素：

（1）周边环境对施工场地要求较高：由于本站站位位于高铁南京南站北广场，为保证高铁南京南站按时通车的需要，在 5 月底需施工完车站顶板恢复地面，明挖法施工无法满足工期要求，采用连续墙由于现场条件不能上多台机器，因而围护结构采用 ϕ1200mm@1400mm 的钻孔桩灌注，因而施工工法采用盖挖法施工。

（2）工程本身的特点：本站基坑的长度为 251.8m，标准段的宽度为 47.2m（局部 53.3m）基坑宽度较大，如采用盖挖顺作法，需设置支撑，支撑长度较大，且架设支撑后，盖挖挖土、出土、材料运输等均比较困难，因此拟采用盖挖逆作法，将顶板和中板作为基坑的支撑，可减小施工难度，加快施工进度，且对基坑的变形控制和周边风险源控制也较为有利，安全性较好。

（3）周边建筑物保护的要求：南京南站周边建筑物众多，车站的北侧为宁芜货线，南侧为正在施工的高铁南京南站，另车站上跨正在运营的 1 号线隧道，施工期间需保证期正常运营这就要求施工时需不间断地对 1 号线隧道进行监测，对基坑的变形非常敏感。采用盖挖逆作法施工，利用顶板和中板的强大刚度，可以有效地控制基坑的变形。

3 本线主要技术标准演变

本线除通风空调、通信、信号系统技术标准与工可、初步设计对比存在差异外，其余各专业系统实施的技术标准与工可、初步设计技术标准均保持一致。

3.1 通风空调系统

工可及初步设计批复的设计方案：原则同意通风空调系统设计方案。通风空调系统包括隧道通风系统和车站通风空调系统两大部分。隧道通风系统（含防排烟系统）分为区间隧道通风系统和车站隧道通风系统两部分；车站通风空调系统分为车站公共区通风空调系统（含防排烟系统）、车站设备管理用房通风空调系统（含防排烟系统）、空调冷源及水系统。本线最后实施情况为完全执行，且在施工图阶段根据业主要求，考虑进一步提高高架车站站厅层乘客的舒适性要求，增加设置了高架车站站厅层空调系统（多联空调）。关于这一点，原方案均按南京既有线路标准执行，对高架站采用自然通风方式，后考虑到夏季气候炎热，站厅层相对于站台层较为封闭，自然通风效果不好，为进一步提高乘客和工作人员的舒适性，增加设置空调。从目前全国各地新线设置情况来看，也大多按此标准执行，如广州直接写进广州地铁地方设置标准里面。

3.2 通信系统

南京机场线通信系统实施的技术标准与工可、初步设计技术标准存在差异如下：

3.2.1 专用传输系统

（1）初步设计：推荐采用 MSTP（内嵌 RPR）方案，同时 OTN 作为备选方案。

（2）施工图设计：采用 OTN 方案。

（3）原因分析：结合南京既有线分析，目前南京地铁 1、2 号线专用传输系统的运营均采用了 OTN 设备，从备品备件、运营维护等角度考虑，确认选用 OTN 方案。

3.2.2 公安传输

初步设计无公安传输网络系统，根据与业主确定的招标方案，增加公安传输网络系统，设备招标前增加。最终采用 MSTP（内嵌 RPR）光传输设备来构建南京地铁机场线公安传输网络系统。

3.2.3 公安视频监视系统

（1）初步设计：本工程公安视频监视系统建设方案推荐采用独立建设公安视频监视系统（仅共享前端模拟视频采集设备）方案。

（2）施工图设计：专用视频监视系统与公安视频监视系统合设，共享前端摄像机、后端设备（包括以太网交换机、各类服务器、网络存储设备等）。专用视频监视系统在车站为公安视频监视系统提供相应操作软件等。

（3）原因分析：为节约工程投资，可不单独设公安视频监视系统，在专用视频监视系统的基础上增设相应的摄像机和监控终端，并在派出所、公安分局设置网络设备与专用视频监视系统连接，形成公安与运营共视频监视系统。

3.3 信号系统

南京机场线信号系统实施的技术标准与工可、初步设计技术标准存在差异为车辆段轨道空闲 / 占用检测设备改用计轴设备。

车辆段轨道空闲 / 占用检测设备初步设计阶段推荐采用 50Hz 相敏轨道电路作为列车占用、空闲检查的设备，计轴设备作为备选方案，但随着信号设备的更新换代、信号设备的发展趋势及铁道部《关于贯彻国务院进一步加强企业安全生产工作通知的实施意见》（铁安监 [2010] 168 号）的要求，铁道部将建立和完善铁路技术落后产品淘汰制度，逐步淘汰技术落后的铁路产品。铁科技 [2011]45 号文中公布的铁道部逐步淘汰产品目录中包含单轨条轨道电路的规定，信号系统在招标设计阶段将车辆段轨道空闲 / 占用检测设备改用计轴设备。

4 线路设计、调线调坡设计总结及评价

4.1 线路设计总结及评价

4.1.1 线路概况

南京至高淳城际快速轨道南京南站至禄口机场段南起禄口机场，经禄口新城、东善桥 - 秣陵片区、东山副城西侧，止于南京南站，全长约 35.8km，其中高架段长约 16.9km，过渡段长约 0.7km，地下段长约 18.2km。机场段共设置 8 座车站，其中高架车站 3 座，地下车站 5 座；最大站间距为禄口机场站至翔宇路南站区间，长约 7922.8m，最短站间距为将军路站至佛城西路站区间，长约 3239.1m。

4.1.2 线路平面曲线分布

（1）曲线分布

曲线半径及缓和曲线长度系根据曲线所在的地理位置、周围环境和行车要求选用，在保证运营质量、服务水平的前提下，合理选用大偏角地段的曲线半径以缩短曲线长度，减少线路与建（构）筑物的干扰；减少曲线半径的种类，合理选用缓和曲线长度，则可方便施工和运营养护维修。

南京至高淳城际轨道南京南站至禄口机场段工程右线采用的曲线半径，曲线数量及曲线长度见表 4-1。

线路右线曲线分布表 表 4-1

序号	曲线半径（m）	曲线数量（个）	曲线长度（m）	占曲线总长百分比（%）
1	$R=350$	3	1564.604	9.3
2	$R=500$	1	267.142	1.6
3	$R=560$	1	934.589	5.6
4	$R=600$	1	194.892	1.2
5	$R=650$	3	2285.371	13.6
6	$600 \leq R \leq 800$	8	3876.584	23.1
7	$800 < R < 2000$	14	3489.318	20.8
8	$R \geq 2000$	13	4192.860	24.9
合计		44	16805.359	100

本线采用设计速度 100km/h，当 $R \geq 650$m 时，列车通过曲线时不限速，因此限速曲线 6 个，总长占曲线的 17.7%，占线路总长的 8.3%，整体线形比较好，满足线路设计标准，利于运营。

（2）关于 $R = 350$m 小半径说明

本工程主要在下穿城际铁路／高速铁路附近采用小半径曲线，具体如下：

线路出胜太路站后，沿将军大道向北，在秦淮新河以南段沿道路布设。线路线型较好，但秦淮新河以北段，受秦淮新河大桥及其南侧海通大厦、龙西立交以及京沪、沪汉蓉、沪宁、宁杭等高铁桥梁基础控制，该段有三个 $R = 350$m 的曲线。该段具体线路方案如下：

线路出胜太路站后继续沿将军大道向北，在秦淮新河前，避开秦淮新河跨河桥、110kV 高压电塔、29 层海通大厦，线路在秦淮新河南岸开始以两个 $R = 350$m 的 S 弯拐入机场路，该处区间隧道结构距离两侧桥梁基础均大于 9m，之后线路避开农化河小区地块，再以 $R = 350$m 的曲线右拐至和站北一路南侧行进至南京南站。

小半径曲线集中设置，位于翠屏山站至南京南站区间，其他 6 处区间无小半径，符合线路设计标准。小曲线位置分布如图 4-1 所示。

（3）平面特征分布

南京南站至高淳城际轨道南京南站至禄口机场段右线线路纵断面特征统计见表 4-2。

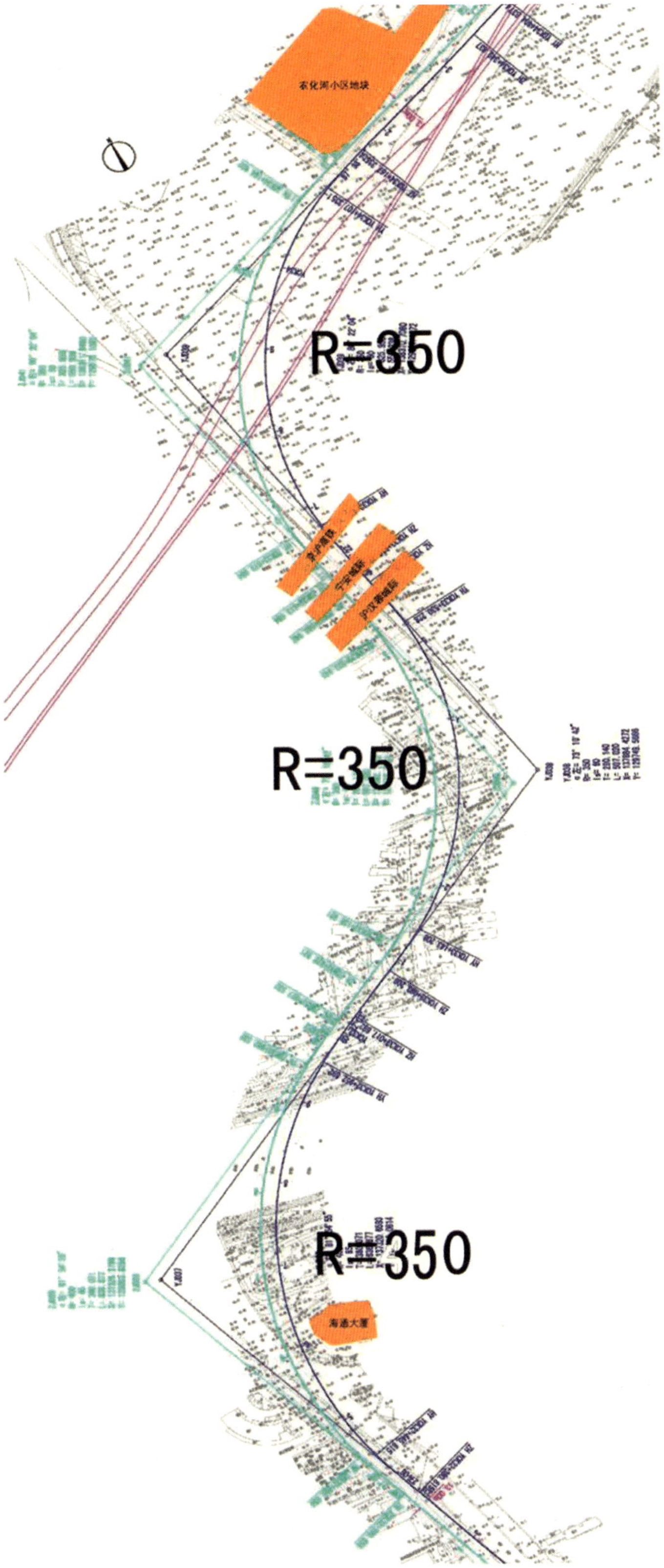

图 4-1　小曲线位置分布图

线路右线平面特征分布表　　　　表 4-2

项　目		单位	长度	占全长的百分比（%）
直、曲线分类	直线长度	m	19012.345	53.1
	曲线长度	m	16805.359	46.9
	合计	m	35817.704	100

本线曲线约占全线的 46.9%，约一半左右，整体线型比较曲折，但考虑曲线半径较大，限速段比较短，因此平面设计基本合理。

（4）纵断面坡度分布

南京至高淳城际轨道南京南站至禄口机场段右线线路纵断面特征统计见表 4-3。

线路右线纵断面坡度特征分布表　　　　表 4-3

项　目		单位	长度	占全长的百分比（%）
坡段分布	$i = 0‰$	m	1680.000	4.7
	$0‰ < i \leq 10‰$	m	28500.399	79.6
	$10‰ < i \leq 20‰$	m	1779.309	5.0
	$20‰ < i \leq 25‰$	m	1554.996	4.3
	$25‰ < i \leq 30‰$	m	2303.001	6.4
	合计	m	35817.705	100

本线大于 2.5% 陡坡较少，约占全线的 6.4%，主要位于出入洞口附近，其他位置基本位于地下车站两端，地下段线路设计主要考虑"W"形节能坡（陡坡＋缓坡＋缓坡＋缓坡＋缓坡＋陡坡形式，区间风井位于中间），设计基本合理，利于车辆运营。

4.2 调线调坡设计总结及评价

4.2.1 全线施工概况

本线整体施工情况较好，但出现盾构打偏段一处和施工塌陷侵限段一处，具体如表 4-4 所示。

施工事故分布 表 4-4

序号	位置	曲线/直线	原因	里程	采取措施
1	北出口盾构段	曲线，$R=100$m	盾构平面打偏	YDK22+884 ~ YDK22+919	调线调坡
2	南出口明挖段	直线	明挖塌陷	YDK4+990 ~ YDK4+510 ZDK4+985 ~ ZDK4+510	缩短强电和弱电电缆支架

4.2.2 高架道床高度

本线高架采用短枕道床，标准道床高度 500mm（采用《地铁设计规范》的最小值），高架 U 型梁结构受力根据道床和车辆而定。由于本线采用 500mm 的道床厚度，若高架施工过程中 U 型梁地板高于设计值，只能通过减少轨下部混凝土道床厚度（允许调整量为 20mm）。按照这个限制，则桥梁施工精度不大于 20mm，但通过对高架测量数据分析，高架底板高于设计值 20mm 约占总误差量的 40.7%，误差大于 40mm 约占总误差量的 5.2%，这为以后高架调线调坡留有隐患，因此建议适当增加高架段道床高度，建议采用 530mm 道床，为以后调线调坡预留空间。

5 重点车站建筑方案选择及总结

5.1 南京南站建筑方案选择及总结

5.1.1 南京南站换乘方式前期研究

1. 工程概况

1）车站概况

南京南站现状及各构筑物间关系平面图见图 5-1。

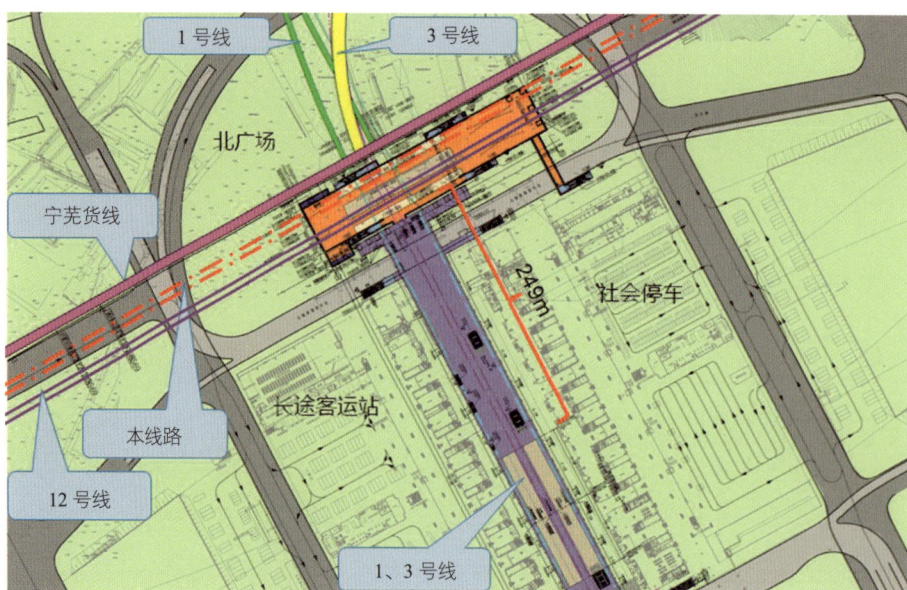

图 5-1 南京南站各构筑物间关系平面图

南京至高淳城际轨道（即原 6 号线，现名 S1 线）一期工程南京南站至禄口机场段（以下简称"S1 线"）、S3 线（即原 12 号线，南京南站至和县）的换乘站，两线车站同步设计、同步建设。

S1、S3 线南京南站位于南京南站北广场下方，地下二层（局部三层）一岛两侧式站台车站。车站总长 252.4m，标准段宽 47.5m，顶板覆土约 1m。S1、S3 线建筑面积各占 50%。两线车站总建筑面积为 27732m²，其中主体建筑面积为 24338m²。S1 线与 S3 线平行换乘。负一层与 1、3 号线进行 T 字通道换乘，局部负三层为 3 号线明挖区间。

2）站址环境及控制因素

（1）站位环境

车站站位于火车南站北广场，已建火车南站及地铁 1 号线、3 号线车站、1 号线区间，拟建 3 号线区间、宁芜货线。本站周边现状为南京南站施工工地、空地、堆放场等。南京南站站位现状如图 5-2 所示。

图 5-2　南京南站站位现状图

（2）控制因素

控制因素一：换乘通道宽度受 1、3 号线预留换乘通道控制，预留换乘通道已建成，为非付费区，宽约 11.8m，考虑对内部进行适当改造。

控制因素二：车站在南北方向受宁芜货线与 3 号线风亭控制，两者在车站施工时均已建成，车站设计需在两者之间布置主体及附属建筑。车站结构与两者明挖结构较近，需采取加强保护及重点监测。

控制因素三：车站竖向埋深受 1、3 号线区间控制，车站埋深既需保证车站范底板与 1 号线的净距，还需满足 3 号线区间上跨 1 号线的线路坡度要求。经核算，现 3 号线明挖位于本站负三层，与本站同步实施。

2. 工可设计方案

1）设计方案

机场线南京南站位于京沪高铁南京南站北广场下方。已运营的南京南火车站是一个综合交通枢纽，共分为五层，地面三层，地下二层。由上至下分别为高架候车层、高铁站台层、地面大厅、地铁站厅层及地铁站台层。站房内部采用无柱设计，为增长中的客流和商业开发预留条件。站房北面二层设落客平台，车辆由地面经匝道抵达二层落客平台。

已建成的地铁 1、3 号线南京南站位于火车站站房的正下方如图 5-3、图 5-4 所示。1、3 号线车站为地下两层双岛四线车站，3 号线居中，1 号线位于外侧，该站已施工完成，1 号线已投入运营。两站台宽度均为 14m。车站采用放坡开挖的施工方法。1 号线北侧区间采用矿山法施工，南侧区间采用盾构法施工。车站地下一层为站厅层，公共区偏南侧设置，在非付费区的东西两侧均设有连接高铁车站的出入口，南北两端中部均设有 12m 左右的南北通道，连接拟建的 6 号线、12 号线，预留南北通道的北端现为施工运输通道。设备用房布置在通道的两侧，站厅层设有直通京沪高铁的楼扶梯。地下二层为站台层。

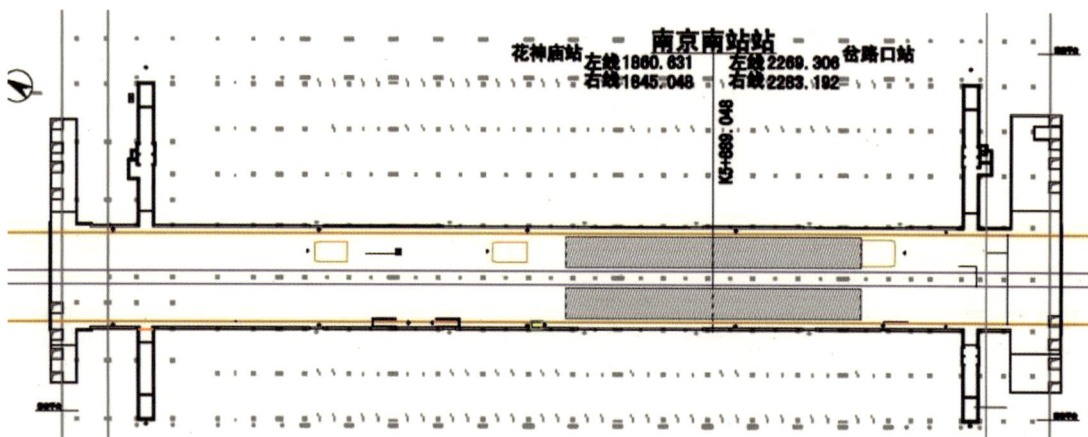

图 5-3　地铁 1、3 号线南京南站总平面图

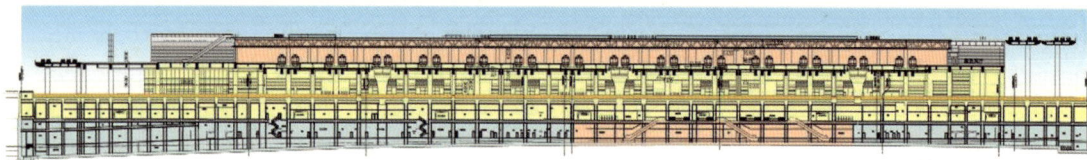

图 5-4　南京南站剖面图

在 1、3 号线车站的北侧拟建一条宁芜货线，该货线约 8.2m（宽）×11.0m（深），顶板埋深约 3m，底板距离 1 号线区间约 1.8m，距离 1、3 号线车站端墙 44.6m（已建议其调整至 65.6m）。

2）控制因素设计控制条件分析

（1）已建成的 1、3 号线南京南站、1 号线南京南站南北区间、拟建的 3 号线区间。

（2）与 6 号线同时开工、同时建成的 12 号线，本站为 12 号线起点站。

（3）拟建宁芜货线。

（4）在建的京沪高铁南京南站、落客平台、南北广场的地下商业开发。

南京南火车站、宁芜货线、地下商业开发均拟于 2013 年底前建成。

3）设计客流及分析

由于本站为四线换乘，需首先确定主要换乘客流方向。相关客流数据见表 5-1 ～ 表 5-7。

2017 年南京南站早高峰预测客流表　　　　　　　表 5-1

6 号线	夹岗—禄口机场			禄口机场—夹岗			合计
	上车	下车	断面	上车	下车	断面	
早高峰	4093	517	891	690	7711	8613	13913

2017 年南京南站早高峰换乘客流表　　　　　　　表 5-2

换乘站点	换乘方向	2018 年早高峰换乘客流				
		总量	分向客流			
南京南站	6 号线→1 号线	2844	东向北	137	东向南	10
			西向北	2467	西向南	230
	1 号线→6 号线	1616	北向西	816	北向东	142
			南向西	581	南向东	77
	6 号线→3 号线	2805	东向北	16	东向南	4
			西向北	2727	西向南	58
	3 号线→6 号线	2183	北向西	2006	北向东	127
			南向西	10	南向东	40
	6 号线→12 号线	616	西南向西	290（去河西）	东北向西	326（同向）
	12 号线→6 号线	1054	西向西南	777（去机场）	西向东北	277（同向）
	合计	11118				

2024 年南京南站早高峰预测客流表　　　　　　　表 5-3

6 号线	夹岗—禄口机场			禄口机场—夹岗			合计
	上车	下车	断面	上车	下车	断面	
早高峰	8352	2139	2697	1790	14512	14512	26793

2024 年南京南站早高峰换乘客流表表 表 5-4

换乘站点	换乘方向	2024 年早高峰换乘客流				
		总量	分向客流			
南京南站	6 号线→1 号线	5772	东向北	800	东向南	25
			西向北	4579	西向南	368
	1 号线→6 号线	3035	北向西	2254	北向东	364
			南向西	297	南向东	120
	6 号线→3 号线	6015	东向北	585	东向南	10
			西向北	5206	西向南	214
	3 号线→6 号线	3977	北向西	3372	北向东	468
			南向西	34	南向东	103
	6 号线→12 号线	2303	西南向西	1659（去河西）	东北向西	644（同向）
	12 号线→6 号线	2695	西向西南	2031（去机场）	西向东北	664（同向）
	合计	23797				

2039 年南京南站早高峰预测客流表 表 5-5

6 号线	夹岗—禄口机场			禄口机场—夹岗			合计
	上车	下车	断面	上车	下车	断面	
早高峰	6277	8184	21489	7759	8757	27016	30977

2039 年南京南站早高峰预测客流表（12 号线） 表 5-6

12 号线	南京南—黄里			黄里—南京南			合计
	上车	下车	断面	上车	下车	断面	
早高峰	14966	0	14966	0	24743	24743	39709

2039 年南京南站早高峰换乘客流表 表 5-7

换乘站点	换乘方向	2039 年早高峰换乘客流				
		总量	分向客流			
南京南站	6 号线→1 号线	4434	东向北	257	东向南	864
			西向北	2985	西向南	328
	1 号线→6 号线	3424	北向西	1292	北向东	133
			南向西	319	南向东	1680
	6 号线→3 号线	2770	东向北	79	东向南	782
			西向北	1537	西向南	372

续表

换乘站点	换乘方向	2039年早高峰换乘客流				
		总量	分向客流			
南京南站	3号线→6号线	2175	北向西	1532	北向东	34
			南向西	44	南向东	565
	6号线→12号线	3746	西南向西	2104（去河西）	东北向西	1642（同向）
	12号线→6号线	4809	西向西南	2550（去机场）	西向东北	2259（同向）
	合计	21358				

（1）车站客流分类

初期与1、3号线换乘客流比例：80%，与12号线换乘客流比例：12%，其余客流占8%。

近期与1、3号线换乘客流比例：70%，与12号线换乘客流比例：19%，其余客流占11%。

远期与1、3号线换乘客流比例：41%，与12号线换乘客流比例：28%，其余客流占31%。

①地铁输送到南京南站的客流主要分为三部分：一部分为轨轨之间的换乘客流；一部分为去南站的客流；一部分为去商业的客流。

②通过对现状客流的定性分析，1、3号线连接南京主城区，其与6号线的换乘需求最大。

③沪高铁客流、周边商业客流与6号线的衔接需求较小，在远期达到最大约1/3。

结论：车站主要功能需求为与1、3号线换乘。

（2）6号线、12号线换乘客流数据分析

配线形式：根据运营组织的研究成果，6号线一期终点站推荐选择南京南站，南京南站存在以下两类配线形式，分别为双岛、一岛两侧，如图5-5所示。

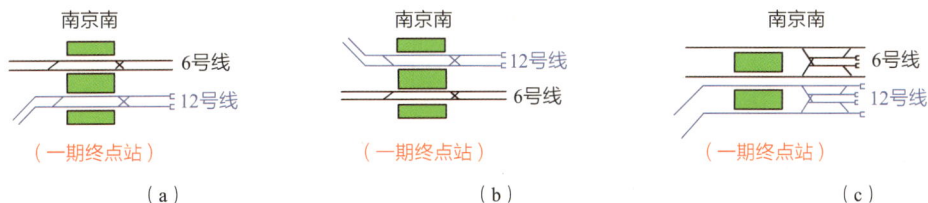

图5-5　南京南站配线方案图

（a）方案一；（b）方案二；（c）方案三

由于双岛方案规模大且换乘功能不佳，故我们仅对一岛两侧配线方案的换乘数据进行分析。2039年南京南站全日换乘客流如表5-8所示。

2039 年南京南站全日换乘客流表　　　　　　　表 5-8

序号	换乘方向	2039 年全日换乘客流	换乘方式	
			配线方案一	配线方案二
1	机场 - 南京南站 - 桥林（西南向西）	17034	站台	站厅
2	新生圩 - 南京南站 - 桥林（东北向西）	11205	站厅	站厅
3	桥林 - 南京南站 - 新生圩（西向东北）	11330	站厅	站厅
4	桥林 - 南京南站 - 机场（西向西南）	17071	站厅	站台
5	合计	56640	站台换乘 17034 站厅换乘 28401	站台换乘 17071 站厅换乘 39569
6	同站台换乘的比例		30.1%	30.1%

结论：6 号线、12 号线的主换乘方向为来回机场方向，推荐采用一岛两侧的站台形式，可实现一个主换乘方向的同站台换乘，同站台换乘比例为 30%。

（3）方案推导

综上，车站方案存在以下矛盾：

车站上跨 1、3 号线与否，存在使用功能与施工风险的矛盾。

车站与 1、3 号线换乘的客流在近期、远期均占绝对主导，车站上跨 1、3 号线区间时换乘功能最佳，但 1 号线已运营，本站竖向高度较紧张，且周边建筑复杂，工期紧张，要求车站具备快速实施性，车站上跨 1、3 号线存在施工和工期风险。综合上述分析，车站平面型式可采取与 1、3 号线进行 T 型、L 型两种换乘方式。

总平面布局及换乘方式：

综上，车站进行两个方案的可行性研究，分别为：T 型一岛两侧站台车站（方案一），L 型一岛两侧站台车站（方案二）。

①车站推荐方案

推荐方案为 T 型一岛两侧站台车站。南京南站推荐方案总平面图见图 5-6。

a. 设计思路：

减少与 1、3 号线的换乘距离，公共区中部接 1、3 号线预留的北通道。

实现 6 号线、12 号线来回机场主换乘客流的同站台换乘。

公共区中部设非付费区作为换乘客流的集散空间。

站后折返线纳入区间施工范围。

3 号线区间与车站重合部分与本线同步实施。

6 号线、12 号线均为侧式车站，6 号线在北，12 号线在南，两条线的站东均设折返线，车站与 1、3 号线形成 "T" 型换乘。根据客流资料计算出六号线的侧站台宽度不应小于 3.3m。根据结构柱尺寸、楼扶梯尺寸，两个侧式站台宽度均为 7.5m，岛式站台宽度为 14.2m。车站设 5 个出入口，其中 4 个位于北广场内部，另设 2 组风亭均位于北广场内，均为矮风亭。

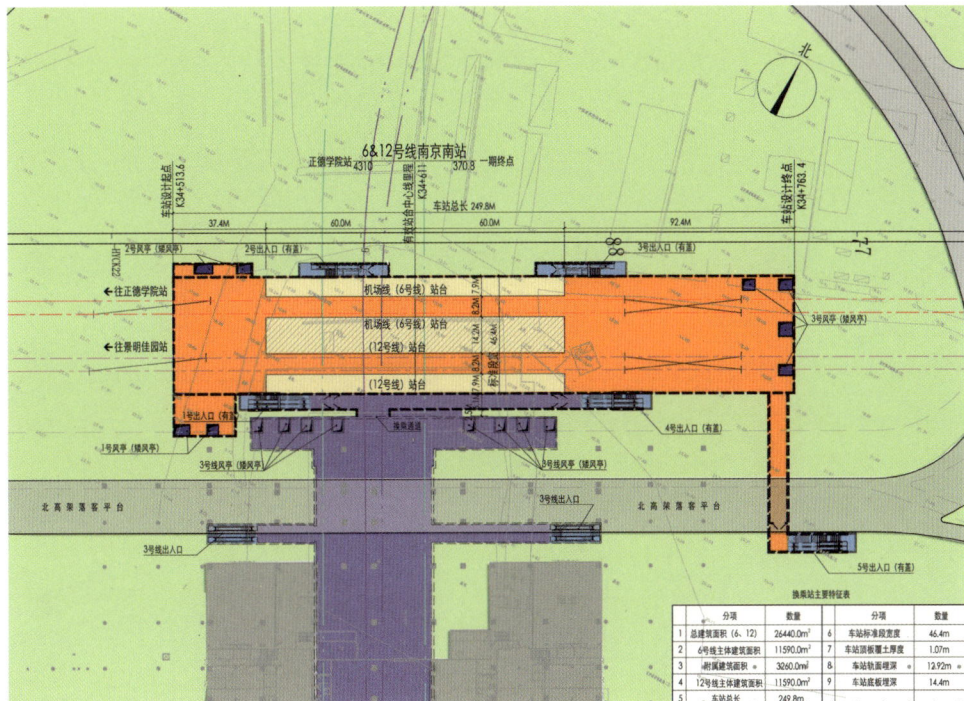

图5-6　南京南站推荐方案总平面图

b. 换乘流线分析：

与 1、3 号线进行 T 型通道换乘，站厅换乘距离约 260m。

6 号线、12 号线实现机场 - 桥林主换乘方向的同站台换乘，同站台换乘比例约 30%。

c. 存在的问题：

主体结构上跨 1 号线区间，施工风险较大。

现站位为南京南火车站施工场地及运输通道，与车站施工场地有所交叉，为确保南京南火车站于 2011 年投入运营，本站需提前施工，并协调施工场地。

车站北侧墙距离宁芜货线较近。

②车站比较方案

比较方案为 L 型一岛两侧站台车站，如图 5-7 所示。

为减少施工风险，主体结构避开 1、3 号线区间，车站西端通道接 1、3 号线预留的北通道，与 1、3 号线站厅换乘距离约 330m。

公共区西端设非付费区集散空间。

6号线、12号线均为侧式车站，6号线在北，12号线在南，与1、3号线形成"L"型换乘，站东设两条线折返线。车站设5个出入口，其中3个位于北广场东面，1个出入口位于站东路的规划商业地块内，车站两端各设一组风亭，西端风亭位于北广场内，东端风亭位于站东路以西。

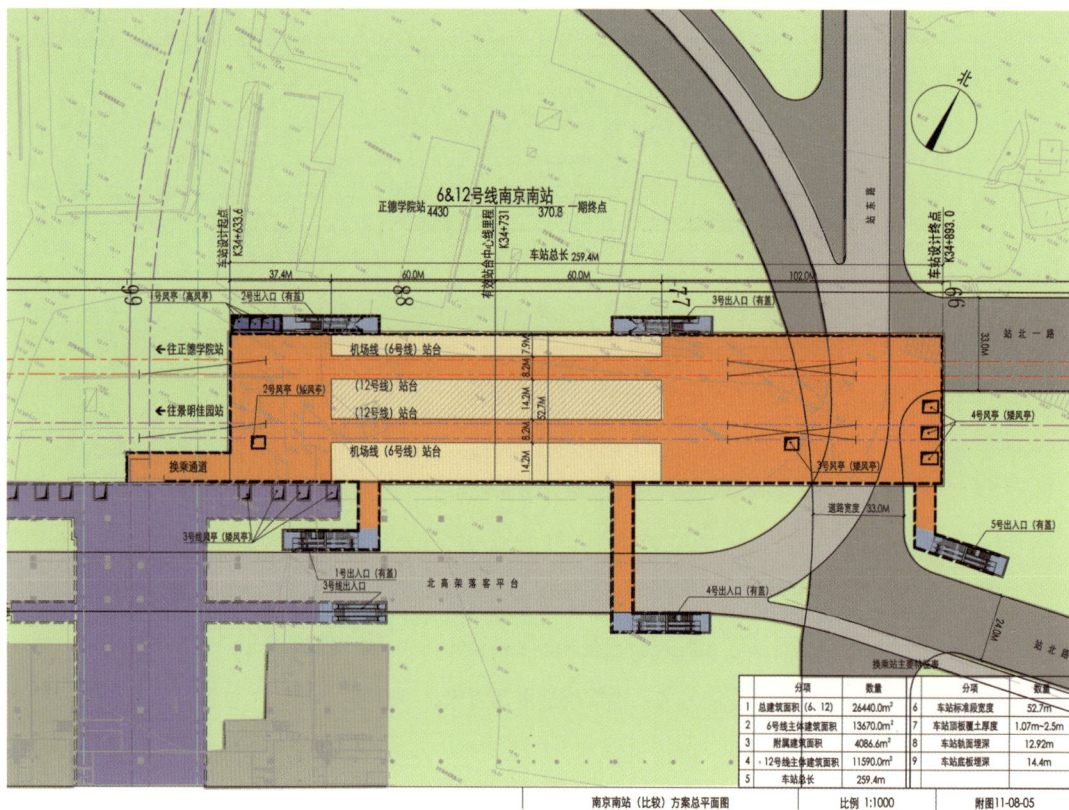

图5-7 南京南站比较方案总平面图

存在的问题：

与1、3号线换乘距离较远；车站横跨站东路，覆土需保证管线通行，该处站厅层为设备用房，其净高需降低。

南京南站换乘形式比较如表5-9所示。

南京南站换乘形式比较表　　　　　　　　　　　　　　　表5-9

序号	换乘方向	推荐方案	比较方案
		T型一岛两侧	L型一岛两侧
1	与1、3号线通道换乘距离	约260m	约330m
2	与12号线同站台换乘比例	30%	30%

续表

序号	换乘方向	推荐方案	比较方案
		T 型—岛两侧	L 型—岛两侧
3	公共区布置及流线组织	相对集中，流线组织较好	与 1、3 号线距离较长但客流方向明确，流线组织较好
4	设备用房布置	好	东端风道收道路控制，布置较困难
5	工程实施难度	盖挖逆做法施工，仍需在北广场内留出土孔，车站上跨 1 号线区间、与 3 号线区间合建，实施难度较大	区间上穿 1、3 号线空间，实施难度较小

4）专家评审意见

①应补充分析 1、3 号线与 6、12 号线实现付费区换乘和非付费区联通的方案，建议加大混行换乘通道的宽度，换乘坡道段增设自动步道。

回复：按专家意见，初期改造 1、3 号线换乘通道局部为付费区，本站与其进行付费区换乘，付费区内设置自动步道。建议 1、3 号线车站加大其预留的换乘通道的宽度与本站接驳。

②车站出入口、风亭应充分考虑北广场的人流组织及与广场景观设计，统一布局，在北广场上同时出现六个地面出入口不合理，建议结合枢纽设计统一整合，方便乘客选择。

回复：与北广场客流组织及景观设计正在沟通。北广场 6 个出任人口有 2 个为 3 号线，本站 4 个出入口受宁芜货线、3 号线结构控制，本线 4 个出入口只能在广场内布置。

③本站为多线换乘地下车站，车站体量较大，建议下阶段深化防灾设计，确保安全疏散。

回复：按专家意见执行。

5.1.2 初步设计方案

1. 设计方案

南京南站初步设计推荐方案总平面图见图 5-8。车站设 5 个出入口、3 组风亭、1 组冷却塔。车站基本位于北广场内，其中 1、4 号出入口方便与国铁进行地面联系，2、3 号出入口方便吸引外来客流及北广场地下空间的客流，5 号出入口位于落客平台以南的火车站停车场。3 组风亭为矮风亭与北广场景观结合。冷却塔与 1、3 号线冷却塔结合设置。车站总长 251.8m，标准段宽 47.2m。两线车站总建筑面积为 27732m²，其中主体建筑面积为 24338m²。

（1）车站型式

机场线南京南为一岛式两侧车站，与 12 号线站台层平行换乘，与 1、3 号线站厅层通道换乘。

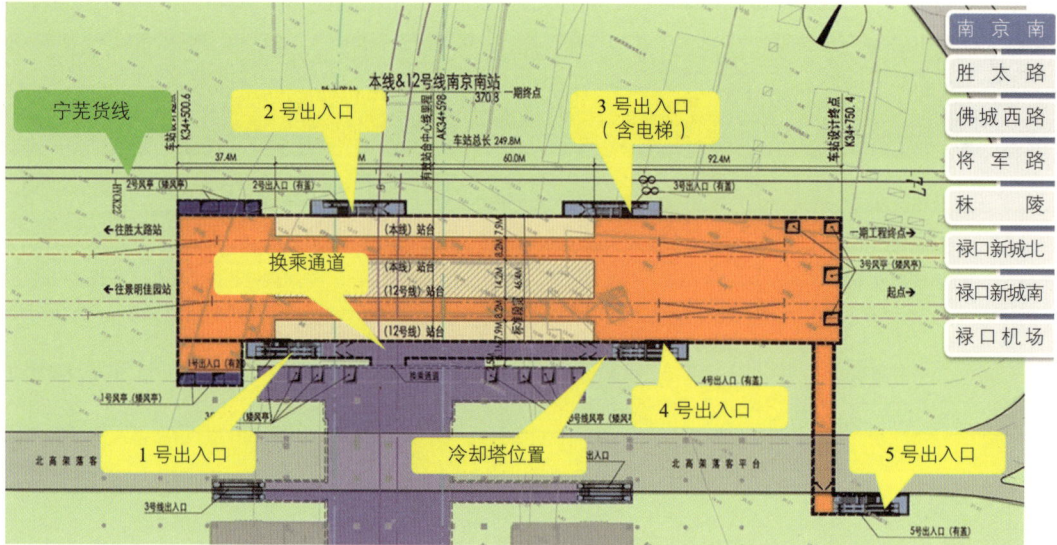

图5-8 南京南站初步设计推荐方案总平面图

（2）推荐方案站厅层平面布置

车站负一层为共享站厅。本站主要客流为1、3号线换乘客流，1、3号线预留的换乘通道接口为非付费区。车站在接入换乘通道处设置面积较大的非付费区。付费区则被非付费区分隔为东西两部分，西侧对内，东侧对外。东西非付费区通过车站南、北侧通道连通，站厅南侧中部与预留1、3号线换乘通道接口连通，预留通道宽度为11.8m，近期为1、3号线出入口通道，改造后一半为付费区换乘，与中部付费区连通。

推荐方案站厅层平面图见图5-9，推荐方案站台层平面图见图5-10。

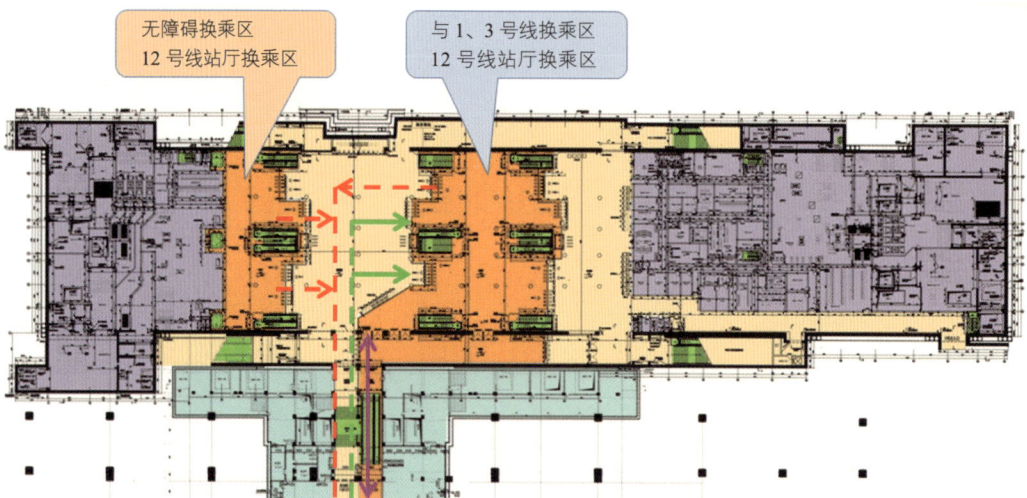

图5-9 推荐方案站厅层平面图

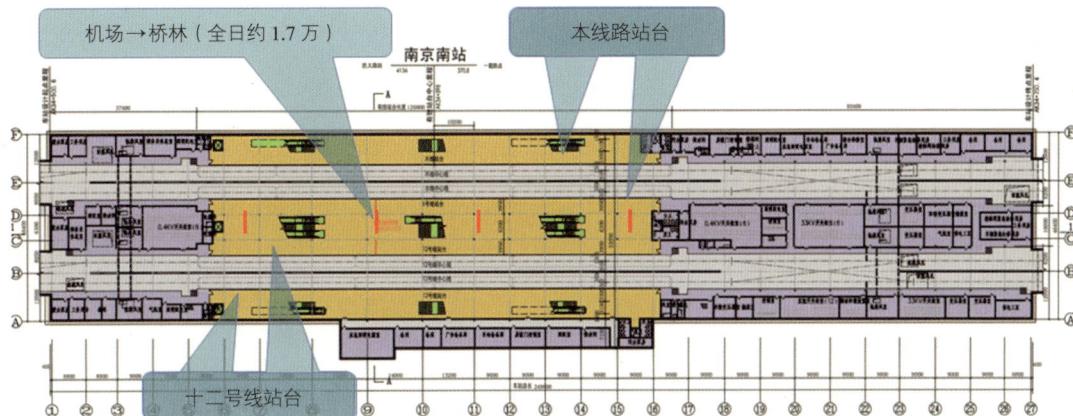

图 5-10 推荐方案站台层平面图

（3）推荐方案站台层平面布置

负二层为站台层，共设置 2 个侧式站台、1 个岛式站台。底板以下局部设过轨管线夹层。岛式站台同站台换乘方向为机场至桥林。

付费区集中设置，与 1、3 号线 L 型通道换乘，换乘距离约 390m。

（4）比较方案总平面图

比较方案站位东移跨站东路设置，与 1、3 号线 L 型通道换乘，车站总长 259.8m，如图 5-11 所示。

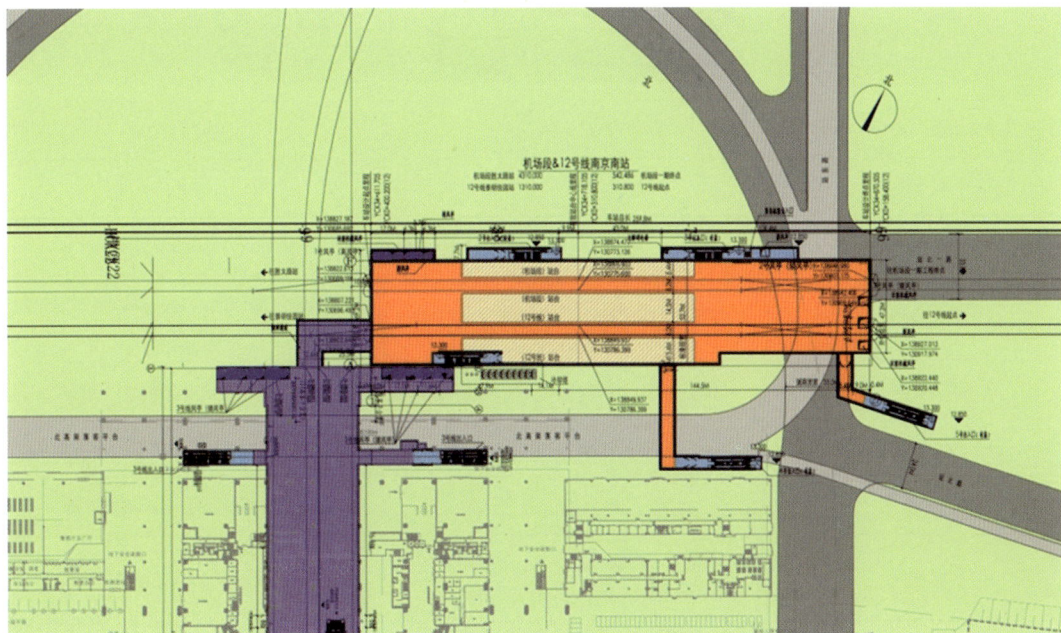

图 5-11 比较方案总平面图

（5）比较方案站厅层平面图

比较方案站厅层平面图见图 5-12。

图 5-12　比较方案站厅层平面图

（6）方案比较表

方案比较表见表 5-10。

方案比较　　　　　　　　　　　　　　　　　　　　　　　　　表 5-10

要素		
总建筑面积（m²）	27732	31426.6
车站长度（m）	251.8	259.8
轨面标高（m）	−0.050	−0.050
地面客流吸引	主要吸引北广场、国铁客流	跨路设置，可吸引北广场及其以西的商业办公客流
站内客流组织	相对集中，流线组织较好	付费区集中布置，客流方向明确，流线组织好
与一、三号线通道换乘距离	约 260m	约 390m
与设备用房布置	好	东端风亭受道路控制，布置困难
工程实施难度	盖挖逆做法施工，仍需在北广场内留出土孔，车站上跨一号线区间、存在施工风险	区间上穿一号线，实施风险较小
管线协调	仅需协调北广场内景观排水及电气管线	站中七路下方的雨水箱涵
综合评价	好	一般

2.初步设计专家意见回复

（1）6号线、12号线站厅公共区总面积较大，应优化消防设计，以满足《城市轨道交通技术规范》的相关要求。

回复：按专家意见执行。

（2）本站总图中，出入口、风亭的布置应配合南京南站枢纽总体规划和北广场景观整合，并避让国铁地面层的主通道，考虑与长途汽车客流的接驳。

回复：车站出入口、风亭为车站必须的功能设施，已基本与南京南站枢纽总体规划和北广场景观沟通协调。地铁与长途客运站的接驳经由地铁3号线6号出入口最为便捷（约60m），本站1号出入口也可与长途汽车客流接驳。

（3）5号出入口直接国铁售票厅不合理，既无客流需求又影响售票厅前广场的使用功能。

回复：5号出入口可方便与站中七路步行地下过街通道进行接驳，5号出入口位置北移，避免阻挡售票厅前广场的人流。

（4）6号线、12号线1号出入口布置，除考虑自身低风亭的距离关系外，还需考虑既有1、3号线风亭的设置位置，满足规范要求距离。

回复：已核实，满足规范要求。

（5）东侧的非付费区对客流组织作用不大，应研究如何扩大中间非付费区方案。

回复：东侧非付费区服务于东侧地面进出站客流，中间非付费区服务于换乘客流，功能有所不同，且中间非付费区宽度达28m，可满足使用要求。

（6）6号线、12号线车站与1、3号线连结处地下二层布置用房，管服人员进出使用不便，且无独立对外出入口，存在消防隐患。

回复：已取消该处地下二层部分。

（7）对1、3号线商铺进行改造（作为6号线、12号线售票区），不能影响原商铺防火疏散功能。

回复：本站与1、3号线商铺为两个不同的防火分区，之间已设置相应防火分隔，不改变原商铺防火疏散功能。

（8）本站覆土约1m，应与广场总体规划相协调，保证排水、电力、通信廊道畅通。

回复：已协调，满足管线布设要求。

5.1.3 机场线南京南站与1、3号线换乘方案

1.方案一：非付费区换乘通道连接方案

本方案利用既有1、3号线现有通道进行非付费区联通换乘。

该方案不需要改造既有1、3号线换乘通道，对于已经运营的1号线影响较小。换乘通道内北端商业区无影响，东西两侧国铁商业可以实现联通，方便客流。

本方案最大缺点，S1、S3线与1、3号线换乘需要二次购票。具体方案见图5-13。

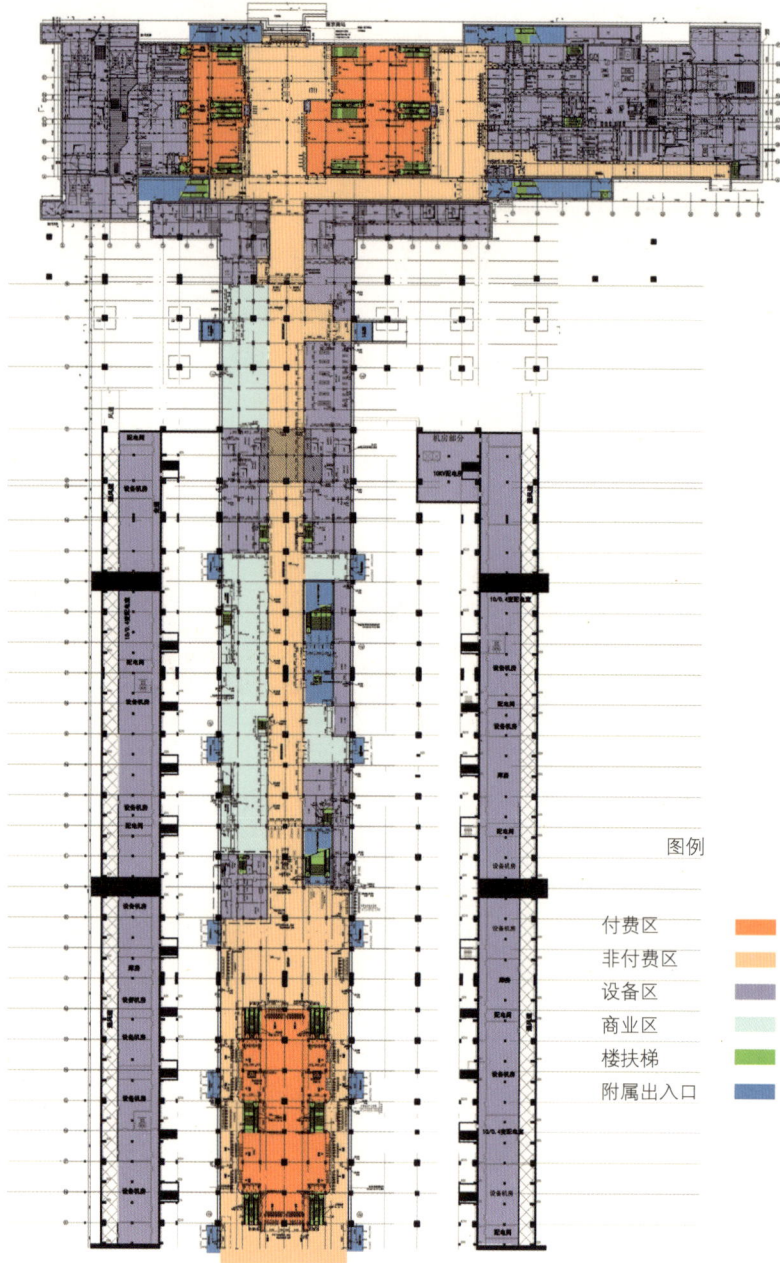

图例

付费区
非付费区
设备区
商业区
楼扶梯
附属出入口

图 5-13 非付费区换乘通道连接方案站厅平面图

2. 方案二：付费与非付费换乘方案

本方案将原有 1、3 号线换乘通道改造为一半非付费区换乘通道，一半付费区换乘通道。换乘通道结构净宽 12.6m，中间设有结构柱，实际付费区与非付费区换乘通道结构净宽 5.2m。如图 5-14 所示。

该方案优点付费区与非付费区换乘形式并存，乘客选择较多。

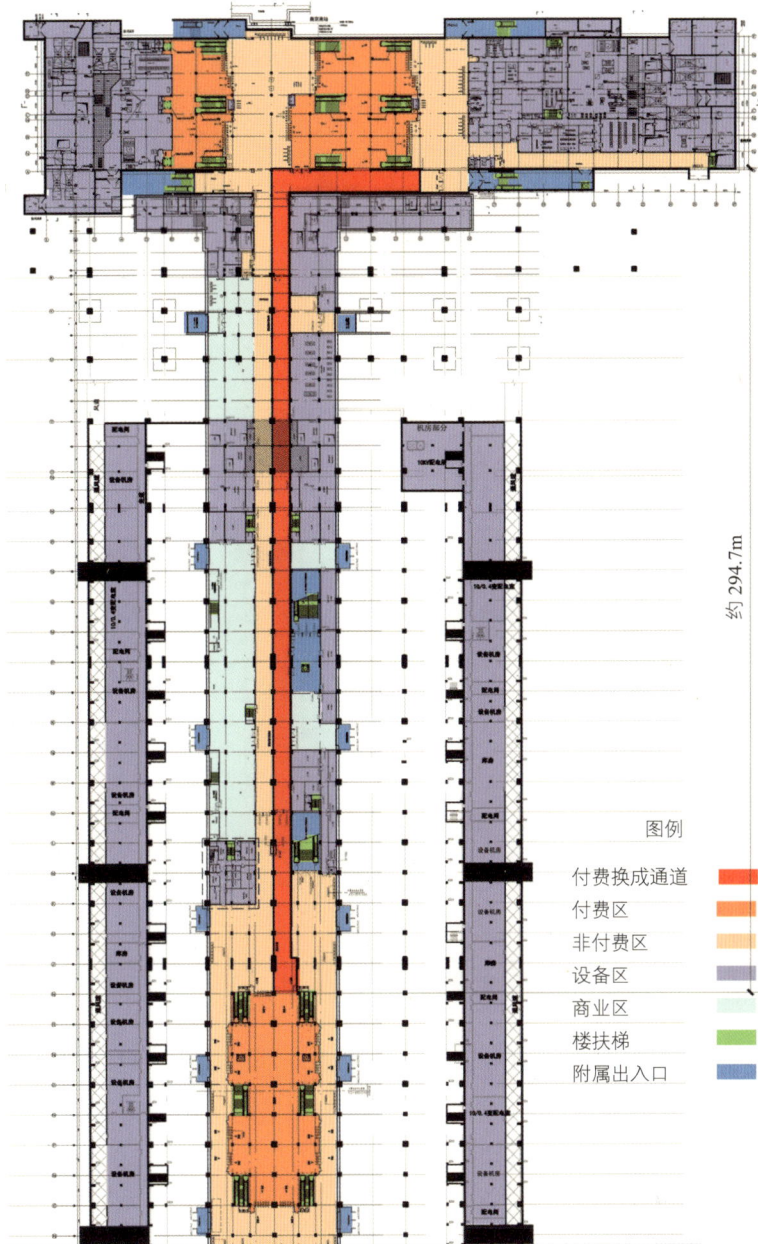

图5-14 付费与非付费换乘方案站厅平面图

缺点：

（1）单条换乘通道较窄。

（2）增加付费区通道后影响东西向客流。

（3）增加付费区通道后原1、3号线通道防火分区需要重新分隔，付费区通道超过100m需要用现有出入口作为疏散通道。

（4）增加闸机数量。

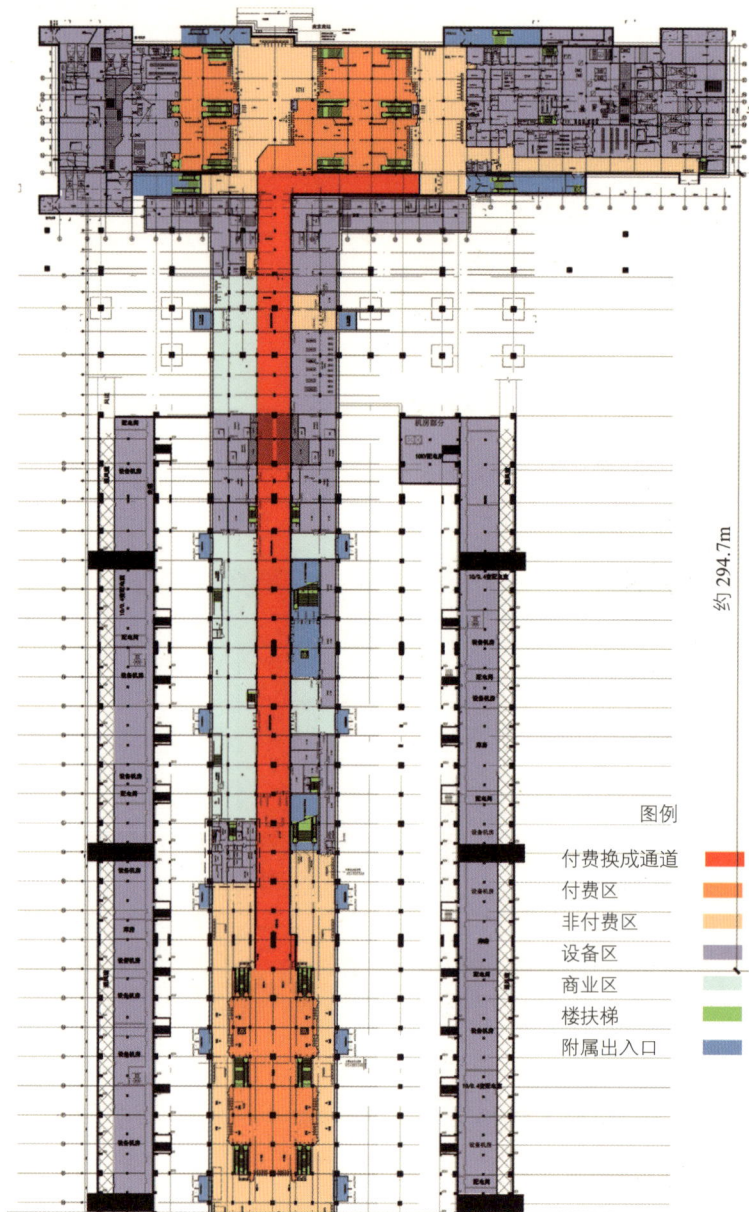

图 5-15　付费与非付费换乘方案站厅平面图

3. 方案三：全付费区换乘方案

本方案将现有 1、3 号线通道全部改为付费区通道，在现有通道出入口内增加闸机，如图 5-15 所示。

本方案优点：地铁换乘客流便捷，乘客无需二次购票。

方案缺点：

（1）与方案二相同，阻隔东西向国铁客流。

（2）全付费区联通后需要既有通道疏散，原通道防火分区需重新划分，部分商业及用房需要改造。

（3）增加闸机数量。

经过地铁公司项目管理分公司、运营分公司、建设分公司、广州院、铁四院、铁三院、上铁院等多加单位会议协商，考虑乘客的换乘方便及减少非付费换乘乘客进出站购票带来的设备压力，在既有通道的换乘时采用全付费区换乘的方案。另外，换乘通道内的改造对原有防火分区原则上不做调整，部分面积改为运营检修管理用房。换乘通道范围内的土建、设备（除 AFC）改造以通道北段结构缝为界仍由 3 号线实施，AFC 终端设备设计、材料采购、施工、调试、安装均由机场线（S1 线）负责。

5.2 禄口机场站建筑方案选择及总结

5.2.1 站位及站址环境

禄口机场站位于禄口机场拟建 T2 航站楼西北，现状 T1 航站楼以南、拟建机场商业运营中心的裙楼下方。站位现状为空地，西面为拟建停机坪，东面为拟建停车库及拟建 T2 航站楼的匝道，北面为机场现状建筑。如图 5-16 所示。

根据禄口机场整体交通总图设计，T2 航站楼建成后，作为主航站楼使用，承接国内国际航班进出港任务，T1 航站楼届时逐步转化为国内航线专用。T1、T2 之间依靠机场商业运营中心及空中廊道将两航站楼的地下一层到达层及地面二层出发层进行衔接。T2 航站楼当时拟于 2013 年建成。

|（a）|（b）|

图 5-16 站址现状照片

（a）机场匝道上往东看；（b）机场匝道上往西看

1. 设计控制条件分析

车站与机场的交通衔接需要结合机场整体交通布局进行，作为机场客流整体疏散的其中一环，方能最大化满足整体交通功能的便捷功能。

（1）线路从西端进入机场，为避免穿越现状 T1 航站楼的候机廊桥，线位偏 T2 航站楼行进。

（2）车站宜尽量缩短与 T1、T2 航站楼的换乘距离、考虑进出机场流线等换乘便捷性，选择合适的站位。

（3）线路西端经行机场停机坪区域，区间、车站施工均需考虑对停机坪的影响。

（4）线路东端与拟建停车楼平面位置重合，停车库设地下一层，地上多层，车站布置时应考虑调整停车库平面布置，柱网与其协调。

（5）线位与拟建 T2 航站楼匝道平面有局部重叠，匝道基础需避开车站范围。

（6）车站两侧风井需尽量与已有建筑结合，或考虑矮风亭。

2. 设计客流

2039 年禄口机场站早高峰预测客流如表 5-11 所示。

2039 年禄口机场站早高峰预测客流表　　　　　　　表 5-11

	新生圩—禄口机场			禄口机场—新生圩			合计
	上车	下车	断面	上车	下车	断面	
早高峰	0	3832	3832	3346	0	3346	7178

5.2.2　总体设计阶段方案

1. 车站推荐方案

推荐方案为地下两层岛式车站，站台宽 14m。车站设 2 个出入口，从站厅抵达运营中心的地面层并直接与室外连通。车站共设三组风亭，西端风亭位于停机坪与运营中心塔楼的分隔绿地上，中部风亭位于道路与停车库之间的空地上，东端风亭为折返线上方的活塞风亭，拟与停车库合建。总体设计阶段推荐方案总平面图见图 5-17，到达厅平面图见图 5-18。

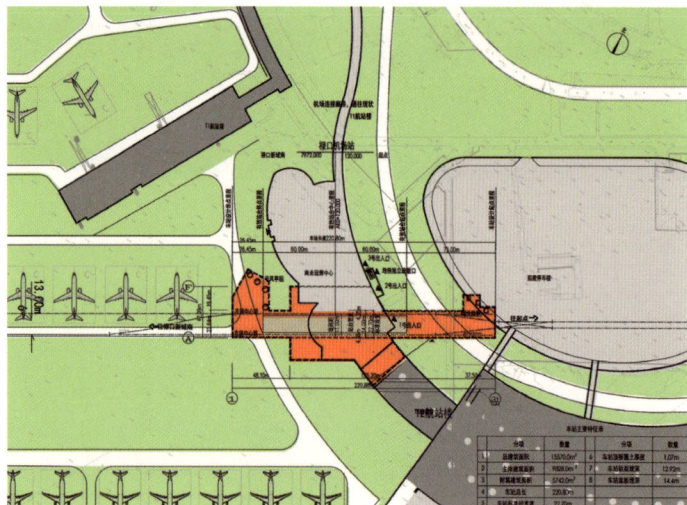

图 5-17　总体设计阶段推荐方案总平面图

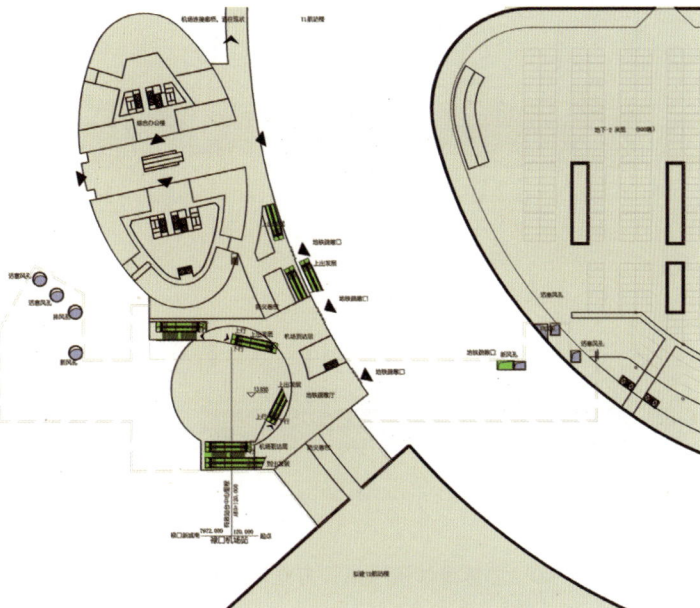

图 5-18　总体设计阶段推荐方案到达厅平面图

　　车站站厅层位于地下一层，与机场商业运营中心的裙楼合建，由楼扶梯分别衔接到达层及出发层衔接廊道。车站西端盾构端头井及西端单渡线均位于运营中心以西，需明挖施工，工期应保证停机坪于 2013 年建成。车站东侧设备区及风亭组位于车站下客平台下的道路下方。车站站后折返线与停车库合建，停车库位于地下一层，折返线位于地下二层。站厅层平面图见图 5-19，平面图、纵剖面图见图 5-20。

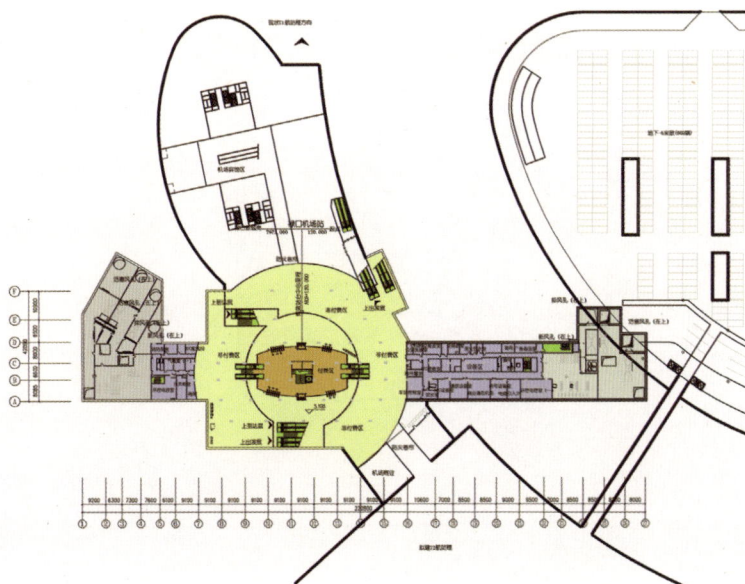

图 5-19　总体设计阶段推荐方案站厅层平面图

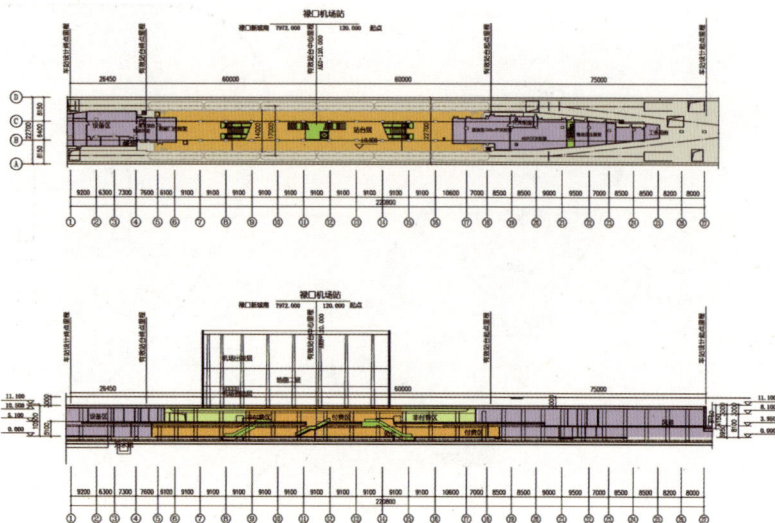

图 5-20　总体设计阶段推荐方案站台层平面图、纵剖面图

车站东侧风井与停车库合建，西侧风井设于商业运营中心以西的空地上，为矮风亭。

2. 车站比较方案

比较方案站位与推荐方案类似，采用地下二层侧式站台，站厅与商业运营中心的裙楼结合，站台层外挂部分设备用房。该方案的折返线规模较小，但区间喇叭段均需明挖施工。总体设计阶段比较方案到达厅平面图见图 5-21，站厅层平面图见图 5-22，站台层平面图、纵剖面图见图 5-23。

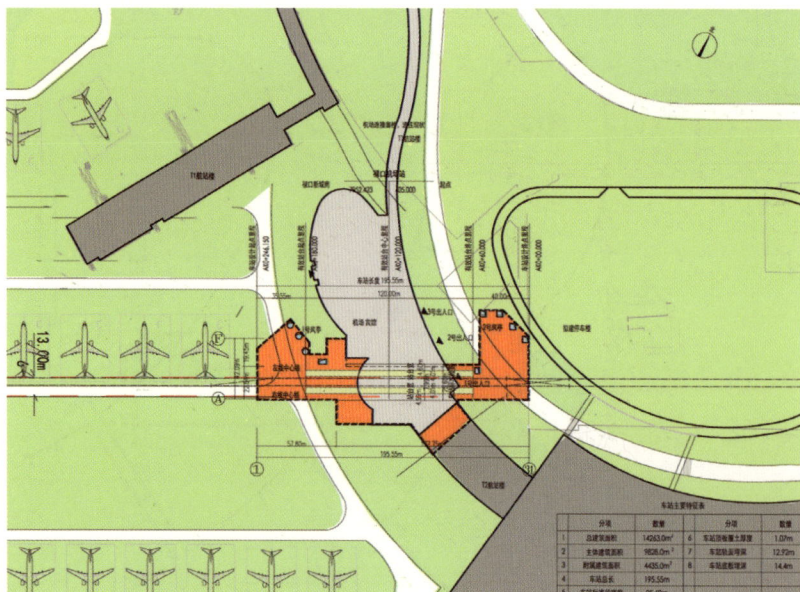

图 5-21　总体设计阶段比较方案到达厅平面图

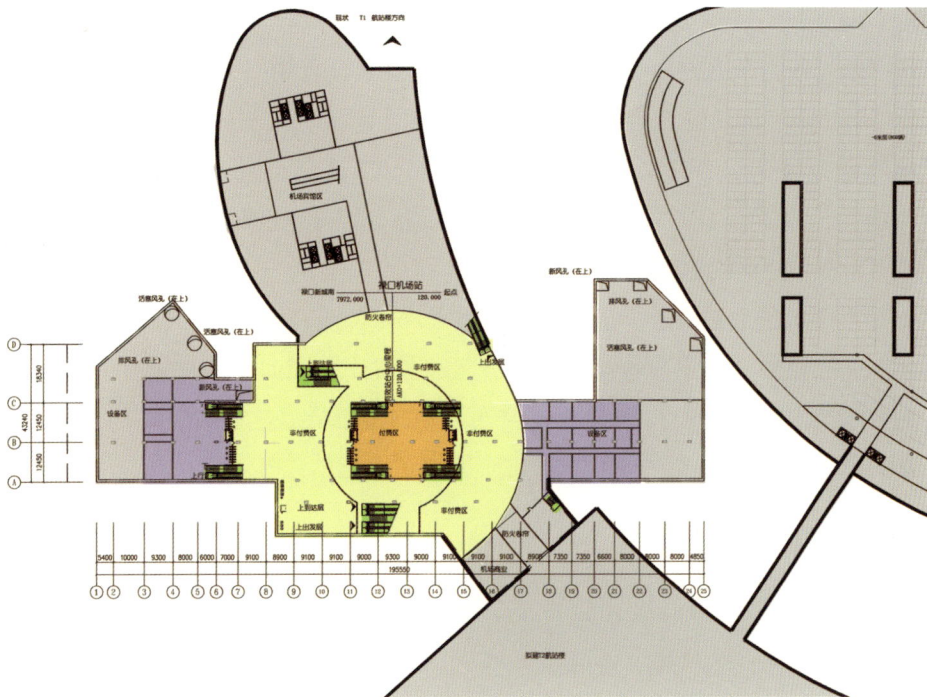

图 5-22　总体设计阶段比较方案站厅层平面图

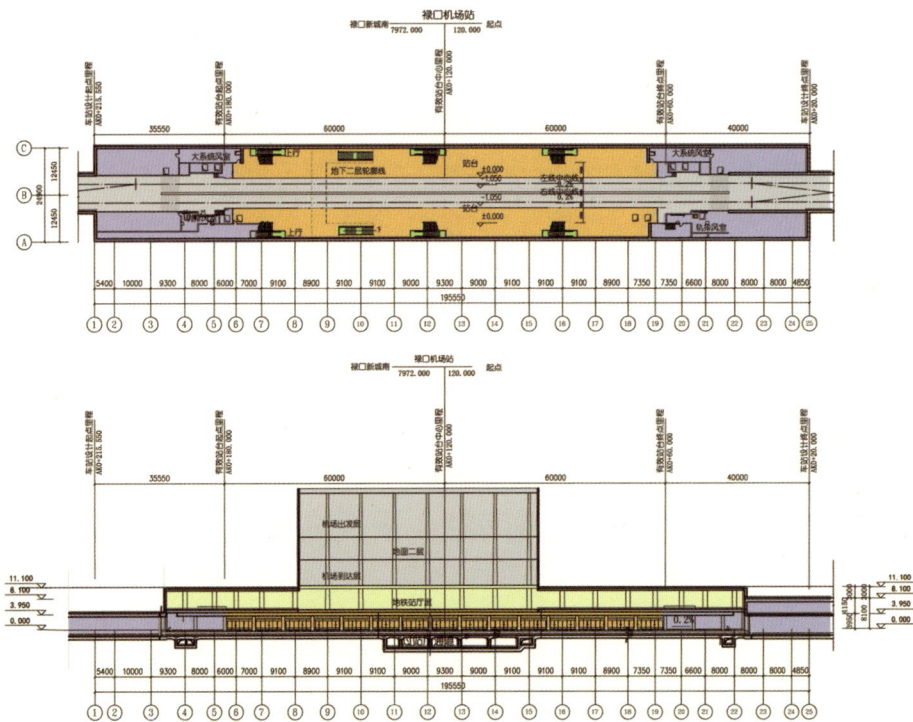

图 5-23　总体设计阶段比较方案站台层平面图、纵剖面图

3. 站位比选

车站站位沿线路东西方向有两种站位方案：与商业运营中心合建、与停车楼合建。地铁站与航站楼的换乘包含平面交通及竖向交通，需综合考虑。

若与商业运营中心合建，站厅即可直达 T1、T2 连廊，直达出发层及到达层。换乘时间 = 竖向提升时间 +（平面距离 - 竖向提升设备长度）× 步行速度。与 T1 水平距离约 300m，与 T2 水平距离约 50m。

若站厅与停车楼合建，由于车流与人流不宜混杂，需在地下一层设置廊道通往 T2 航站楼内部，再在航站楼内部解决竖向交通关系，换乘时间 = 竖向提升时间 + 平面距离 × 步行速度。乘坐地铁的乘客前往 T1 航站楼则需通过地面道路抵达，水平距离约 350m。

具体参见 1.4.4 节，比选后采用与商业运营中心合建的站位。

5.2.3 车站总体评价

（1）站位的选择，因为禄口机场有 T1、T2 航站楼，车站的站位应满足服务两个航站楼的要求，即为交通中心的位置，交通中心在 T1、T2 航站楼中间设置有以交通大厅，车站如果选择在交通大厅的正下方，客流组织上会出现交叉严重的现场，根据分析对比，选择在交通中心大厅的旁边，既可以较容易地与 T1、T2 航站楼衔接，又能与交通中心的交通大厅沟通。

（2）地铁车站位于 T1、T2 航站楼之间交通中心下方，与交通中心采用合建的方式，通过公共区地铁付费区和非付费区的划分，首先通过进出闸机的合理布置，将地铁的进出站客流组织协调好，做到动线顺畅，无交叉，通过非付费区的售票机及交通中心换乘大厅的集合，通过扶梯连接 T1、T2 航站楼的空间。

（3）本站与交通中心合建并在交通大厅连接，车站部分公共区采用防火卷帘与交通中心防火分隔，地铁车站采用非常规的地铁出入口疏散，而是采用在公共区设置紧急疏散口解决车站公共区的疏散，通过客流计算设置满足疏散要求的宽度的三个紧急疏散口。

（4）车站与交通中心和停车场合建，出入口风亭的设置紧密结合交通中心和停车场，A、B 风亭组放置在停车场的下沉广场的倾斜侧墙面上，C 风亭组和冷却塔放置在交通中心旁的绿化带上，均采用敞口矮风亭，对交通中心和停车场的功能和景观均没有影响，达到完美的结合。

5.3 翔宇路南站（原禄口新城南站）建筑方案设计与评价

本站是宁高二期与宁高一期（机场线）换乘的换乘站，规划 S1 线计划 2012 年 3 月建设施工，于 2015 年 5 月通车试运营。管换乘旅客除进行同站台换乘外、还可通过站厅站台之间的楼扶梯实现不同站台之间的换乘。由于本站为从禄口机场出发后的第二站，所以本站主要换乘是客流应该是往返市区与 S1 线终点的高淳城区的客流。因为往返禄口机场和高淳的客流为少数客流。

5.3.1　车站站位比选

从客流吸引角度看，两侧规划都是仓储和工业用地对车站站位无大影响，将车站放在规划新生路中的方案会导致车站及其前后 300 多米长，近 40m 宽的桥置于路面上，对景观影响太大。如图 5-24 所示。

图 5-24　车站站位比选

5.3.2　站型方案比选

1. 车站内部使用功能以及与枢纽结合

两层车站：车站为两层双岛四线方案，首层为站厅层，二层为站台层，与枢纽通过室外广场结合。如图 5-25 所示。

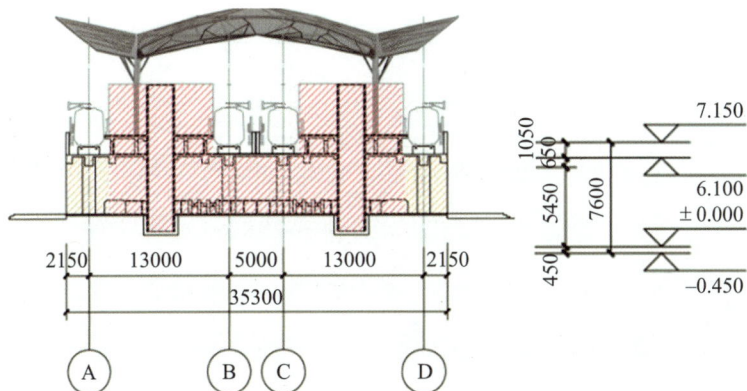

图 5-25　两层车站方案

三层车站：车站为三层双岛四线方案，首层为预留换乘大厅，二层为站厅层，三层为站台层，通过预留的换乘厅与将来的枢纽结合。如图 5-26 所示。

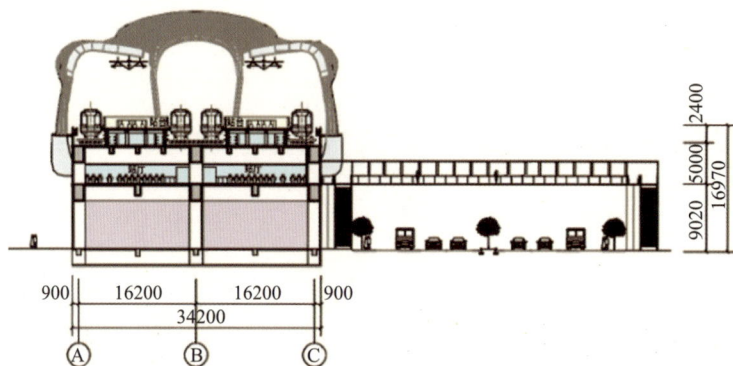

图 5-26　三层车站剖面图

2. 工程规模、造价及施工难度

三层车站建筑面积大于两层车站，相应造价也高，两者施工难度相当。

3. 推荐结论及理由

（1）路侧两层车站方案

该方案车站规模小，节省投资；站台到地面较为便捷，不必多一层转折；节省楼扶梯费用，运营也节省；与枢纽结合通过市政天桥或者地下通道，这种设置较为灵活，在机场线工期紧的情况下，这种接口不受未来枢纽的变化所影响，因此推荐采用本方案。

（2）两层方案中的站型方案比选

车站主要客流方向是沿规划路几个方向来的客流以及交通枢纽的客流（图 5-27），我们对采用一个非付费区及两个非付费区的方案进行了研究比选，确定采用后者较为适宜。

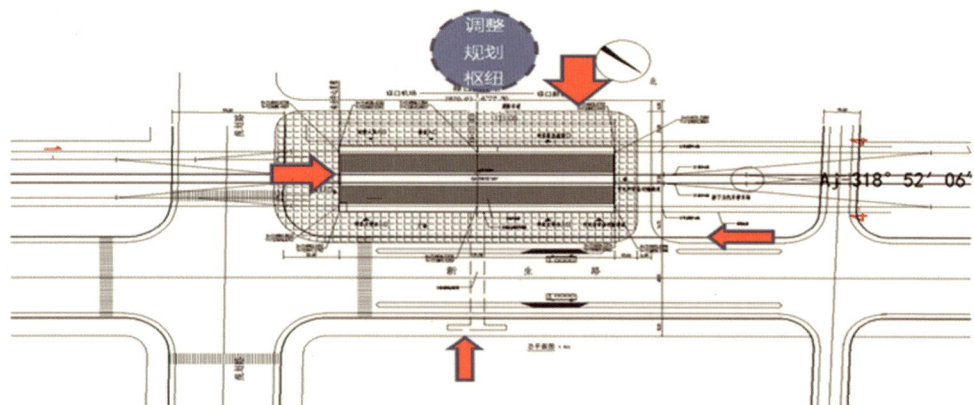

图 5-27　站位分向客流示意图

5.3.3　非付费区布置方案比较

1. 双非付费区方案一：设备房间夹层方案——夹层在南侧

车站轨顶高度 9.81m，①～④轴有局部设备用房，另一端为两条线的变电所。①～④轴主要入口上部作设备房间夹层，车站长度 120m，建筑面积约 8100m²，有两个非付费区，北侧客流可以兼顾，同时与枢纽结合也较方便。站厅层平面见图 5-28，纵剖面见图5-29。

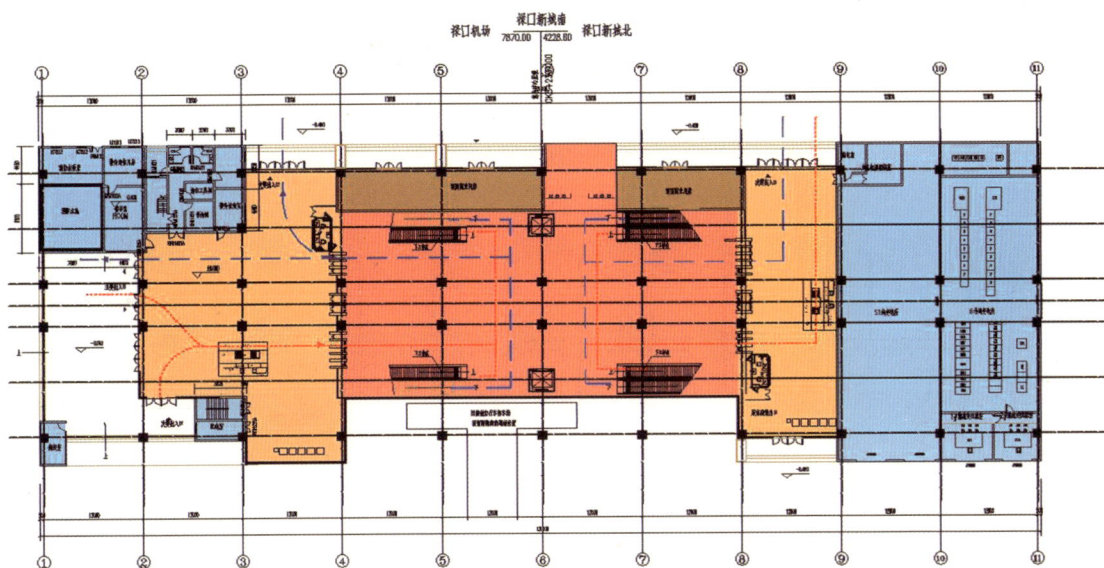

图 5-28　站厅层平面

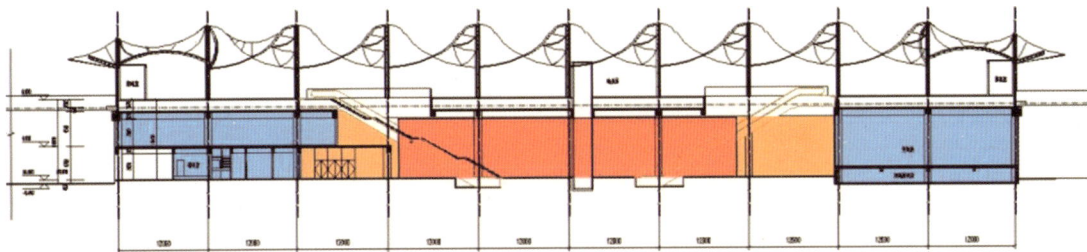

图 5-29　纵剖面

2. 双非付费区方案二：设备房间夹层方案——夹层在北侧

非付费区方案二站厅层平面如图 5-30 所示，纵剖面如图 5-31 所示。

车站南端为非付费区大厅，北端为设备房间及变电所，设备房间有夹层，车站轨顶高度同推荐方案为 9.81m，车站长度 144m，建筑面积约 8894m²。

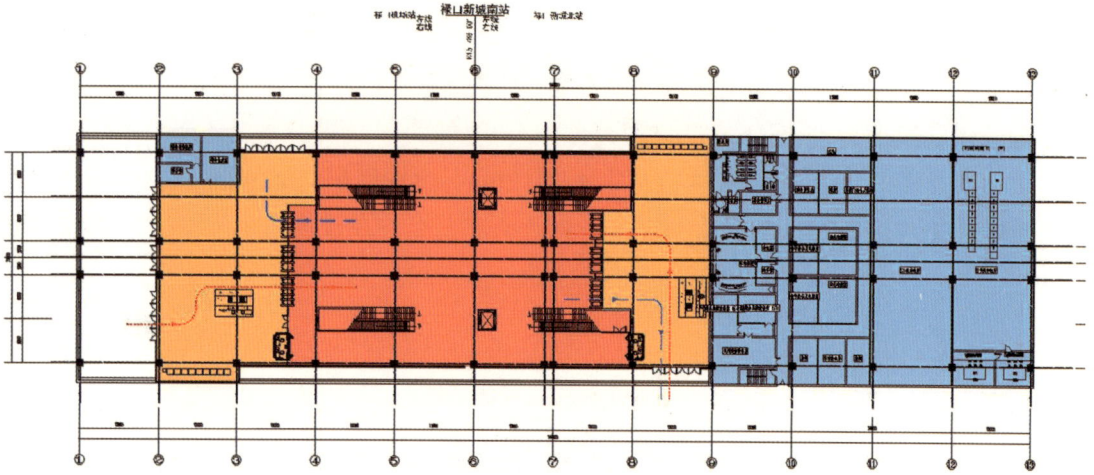

图 5-30　站厅层平面

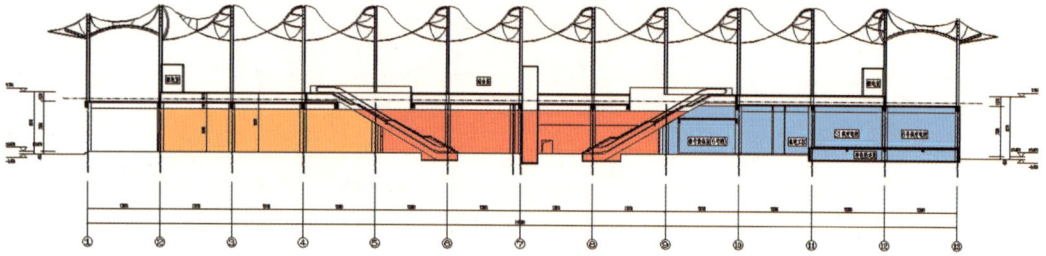

图 5-31　纵剖面

与方案一相比南侧设备用房夹层移至北侧，南侧非付费夹区布局规则，层高较高，空间感较好，但车站长度加长，体量较大，公共区需设缝。

3. 双非付费区方案三：有设备房间夹层方案——变电所上设夹层

站厅层平面见图 5-32，纵剖面见图 5-33。

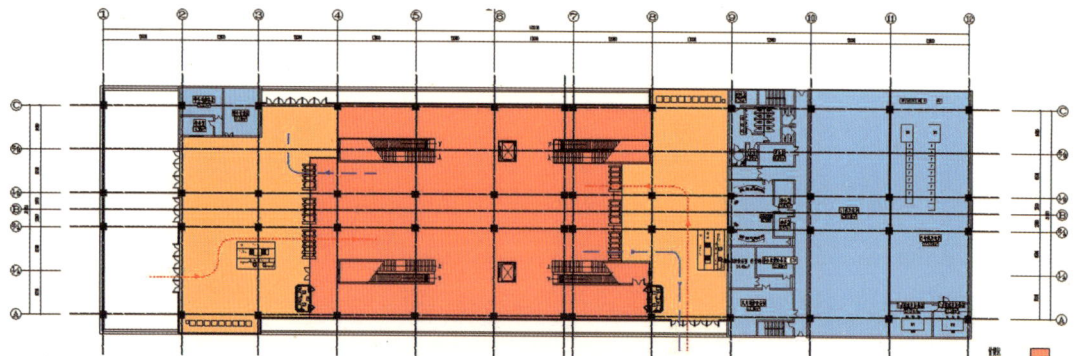

图 5-32　站厅层平面

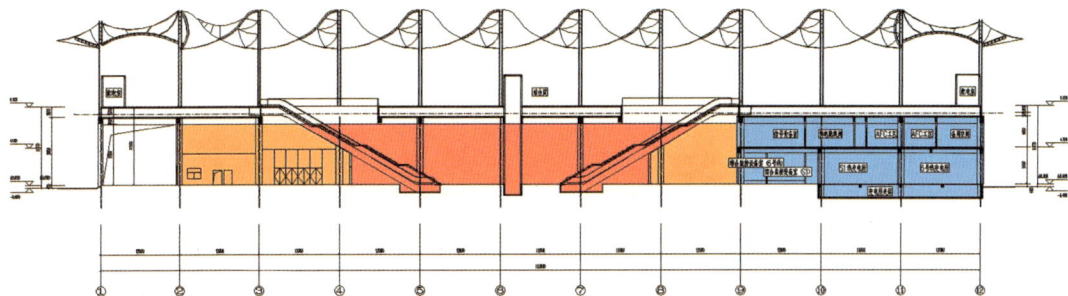

图 5-33　纵剖面

与方案二相比，北端变电所设计有设备房间夹层，车站长度缩短至 132m，但轨顶高度增加至 10.78m，公共区需要设缝，建筑面积约 8433m²。

4. 双非付费区方案四：端头厅方案

站厅层平面见图 5-34，纵剖面见图 5-35。

与方案一、二、三不同，车站南北两端分成两个同规模非付费区和付费区，车站长度 144m，分缝在设备用房处，轨顶高度 8m。建筑面积 7750m²。该方案缺点是北侧公共区规模偏大，与客流不匹配，同时需增加相应的管理人员。

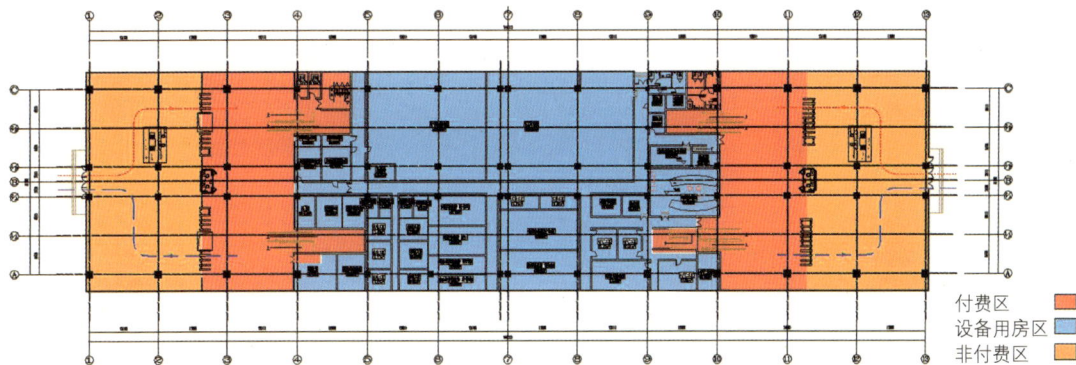

付费区
设备用房区
非付费区

图 5-34　站厅层平面

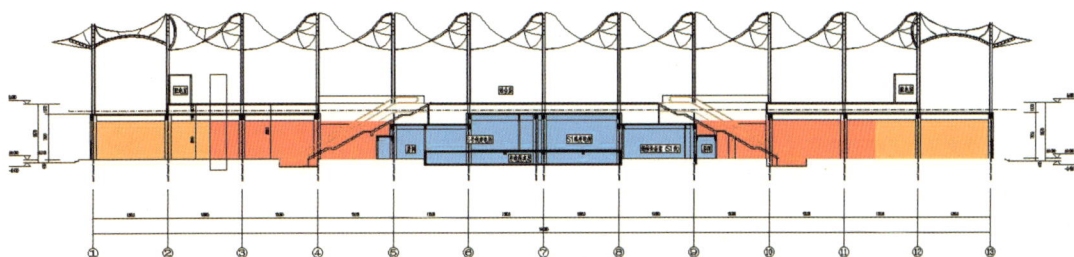

图 5-35　纵剖面

5. 单非付费区方案

车站南端为非付费区大厅，北端为设备房间及变电所设备，轨顶高度同方案四为 8m，车站长度 144m，公共区需要设缝，建筑面积约 7800m²。站厅层平面见图 5-36，纵剖面见图 5-37。

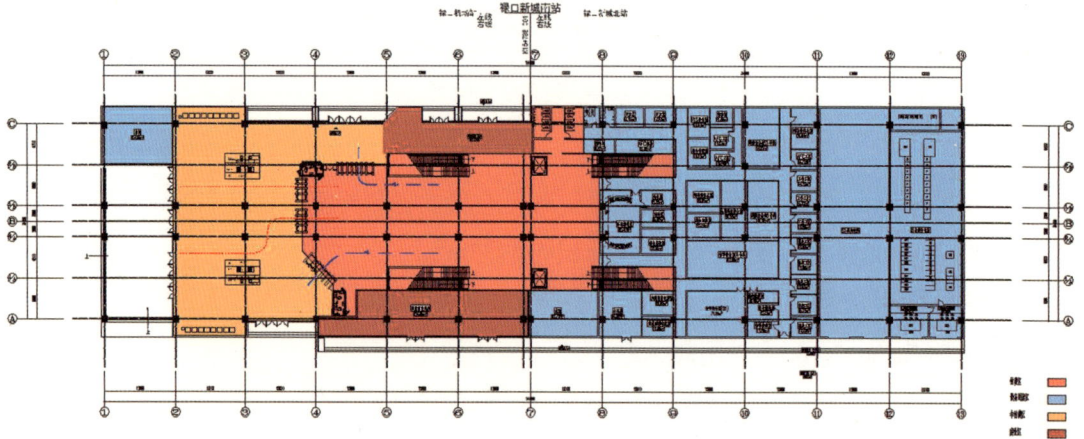

图 5-36 站厅层平面

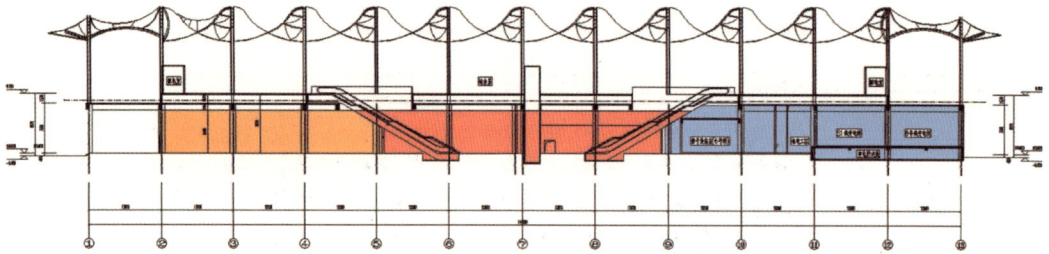

图 5-37 纵剖面

各方案的综合比较见表 5-12。

各方案的综合比较 表 5-12

方案	双非付费区方案一：南侧设夹层方案	双非付费区方案二：北侧设夹层方案	双非付费区方案三：变电所上设夹层方案	双非付费区方案四：无夹层端头厅方案	单非付费区方案
车站功能	主要出入口非付费区较宽敞，使用舒适，南北端客流均可方便使用	主要出入口非付费区较宽敞，使用舒适，南北端客流均可方便使用	主要出入口非付费区较宽敞，使用舒适，南北端客流均可方便使用	非付费区较小，舒适度较差，南北端客流均可方便使用	主要出入口非付费区较宽敞，南侧客流使用方便，北端客流不便需要绕行整个车站长度

续表

运营管理	一个大厅运营管理方便	一个大厅运营管理方便	一个大厅运营管理方便	两个厅运营管理较为不便	一个大厅运营管理方便
对开发用地的影响	车站长度较短，可以充分利用桥下做开发用地	车站长度长，开发用地被挤压	车站长度较长，开发用地被挤压	车站长度长，开发用地被挤压	车站长度长，开发用地被挤压
车站规模、体量	轨顶9.81m，车站长度120m，面积8100m²	轨顶9.81m，车站长度144m，建筑面积约8894m²	轨顶10.78m，车站长度132m。建筑面积约8433m²	轨顶8m，车站长度144m，建筑面积7750m²	轨顶8m，车站长度144m，建筑面积7800m²
与交通枢纽衔接	与枢纽衔接方便	与枢纽衔接方便	与枢纽衔接方便	与枢纽衔接方便	与枢纽衔接较为不便
经济比较	投资稍大	投资大	投资大	投资较小	投资较小

经比选后，方案二作为实施的推荐方案。

5.4 翠屏山站（原胜太路站）建筑方案选择及总结

5.4.1 站位环境

翠屏山站是南京至高淳城际轨道（即原6号线，现名S1线）一期工程南京南站至禄口机场段（以下简称"S1线"）、12号线（即原17号线，马群站至翠屏山站）的换乘站，两线车站分期设计、分期建设。本站位于将军大道和胜太西路交叉口，本线车站跨路口沿将军大道南北设置，12号线车站跨路口沿胜太西路东西设置。12号线与本线为上侧下岛的十字换乘车站。车站西南侧为正德学院运动场、西北侧为正德学院学生公寓，东南侧为南京航空航天大学分院见图5-38。

（a）

（b）

图5-38 翠屏山站站址环境（1）

（c）

（d）

图 5-38　翠屏山站站址环境（2）

（a）西北象限学生公寓与天创建设；（b）东北象限苏果超市；（c）西南象限正德学院运动场；（d）东南象限南航大学

5.4.2　车站周边规划用地性质

车站 500m 范围规划用地以居住、高等学校用地为主。西北角近路口为学生公寓用地，北侧有小学用地。东北角近路口为商业金融用地，北侧有基层社区中心。西南角、东南角近路口均为高校用地。如图 5-39 所示。

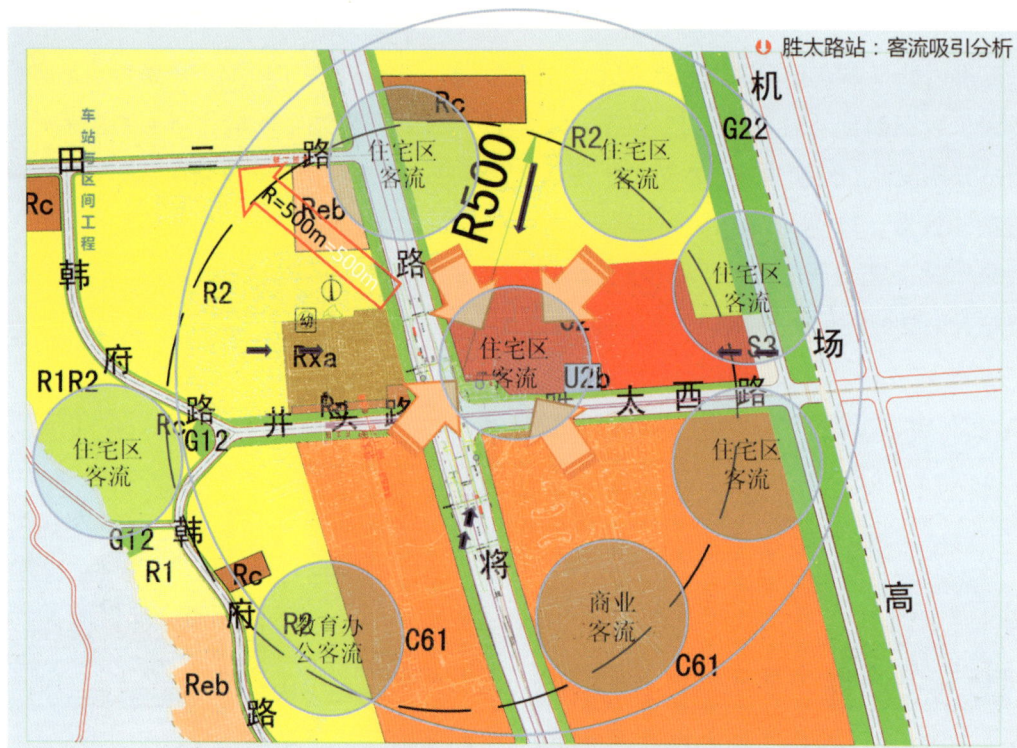

图 5-39　翠屏山站 500m 范围用地性质图

5.4.3　设计控制条件分析

（1）本线站位西侧及东南侧均为学校用地，主要客流来源为站位周边的学校以及与 17 号线之间的换乘客流；从客流吸引、换乘的角度出发，本线站位应尽可能跨路口设置。

（2）路口西侧现有排水明渠沿将军大道设置，设置 2 根排水涵横穿井头街。

（3）将军大道宽 67m，两侧现为绿化带，出入口风亭的设置应尽量避免拆迁。

（4）17 号线在此为终点站，站后折返，可考虑为浅埋地下一层车站。

（5）17 号线在线网规划中为四节编组，本站按有效站台长度为 80m。

5.4.4　设计客流

2039 年翠屏山站早高峰预测客流和换乘客流见表 5-13、表 5-14。

2039 年翠屏山站早高峰预测客流表　　　　　　　　　　　表 5-13

本线	南京南—禄口机场			禄口机场—南京南			合计
	上车	下车	断面	上车	下车	断面	
早高峰	1612	1551	19582	5598	722	22140	9483

2039 年翠屏山站早高峰换乘客流表　　　　　　　　　　　表 5-14

换乘站点	换乘方向	2039 年早高峰换乘客流				
		总量	分向客流			
翠屏山站	本线→17 号线	361	北向西	96	南向东	265
	17 号线→本线	489	东向北	181	东向南	308

5.4.5　设计过程

1. 工可阶段

（1）总平面布局及换乘方式

根据之前站位的分析，翠屏山站的总平面布局可分为两种形式：十字上侧下岛换乘，T 型岛岛换乘。

（2）车站推荐方案

如图 5-40 所示，本线跨路口设置，17 号线跨将军大道路口布置，两线呈十字型相交，实现节点换乘。本线为地下两层岛式车站，17 号线为地下一层侧式车站。车站初期设置 4 个出入口分别位于路口的四个象限，17 号线实施 1 个出入口沿将军大道布置。负一层为 6 号线、17 号线共用站厅及 17 号线站台，17 号线有效站台长度为 80m；负二层为本线站台层，有效站台长度为 120m，采用站台至站台直接换乘，换乘模式为十字换乘，本线站台宽度为 13m，17 号线的站台宽度为 3.5m。车站中部北部设高风亭，均位于路边绿化带中。

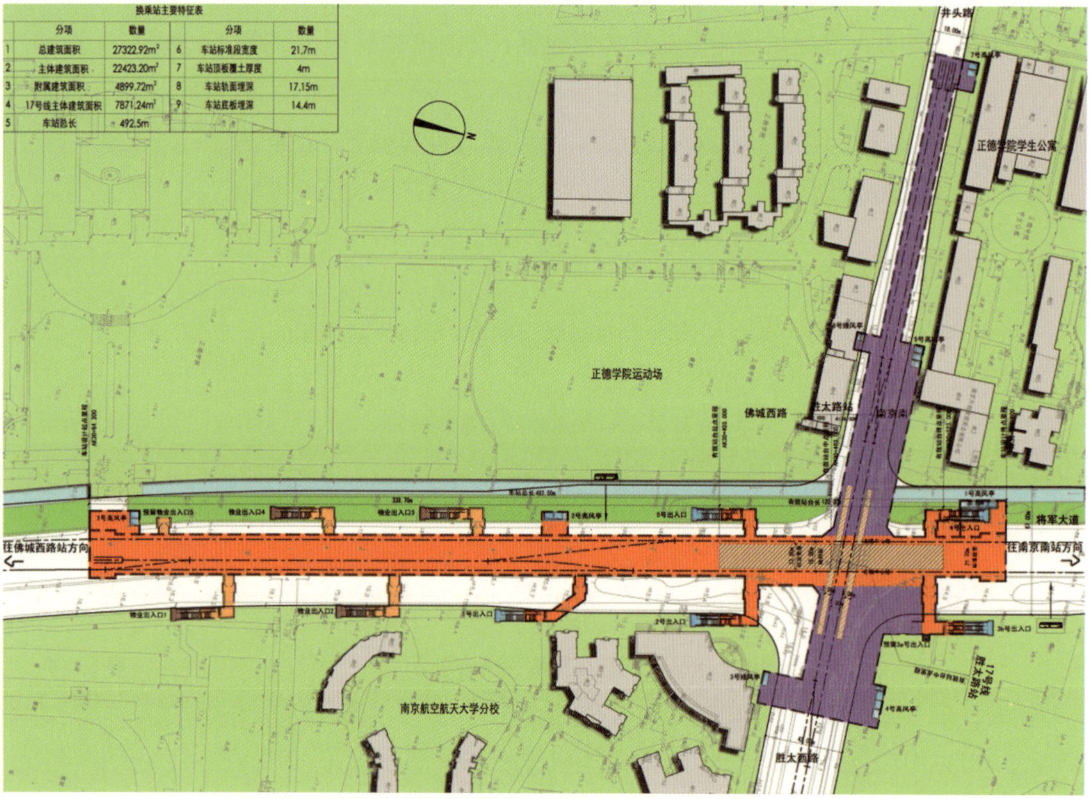

图 5-40　翠屏山站工可阶段推荐方案总图

由于 17 号线在高程上需预留回迁排水涵的高度，故车站覆土较深，且西侧的出入口均不跨越排水明渠，设置于绿化带上。

（3）车站比较方案

如图 5-41 所示，为 17 号线东端区间预留盾构施工条件，并考虑避让横穿井头街的排水涵，17 号线考虑采用岛式站台，与本线进行 T 字站台至站台节点换乘。本线为地下两层岛式车站，站台宽 13m，17 号线为地下三层岛式车站，站台宽 13m，主体西端避开排水涵，折返线采用矿山法下穿排水涵。

车站初期设置 3 个出入口分别位于路口的三个象限，17 号线实施 1 个出入口沿井头街布置。车站主体负一层为 6 号线、17 号线的共用站厅，负二层为本线站台及 17 号线设备层，负三层为 17 号线站台层。换乘节点与本线同步实施。

图 5-41　翠屏山站工可阶段比较方案总图

2. 总体设计阶段

（1）方案变化的原因

在工可阶段，线路考虑 6 号线翠屏山站为小交路折返点，需设存车线。故翠屏山站工可阶段设站前存车线。在总体设计阶段时，南京南站至禄口机场段称为 S1 线，南京南站为终点站带有存车功能，故取消翠屏山站的存车线。同时为了减少施工时对道路的交通疏解及防洪渠上桥梁的影响，并兼顾换乘功能的最好实现，车站的换乘方式由工可阶段的十字换乘改为 T 型换乘，见图 5-42，比较方案总图见图 5-43、图 5-44 所示。

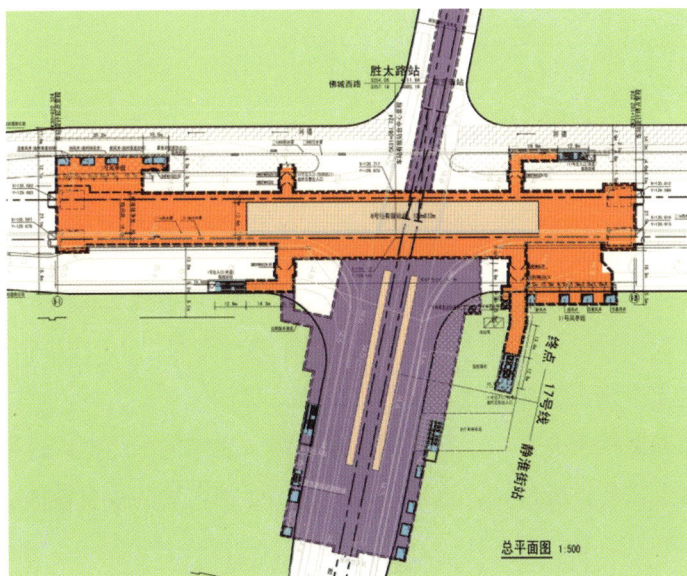

图 5-42　翠屏山站总体设计阶段推荐方案总图

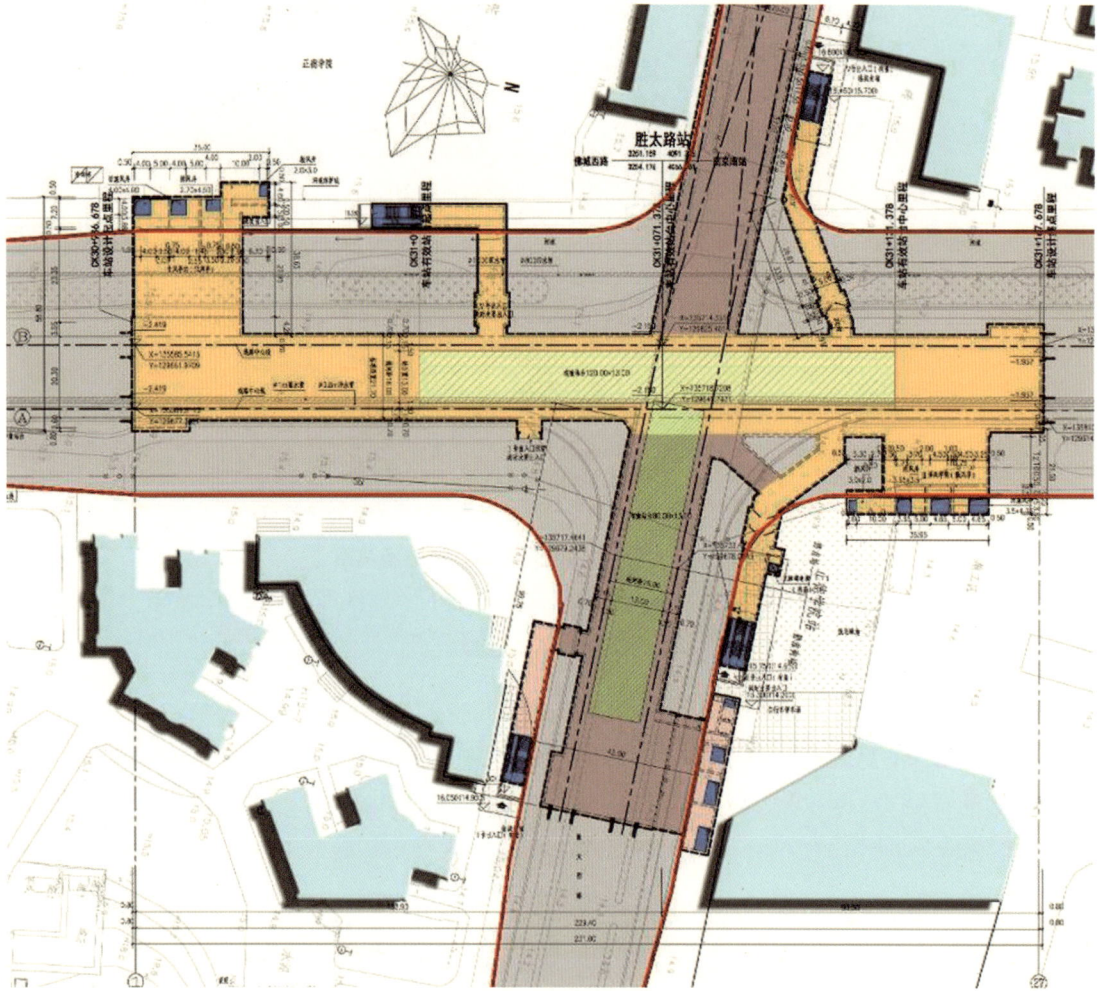

图5-43 翠屏山站总体设计阶段比较方案总图一

（2）方案介绍

本站推荐方案为T型上侧下岛单层换两层，比较方案一为T型岛岛换乘，比较方案二为通道换乘方案。

①车站站位

T型侧岛单层换两层站，近期设置3个出入口，南向客流通过1号出入口进站；北向客流通过2号出入口或3号出入口进站；胜太西路客流通过2号出入口进站。

比较方案一的T型岛岛换乘，近期设置3个出入口。

比较方案二为通道换乘方案，近期车站设置在路口北侧将军路上，远期车站位于胜太西路。将军路南向客流需要过街进站，近期车站对胜太西路客流的吸引较弱。

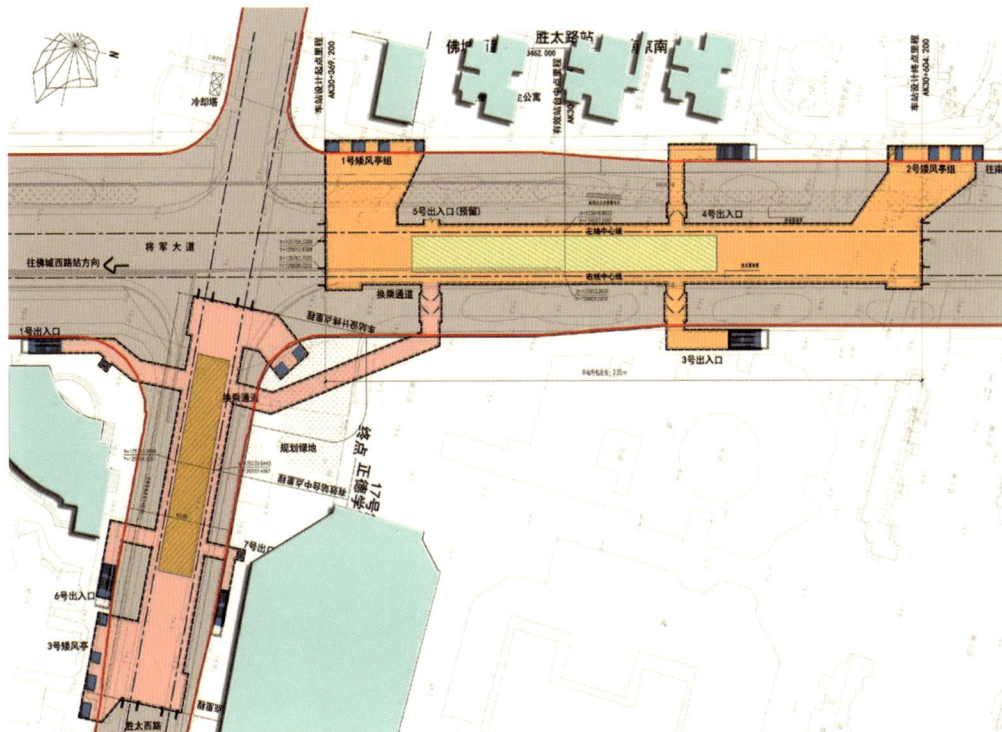

图 5-44　翠屏山站总体设计阶段比较方案总图二

② 方案比选

推荐方案为地下二层侧岛 T 型换乘站，侧式站台位于地下一层，岛式站台位于地下二层；比较方案为地下三层岛岛 T 型换乘站，城际线站台位于地下二层，17 号线位于地下三层；比较方案三为通道换乘方案，近期城际线采用地下两层岛式 13m 站台，远期 17 号线采用地下一层侧式 5m 站台。

③ 推荐结论及理由

推荐方案为地下二层侧岛 T 型换乘站，相比 T 型岛岛换乘距离短，客流进出站及换乘组织高效；同时推荐方案与远期 17 号线浅埋区间更适合对接。比较方案二为地下三层站，对于 17 号线 80m 站台功能布置有较多的不适；且地下三层站造价高，与区间衔接困难；因此推荐地下二层侧岛 T 型换乘方案为推荐方案。

3. 初步设计阶段

（1）方案变化原因

1）与规划及产权单位用地协调

因考虑对城市道路的影响，规划不同意车站附属放在绿化带中，因此车站的方案做了调整，同时经协调，车站 1 号出入口贴近道路红线布置在东南象限南航的地块内，2 号出入口布置占用东北角地块托乐嘉商业的部分绿化地和自行车停车场，3 号出入口下穿河道布置在西北象限靠近天创实业的建筑红线布置；1 号风亭下穿河道布置在正德学院足球场的地块内；2 号风亭布置在东北角地块托乐嘉商业地块内。

2）总体设计主要评审意见及执行情况

①专家意见 A：推荐方案采用侧岛换乘方案是合理的，但由于采用十形换乘，远期站厅层被 17 号线区间隔断，空间效果较差，且换乘也不方便，建议 17 号线站台能够伸入近期车站主体。

落实情况：按专家意见进行调整，17 号线站台已经伸入近期车站主体。

②专家意见 F：推荐采用"T"型换乘型式，形成三个付费区，管理不便，建议远近期车站公共区整合。

落实情况：经核查，原设计为 2 个付费区，已调整远期公共区的布置，优化了换乘节点，解决了换乘管理不便的问题。

（2）方案介绍

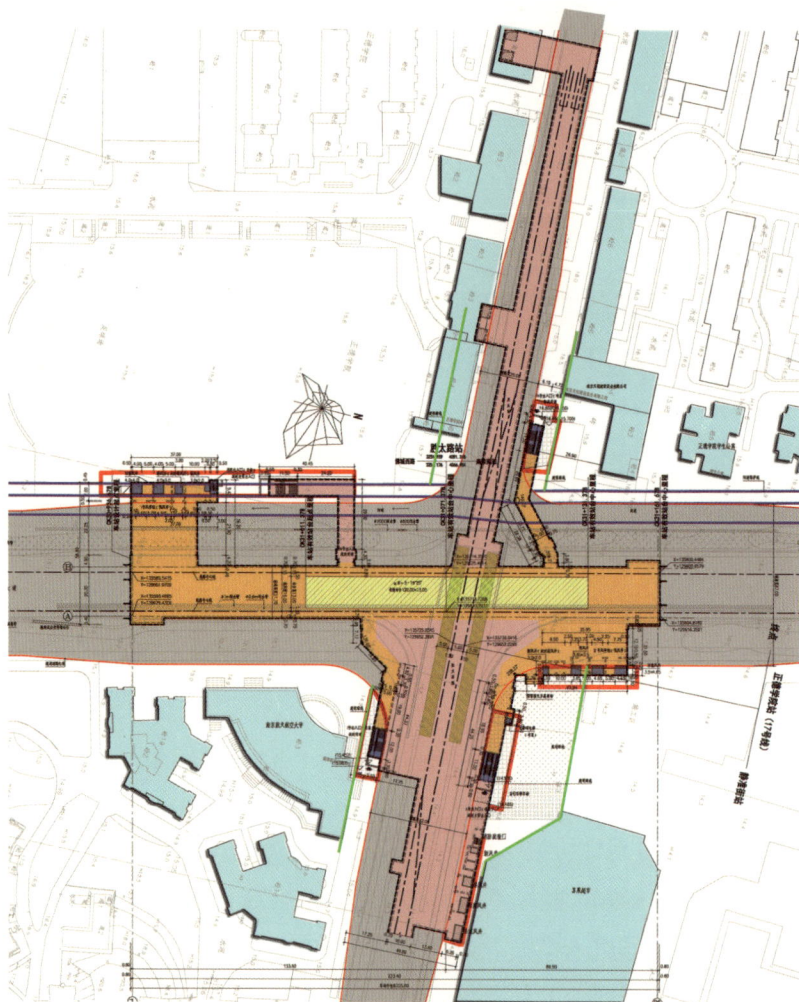

图 5-45　翠屏山站初步设计阶段推荐方案总图

1）总平面图

车站总长 225m，本站共设置 4 出入口，其中车站 1 号出入口贴近红线布置在东南象限南航的地块内，2 号出入口布置占用东北角地块托乐嘉商业的部分绿化地和自行车停车场，3 号出入口下穿河道布置在西北象限靠近天创实业的建筑红线布置；1 号风亭下穿河道布置在正德学院足球场的地块内；2 号风亭布置在东北角地块托乐嘉商业地块内。车站大里程端预留盾构始发井。为满足区间的工期 2 号风道没有设置在大里程端端部，为区间盾构施工预留出了条件见图 5-45。

2）分层平面图

①站厅层

地下一层为站厅层，站厅层中部为公共区，小里程端、大里程端为设备区。

公共区中部设付费区，通过两组楼扶梯、一个转折楼梯及一部电梯与站台层联系；付费区两端为非付费区，非付费区设通道通向出入口，南北两个非付费区通过远期过轨通道联系。

小里程端设备区布置了主要的车站管理和设备用房，大里程端设备区仅布置必要的环控设备用房等，见图 5-46。

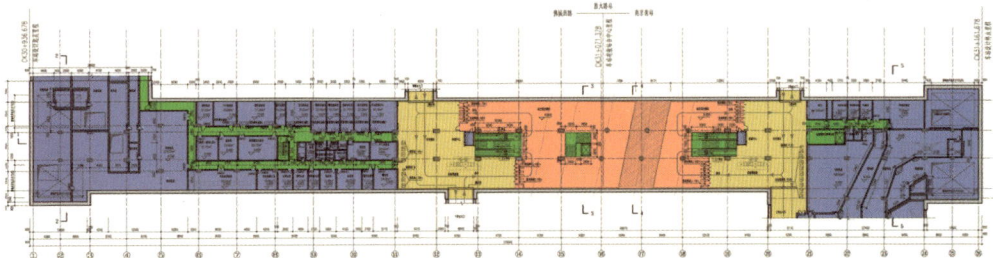

图 5-46 翠屏山站初步设计阶段站厅层平面图

②站台层

地下二层为站台层，中部为长 120m、宽 13m 的有效站台区。

有效站台两端分别为设备区，小里程端布置公共卫生间、牵引降压混合变电所等设备用房，小里程端布置必要的应急照明配电室、电缆井、环控电控室等，见图 5-47。

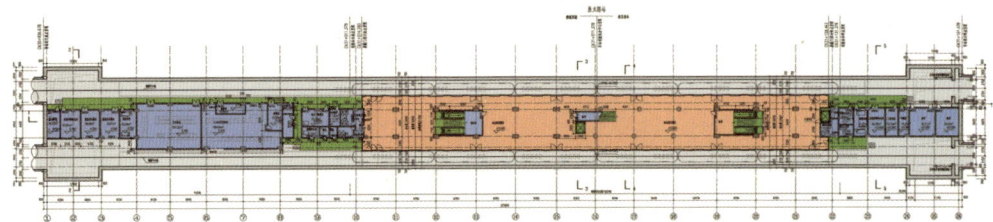

图 5-47 翠屏山站初步设计阶段站台层平面图

③车站埋深控制及剖面设计

车站纵向平行于将军大道设置于地下，底板埋深 18.7m。车站有效站台中心处顶板覆土 4.0m，主体结构覆土 3.1 ~ 4.1m。

车站内线路坡度由南向北 0.2% 上坡，废水泵房设在车站小里程端最低点处，见图 5-48。

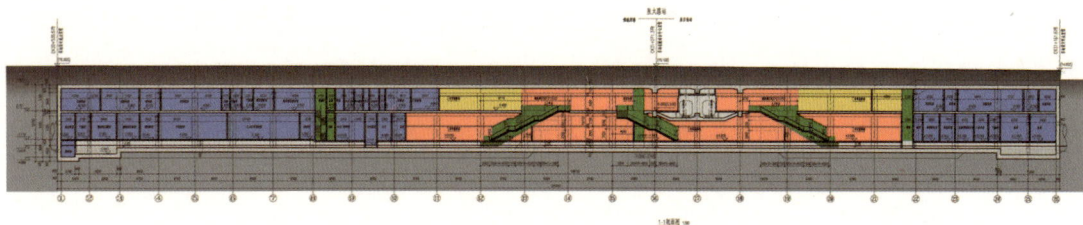

图 5-48　翠屏山站初步设计阶段站台层剖面图

4. 施工图阶段

（1）变化原因

1）产权单位用地协调及其他

施工图时首先考虑将军大道作为城市的主干道，车站应该考虑一个主要出入口平行其设置，同时因为东南地块用地难协调，所以 2 号出入口在施工图时修改为平行于将军大道设置，1 号风亭因用地协调，以及施工时需跨河设计，为了减少施工的难度，1 号风亭改在车站的东侧。同时为了保证车站的工期，大里程端的始发井改为胜南区间 4 号井始发，因此车站的规模缩小了 5m。3 号出入口因伸入托乐嘉地块过多，影响托乐嘉商业的用地，因此缩短了 3 号口的长度。

2）初步设计专家审查意见及落实情况

①专家意见 A：远期平面宜用虚线表示初期轴 A 站厅侧墙等，应注明初期平面轴 A 侧墙远期拆除部分。

回复：施工图阶段对换乘节点处的暗柱、过梁补充详图。

②专家意见 B：2 号出入口与 3 号出入口之间为远期 12 号线车站，应与结构配合考虑远期围护结构及支撑体系。

回复：已考虑远期利用本期围护结构，并按此进行设计。

③专家意见 C：推荐方案 17 号线到达区域小于始发区域的公共区面积，建议对调。

回复：根据客流预测，两站台到达与始发客流均较小，两侧公共区面积均能满足要求。考虑到下车时客流较大较集中，所以换乘楼梯及电梯放在南侧，减少对到达客流的影响；如对调则站位也要北移约 20m，出入口及风亭用地没有条件。

④专家意见 D：推荐方案本线与 12 号线站台作为同一个防火分区考虑，疏散计算应考虑最不利组合工况下乘客的疏散。

回复：疏散计算已考虑最不利的组合，同时本站换乘客流较小，站台端门到出入口的距离满足不大于 50m 的要求，本站的紧急疏散能力满足要求。

⑤ 专家意见 E：疏散通道内的台阶应改为坡道。

回复：按专家意见修改。

⑥ 专家意见 F：车站覆土厚度进一步核实，宜尽量减小，节约投资。

回复：经核实，车站埋深受以下地下管线控制：a. 沿将军大道方向两根 DN800 污水管，管底埋深 2.8m；b. 沿将军大道方向两根 DN1000 雨水管，管底埋深 3.7m。故本站覆土维持原方案。

（2）方案介绍

本线是地下两层岛式站台车站，12 号线是地下一层侧式站台车站，机场线与远期 12 号线共用站厅，通过楼扶梯进行换乘。本线、12 号线通过扶梯的灵活布置，达到了进出站客流和换乘客流分流，动线简洁，方便，不交叉。本线车站总长 220m，总建筑面积为 12677m²，共设置 4 个出入口 2 组风亭，顶板覆土约 4m。

本站共设 4 个出入口，其中有个出入口近期预留远期实施，一个紧急疏散口，设置两组矮风亭，一个冷却塔。1 号出入口位于西南正德学院操场内，近期预留远期实施，2 号出入口位于南京航空航天大学地块，3 号出入口位于托乐嘉商业地块，其中预留与托乐嘉商业的接口，4 号出入口位于正德学院操场地块；1、2 号风亭位于将军大道地块，平行道路红线布置见图 5-49、图 5-50。

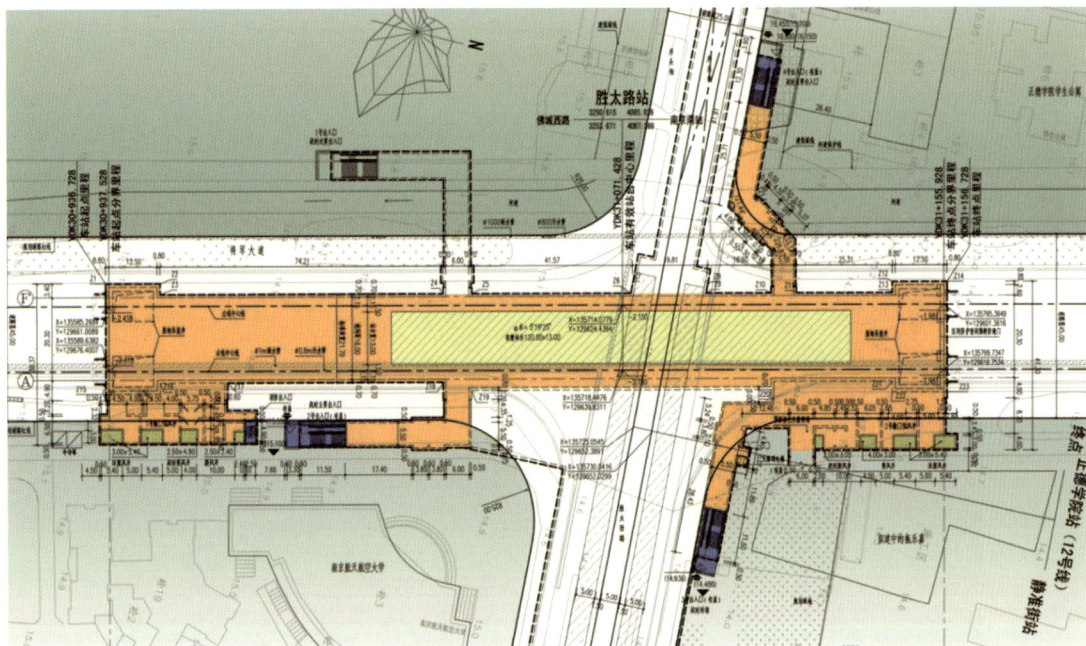

图 5-49　翠屏山站施工图阶段推荐方案总图

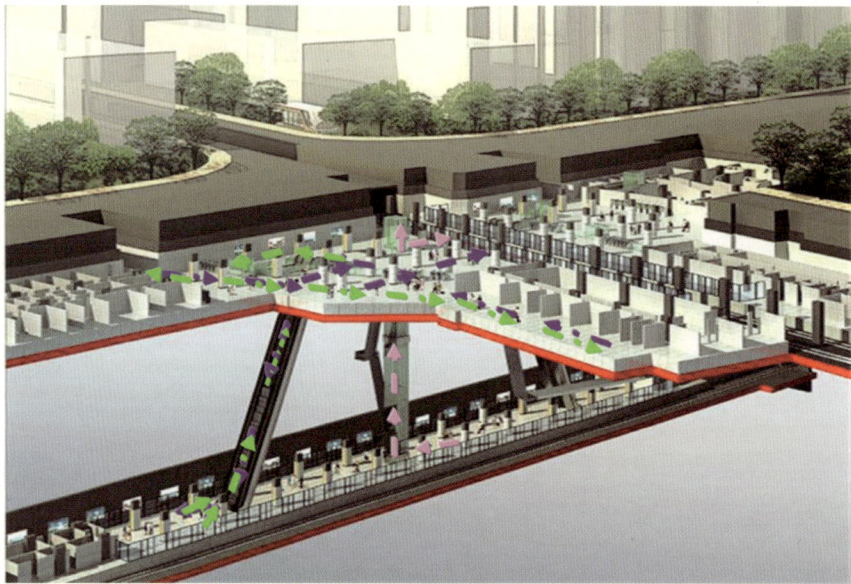

图 5-50　翠屏山站换乘客流透视图

车站负一层为站厅，中部为公共区，两端为设备用房，详见图 5-51、图 5-52。

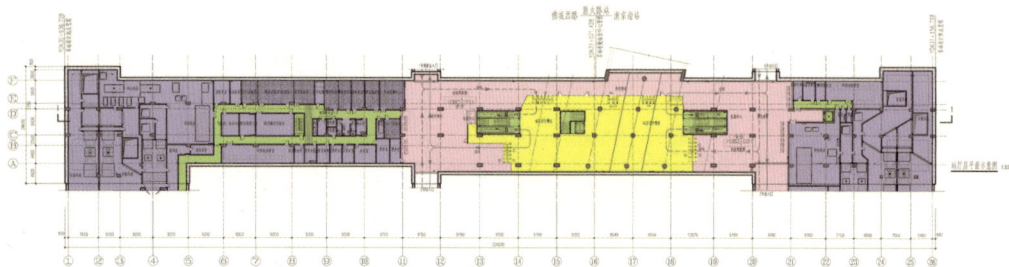

图 5-51　南京机场线翠屏山站站厅层平面图

图 5-52　南京机场线翠屏山站站厅内景

负二层为站台层，中部为公共区，南侧为主要设备用房，北侧为必要的设备用房，详见图 5-53、图 5-54。

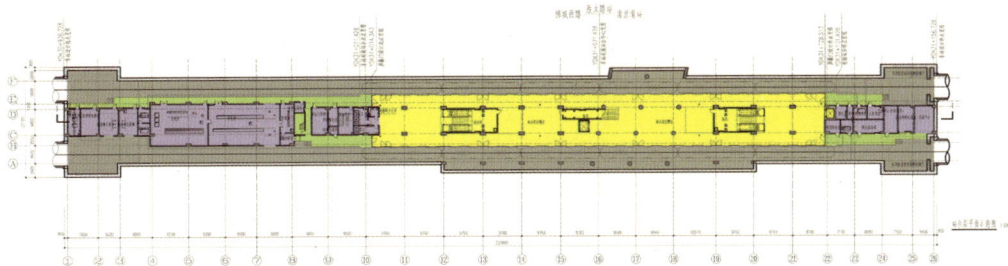

图 5-53　南京机场线翠屏山站站台层平面图

图 5-54　南京机场线翠屏山站站台层内景

5.4.6　总结

翠屏山站最终远期方案总图见图 5-55。

1. 车站特点介绍

本线、12 号线通过扶梯的灵活布置，达到了进出站客流和换乘客流分流，动线简洁，方便，不交叉。

车站兼顾过街功能最好的车站，设计将车站公共区非付费区设计在车站的中心位置，乘客可以通过此中心位置的大空间很方便地选择过街和进出站。

出入口风亭附属结合周边地块内物业设计，为地铁积累结合物业的方法和技术标准等，为后续车站乃至全国此类工程提供范例和参考。车站在中部公共区共设 4 个出入口通道，通道的设计可以比较灵活地设置出入口或者连接物业。目前有一个象限的出入口预留接物业开发的地下商场，本站设置 2 组共 8 个风亭，分别设于路侧绿化带内，其中 12 号线东端风亭考虑与苏果超市合建，其他的风亭最初设计时按照敞口低矮风亭设计在道路边，风亭均采用敞开式设计，高度控制在 1m 以下，尽量减少其规模。出入口采用南京市轨道交通标准造型设计。这样形成了城市景观的统一性，同时也为以后的结合物业留下便利的条件。

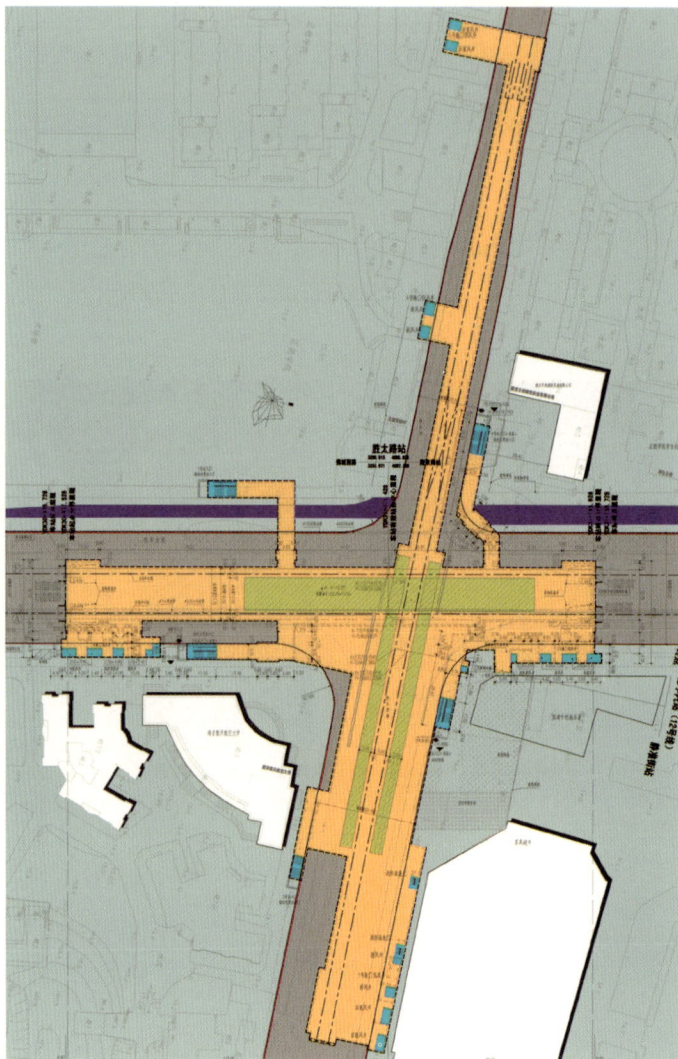

图 5-55　翠屏山站最终远期方案总图

2. 创新点

本站的创新点有以下几点：

（1）将侧式站台车站做成一层，达到与岛式站台共用地下厅，成为地下二层站的形式，有两个换乘点，换乘量适中，换乘能力比岛岛换乘强。

（2）及时根据场地情况，调整设计，增设路侧及路口栈桥，开创性地解决了交通疏解难题。

（3）车站附属与物业开发基坑一体化设计、施工，加快工期并节省了造价。

（4）出入口的设置满足了胜太西路与将军大道十字路口的市政过街能力。

（5）走道新风经过过滤、冷却、除湿处理后集中送入，特别适合江南地区，可提高梅雨季节设备区管理人员的舒适度。

5.5 吉印大道站（原将军路站）建筑方案选择及总结

5.5.1 工程概况

南京至高淳城际轨道（即原6号线，现名S1线）一期工程南京南站至禄口机场段（以下简称"S1线"）、5号线的换乘站。吉印大道站（原将军路站）是S1线与5号线的换乘站，站位设于吉印大道、将军大道交界处，本线将军路站沿将军大道设置，车站东北、西南象限为长安福特马自达发动机有限公司，西北象限为工业厂房以及绿化用地，5号线车站沿吉印大道东西向布置，两侧为工业用房。吉印大道站位现状如图5-56所示。

图5-56 吉印大道站位现状图

5.5.2 工可设计方案

1. 控制因素

本线车站受存车线影响，有效站台需位于十字路口以北，存车线位于十字路口以南。该存车线功能为台风等灾害天气下，列车可在将军路站进行临时折返，保证地下段的正常运营，存车线设于站台以南若存在实施上的困难，可调整至站台以北。

5号线车站为远期实施线路，线网规划为高架线路，车站不宜跨路口设置，本线与5号线进行通道换乘。

吉印大道北侧为110kV高压电线及电塔，南侧为220kV高压电线及电塔，5号线车站宜设置在路中，设备房考虑位于道路一侧，设公共区与本线换乘通道接驳。

根据上述分析的控制条件，可形成以下两个方案：推荐方案站位位于十字路口以北，存车线跨路口设置，5号线位于路中；比较方案站位位于路口以北，存车线北移，车站主体不影响吉印大道北侧的高压电线。

2. 车站方案的比较

（1）推荐方案

推荐方案本线站位受存车线控制位于路口以北（图5-57），5号线车站受吉印大道两侧高压电线控制位于路中，5号线站位位于路口以西，以减少对路口景观的影响。本站5号线为远期实施线路，线网规划为高架线，故本站采用通道换乘，保持5号线车站的灵活性。

换乘方式：本线车站主体东侧设置换乘通道，5号线车站设备房设于靠近本线的道路一侧，路侧现状为工业用房的绿地，并在首层划分公共区与5号线进行付费区换乘5号线站房进行换乘。换乘通道中的楼扶梯在初期作为本线的出入口，远期改造为换乘通道，由5号线另外在该象限设置地面出入口。

本方案的特点是功能良好，临时折返功能较好，十字路口的过街可通过存车线上方的空间来实现，5号线站房占用工业物业地块较少。缺点是换乘距离较长，约110m。

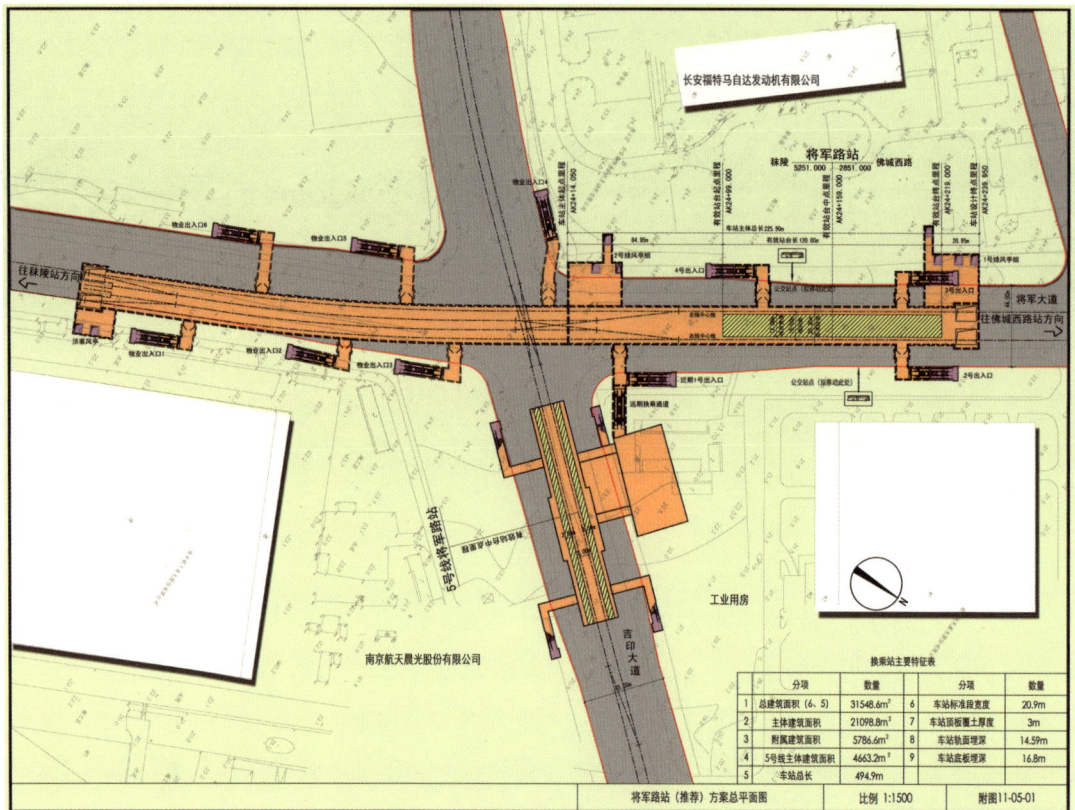

图5-57 吉印大道站推荐总平面图

本线吉印大道站（原将军路站）为12m岛式二层车站，设4个出入口，沿将军大道两侧设置，车站设 2 组风亭，沿车站西侧设置于绿化用地内。

（2）比较方案

比较方案本线车站站位与推荐方案类似，为缩短换乘距离，本线车站将存车线北移，站位南移，5 号线站位与推荐方案相同，两线实现通道换乘（图 5-58）。本方案特点是换乘距离比推荐方案短，本线车站主体与吉印大道两侧的 110kV、220kV 高压线均无交叉，施工难度低。但列车的临时折返功能、过街功能均不完善。

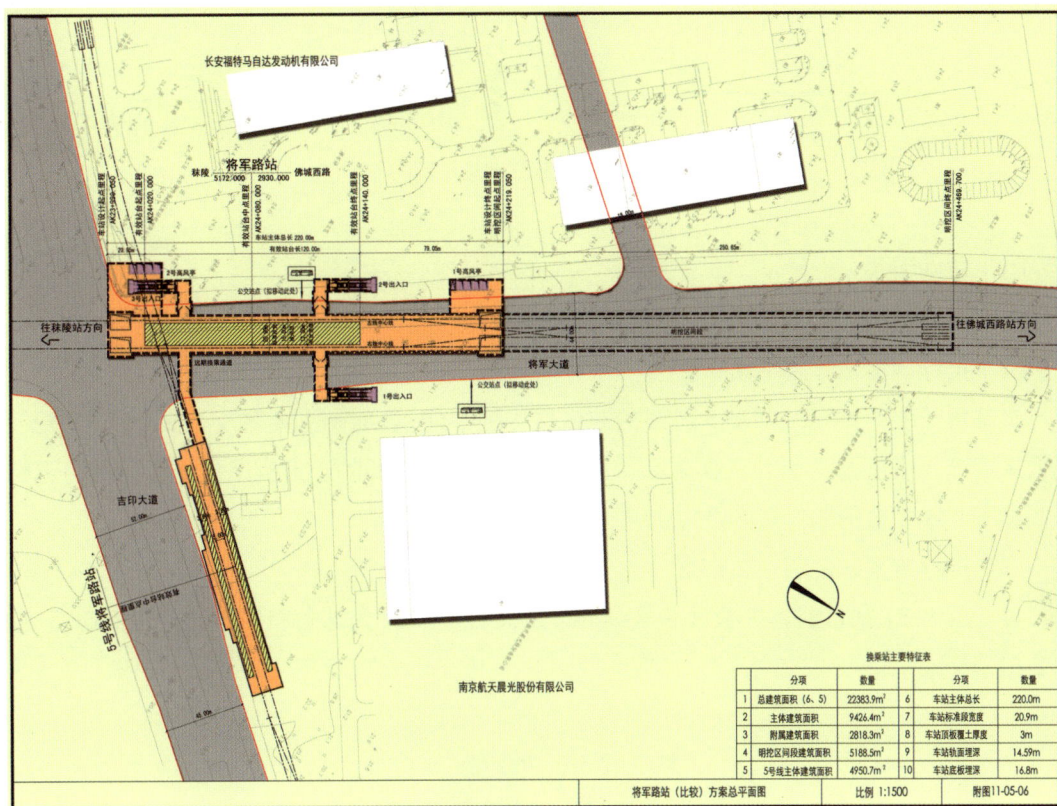

图 5-58　吉印大道站比较方案总平面图

比较方案本线将军路站为 12m 岛式二层车站，设 4 个出入口，沿将军大道两侧设置，车站设 2 组风亭，沿车站西侧设置于绿化用地内。

5.5.3　初步设计方案

1. 设计方案

S1 线车站跨交叉口沿将军路方向布置（图 5-59），设 4 个出入口、2 组 8 个风亭、1 组冷却塔。5 号线车站跨交叉口沿吉印大道方向布置，设 4 个出入口 3 组 8 个风亭。两线十字换乘，S1 线车站总长 292m，标准段宽 27.2m，主体建筑面积为 12830m²，附属建筑面积 2772m²。

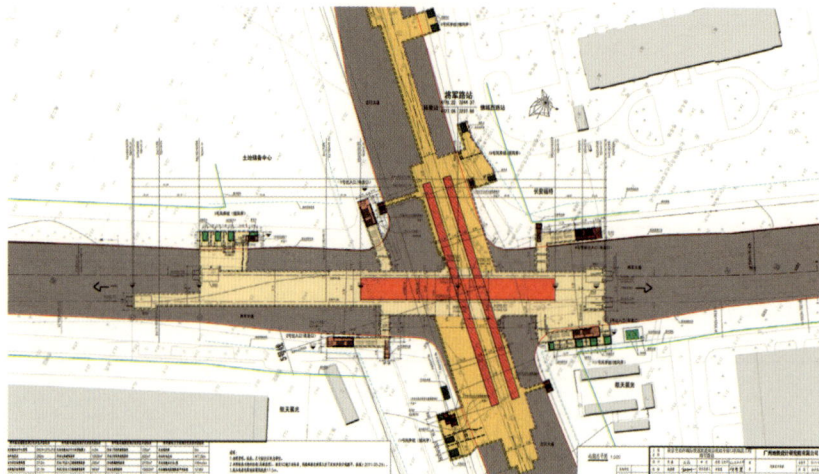

图 5-59　推荐方案总平面图

（1）车站型式

S1 线吉印大道站为岛式车站，与 5 号线同站厅换乘。

（2）推荐方案站厅层平面布置

车站负一层为共享站厅及 5 号线的站台层（图 5-60）。本站主要客流为 S1、5 号线及两线换乘客流，中间为付费区及换乘区，设有 4 扶 2 楼及中部的 1 部折跑楼梯和无障碍电梯。南侧设有 2 扶 2 楼的非付费区及过街通道。

（3）推荐方案站台层平面布置

负二层为 S1 站台层，中板设 5 号线的电缆夹层。南部为非付费区连通及过街通道。如图 5-61 所示。

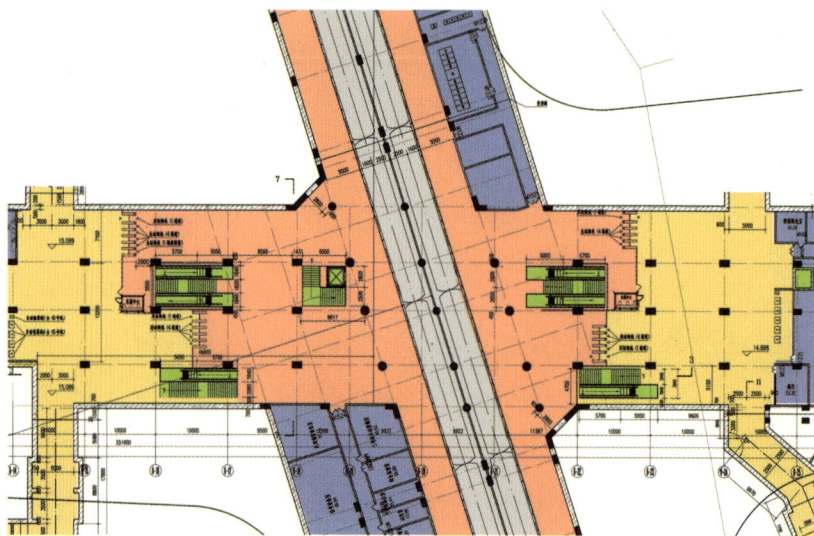

图 5-60　推荐方案站厅层平面图

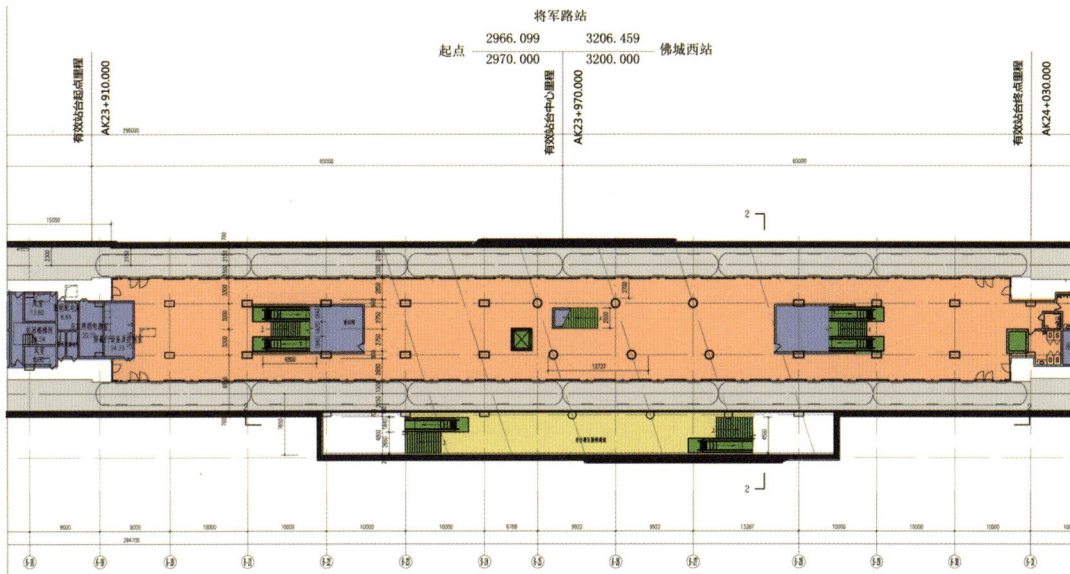

图 5-61　推荐方案站台层平面图

（4）比较方案一

比较方案一（图 5-62），五号线站位西移，不跨路口设置，与 S1 号线 T 字换乘，车站总长 294m。

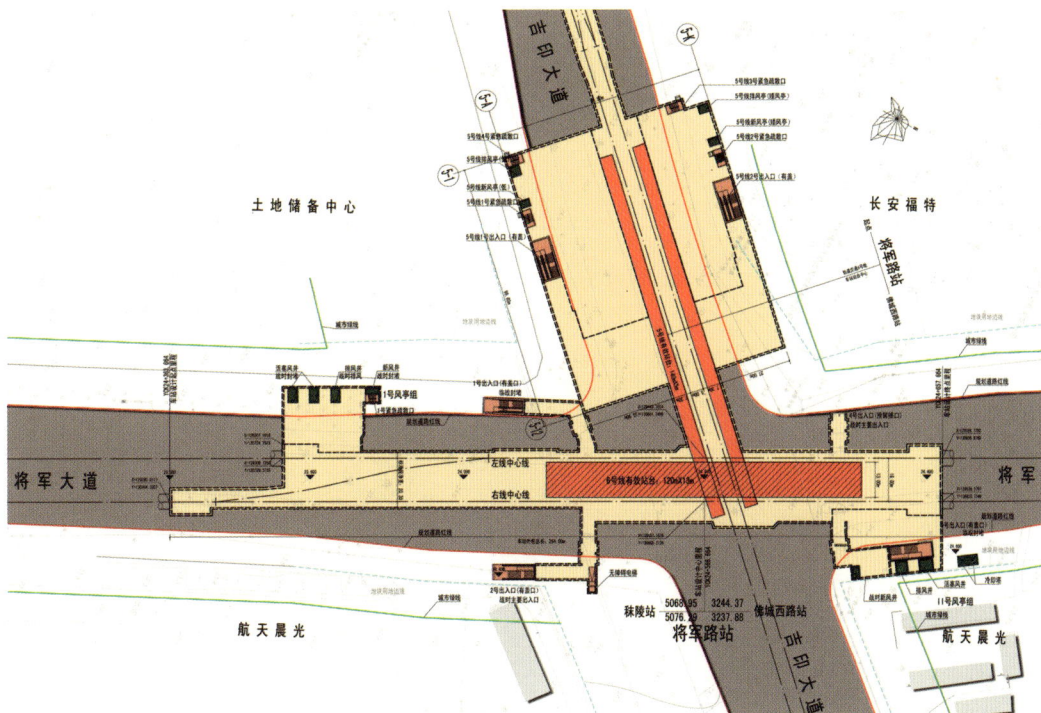

图 5-62　比较方案一总平面图

（5）比较方案二

比较方案二（图5-63），五号线站位东移，S1线北移，均不跨路口设置，与S1号线通道换乘，车站总长317m。

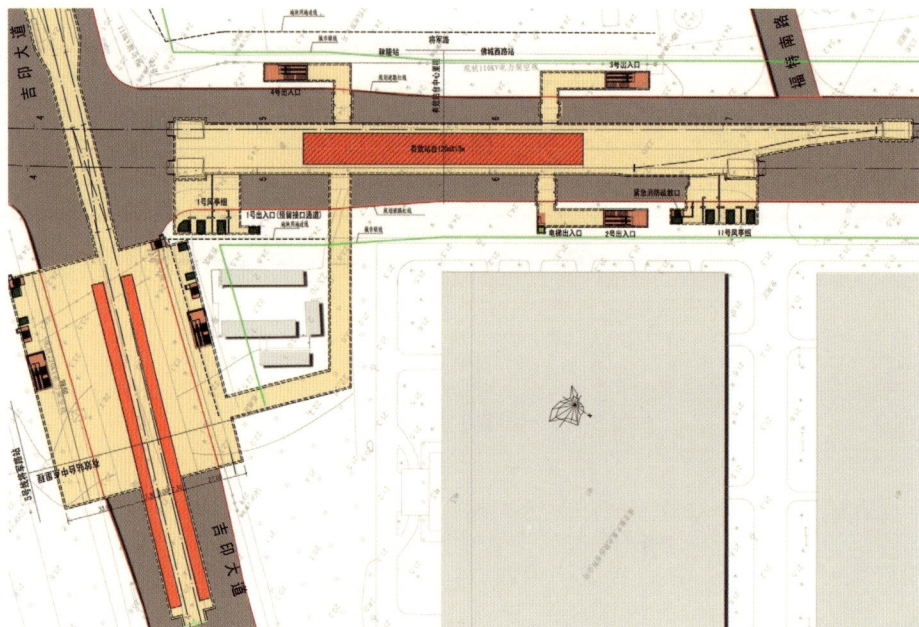

图5-63　比较方案二总平面图

（6）方案比较表

如表5-15所示。

方案比较表　　　　　　　　　　　　　　　　　　　　　　表5-15

比选项目	推荐方案	比较方案一	比较方案二
简图			
车站站位	城轨线与5号线均跨将军大道与吉印大道的交叉口	城轨线跨将军大道与吉印大道的交叉口，5号线位于将军大道西侧	城轨线位于吉印大道北侧，5号线位于将军大道东侧
车站层数站台型式	城轨线为地下2层13m岛式站台，5号线为地下一层5m侧式站台	城轨线为地下2层13m岛式站台，5号线为地下一层5m侧式站台	城轨线为地下2层13m岛式站台，5号线为地下一层5m侧式站台
与制约管线关系	交叉口处跨将军大道及吉印大道方向雨污水管需要临时改迁	同推荐方案	交叉口处管线不需要改迁

续表

比选项目	推荐方案	比较方案一	比较方案二
出入口风亭设置	城轨线设 3 个，预留 1 个出入口设置 2 组矮风亭	城轨线同推荐方案	城轨线部分设 3 个出入口；设置 2 组风亭
	五号线设置 4 个公共区紧急疏散口，3 组风亭	5 号线设置 2 个出入口及 2 个公共区紧急疏散口，3 组风亭组	5 号线设置 2 个出入口及 2 个公共区紧急疏散口，3 组风亭组
与周边建构筑物关系	建筑物离车站均较远，已避开高压线塔	同推荐方案	5 号线及付费区换乘通道进入航天晨光地块内
换乘关系	站厅十字换乘	站厅 T 字换乘	通道换乘
施工期间交通疏解	分两期施工围挡	同推荐方案	施工期间不影响吉印大道的正常通行
车站规模	城轨线 294m×31m×14.73m，有效站台中心处覆土 4.2m	同推荐方案	城轨线 317m×21.5m×14.73m，有效站台中心处覆土 4.2m
投资估算	稍高	稍高	低

2. 初步设计专家意见回复

（1）南端的两个盾构井宜平齐，风道内设备布置于主体内部，风亭由路东出地面，减少外挂风道长度。

回复：按专家意见执行。

（2）建议取消非付费区过轨通道。

回复：非付费区过轨通道除了过街的需要外，还用来连通车站两端非付费区。而且本线与 5 号线共用换乘站厅，保留非付费区过轨通道可以增加公共区的面积，改善站厅的换乘能力。

（3）推荐方案 5 号线到达区域小于始发区域的公共区面积，建议对调。

回复：根据客流预测，两站台到达与始发客流均较小，两侧公共区面积均能满足要求。考虑到下车时客流较大较集中，所以换乘楼梯及电梯放在南侧，减少对到达客流的影响；如对调则站位也要北移约 20m，出入口及风亭用地没有条件。

（4）北端环控电控室应和环控机房相联系，结合公共区调整将环控电控室调整至站厅层。

回复：站厅层设备区无条件设置环控电控室，现增加站厅站台内部楼梯以加强两个房间的联系。施工图设计时，通过房间调整优化，北端环控电控室与环控机房已都位于站厅层。

5.5.4　总结

1. 车站特点

（1）车站外部条件复杂

车站周边为工业成熟区，车站无需考虑与地块连接，厂区实际用地临近道路红线，车站附属风亭、出入口布置困难；

本站范围沿吉印大道有 2 条 220kV 的高压线，1 条 110kV 高压线，高压线最低悬线仅为 12.5m，对施工要求较高，并且两侧出入口距离高压线要满足 10m 的保护距离，限制了 1 号出入口的布设。

（2）车站内部功能合理

公共区闸机及楼扶梯布置合理，达到了进出站客流和换乘客流分流，动线简洁、方便，不交叉；

换乘节点的预留，可以兼顾 5 号线与本站"十"字或"T"字换乘，换乘方式灵活，为远期线的敷设预留了较好的条件；

预留非付费区过街及连通通道，满足远期车站的使用功能。

2. 车站创新点

（1）换乘节点的预留，兼顾 2 线"十"字或"T"字换乘，换乘方式灵活；

（2）将侧式站台车站做成地下一层，达到与地下二层岛式站台共用地下厅的形式，保证有两个换乘点，换乘量适中，换乘能力比岛岛换乘强，同时车站规模最小，节省工程造价；

（3）车站两端排风道均采用 2 台排风机，分别控制车站左、右线，较之前左、右线共用 1 台排风机更节能。

6 车辆段设计总结

6.1 车辆段选址

禄口新城南段选址综合考虑了南京市总体规划用地要求、接轨条件、工程和水文地质条件、自然排水条件、市政管道的引入和道路的连接条件、地块有效用地面积及远期发展余地、拆迁量及对周边环境的影响等几个方面,最终段址选定在位于翔宇路南站以南,横溪河北岸、燕湖路西侧、将军大道东侧的规划用地内。车辆段用地红线范围内长约990m,宽约380m,总占地约33公顷。

6.2 总平面布置

禄口新城南车辆段总平面设计以联合检修库,运用库为主体,充分考虑各系统的功能和使用要求,做到统筹兼顾、分区明确、互不干扰、联系便捷。同时,考虑到便于运营管理和节约用地等因素,在满足工艺流程要求的前提下,将综合楼布置在场地的西北侧形成办公、生活、检修区,将主要生产用房设于场地中部形成生产区。房屋根据工艺需要及性质分散布置于基地内不同的位置。车辆段由北至南分别为联合检修库、运用库、不落轮镟、洗车库。内燃机车、特种车库布置于咽喉区中部,同时,为满足生产作业需要配套相应的生产房屋,东侧紧临联合检修库布置污水(含油污水)处理泵房及蓄电池检修间,信号楼、混合变电所布置于咽喉区西侧。物资总库、材料棚、易燃品库集中布置于场地的东侧,形成仓储区,方便使用和管理。

结合规划道路情况和场地内设计标高及建筑物布置,在场地北侧面靠西位置、综合楼前设置主出入口,与规划道路连接。东侧设次出入口与燕湖路相接,便于东侧仓储区使用,也使车辆段人员车流与物资车流分开。考虑公安用房及消防站自身功能需要，在主入口西侧为其独立设置出入口与规划道路相接，保证其与车辆段基地相对独立又相互联系。

根据消防要求，在段内设置环行消防车道，并在各单体建筑、厂房周围均设置 7m 或 4m 宽消防车道，同时，考虑到联合检修库、运用库较长的原因，在其中部设置了从库内穿过的消防车通道。车辆段总平面图布置详见图 6-1。

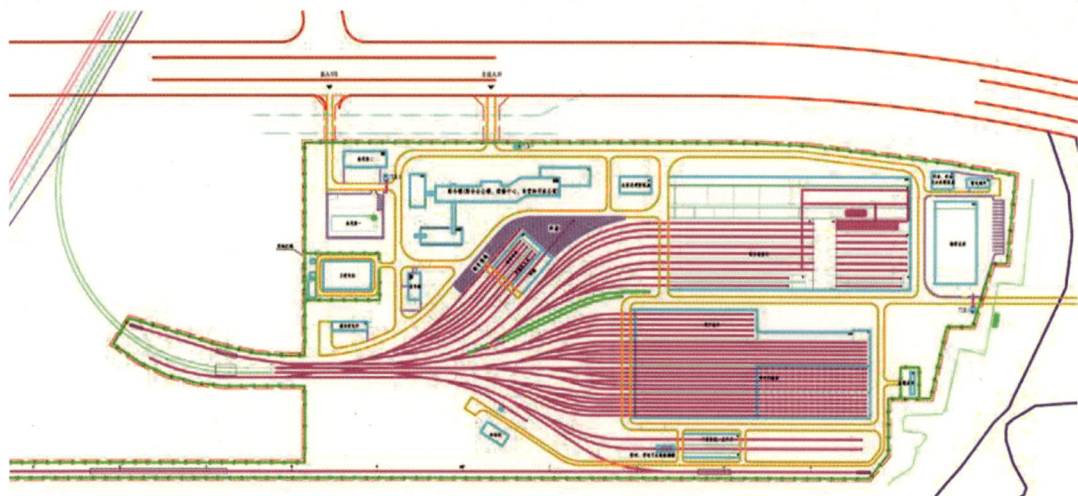

图 6-1　车辆段总平面图（推荐方案）

6.3　主要方案设计

6.3.1　整体单体划分和组合

禄口新城南车辆段的各个单体充分利用场地与轨道之间的间隙布置，并通过整合功能相近的用房将厂区内建筑单体进行划分、整合或组合，形成了以生产区和生活办公区两大功能为主的车辆段布局。通过此种方式尽量整合土地利用率，降低车辆段占地面积，有效降低工程投资。

禄口新城南车辆段将综合楼、公安用房布置在场地的西北侧形成办公、生活、检修区，同时，将主要生产用房运用库和联合检修库设于场地中部形成生产区，并将停车列检库和双周三月检库合并成运用库组合性单体，将大架修库、定临修库、静调库、清扫吹扫库、各类检修间和辅助用房合并成联合检修库组合性单体。禄口新城南车辆段生活、办公和生产区布置形式详见图 6-2。

生活办公区以综合维修楼、办公楼、维修车间、食堂、公寓等共同组成的单体综合楼为主。生活办公区布置形式详见图 6-3。

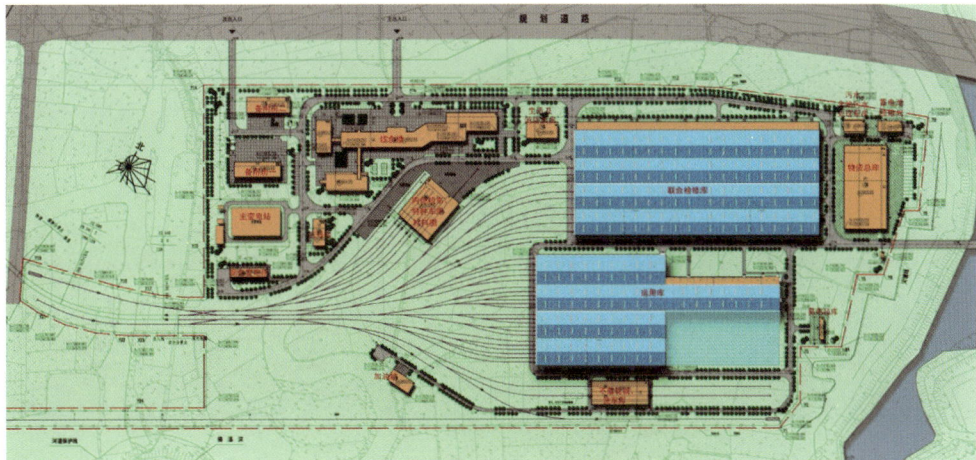

图 6-2　车辆段生产区布置图

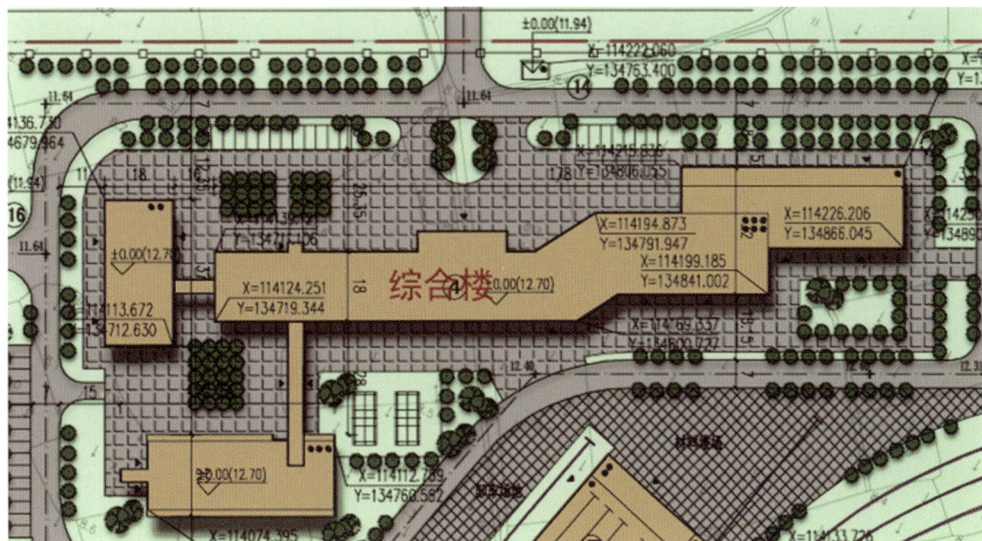

图 6-3　车辆段生活办公区布置图

6.3.2　建筑立面效果

　　整个车辆段的建筑风格统一采用米色和烟灰色两种色系组合搭配，整体效果体现了现代车辆段的人文特点和时代精神（图 6-4）。在建筑方案设计之初充分吸取了南京地铁 1 号线、2 号线、3 号线等车辆段的众多设计经验并深入分析充分吸取其优点，打造人性化的车辆段建筑。

　　建筑立面效果设置时考虑到通风、采光、节能等多方面的需求，通过不同的方格组合，几何划分、入口处重点设计，突出标识感，并采用竖向线条的方式打破单体过长效果。建筑立面灵活多变，建筑语言表达丰富。

图 6-4　综合楼立面图

为体现人性化设计，车辆段设计的原则为厂区内工作人员创造良好的生产、办公和生活环境。在厂区内也利用景观元素如硬质铺装与建筑色彩相呼应，软质景观植物的设置手法与建筑相结合，力求打造"生长的建筑"、"绿色车辆段"的特色。

6.3.3　结构方案设计

本车辆段工程设计重点主要在联合检修库与停车列检库两个大库的设计。从库房跨度较大方面和受力结构体系方面考虑，南京地铁早期已运营的车辆段（如小行车辆段）采用轻型门式刚架结构，屋面及墙面均采用的轻质 ALC 板材结构。在运营实际使用过程中，运营公司发现防火和防腐涂料出现了起皮脱落的情况，需要定期进行维护修补，这给大库维护带来较大工作量和维护管理费用，同时，随着时间的推移，维护费用和工作量将逐渐增加。小型车辆运用库如图 6-5 所示。

图 6-5　小行车辆段运用库

从 2 号线马群车辆段和油坊桥车辆段开始,南京地铁的车辆段和停车场大库均采用了钢-混凝土柱混合排架的结构形式,即下部采用混凝土柱,上部采用钢梁的结构形式,这种结构形式不仅大大减少了后期维护的工作量和费用,提高了结构的耐久性,并且由于下部采用了混凝土结构,厂房的立面造型也可以做得比纯钢结构库房更加丰富,空间及围护结构材质上也显得更加厚重和耐用,可以大大提高整体建筑的外立面效果。同时,大库的钢筋混凝土柱的耐火极限比钢柱大 10 倍以上,采用钢筋混凝土柱不但充分发挥了混凝土的承压高的特点,火灾风险也大大降低,并且节省了很多防火及防腐措施的费用,提高了大库实际的使用年限。同时,由于地铁车辆段大库内需安装大量设备构件,需要在周围墙体上设置较多预埋锚固受力点,采用钢筋混凝土构件加砖砌体围护可以更加方便的实现这一要求,后期进行调整及修改也相对传统的轻钢结构更加容易。目前,国内城市地铁车辆段大库均推广采用钢-混凝土柱混合排架的结构形式,故禄口新城南车辆段大库结构设计延续了此设计方案,具体结构详见图 6-6。

图 6-6 禄口新城南车辆段运用库

大库采用钢-混凝土柱混合排架的结构形式具有后期维护的工作量和费用,但与轻型门式刚架结构比较也存在以下缺点,在具体确定大库结构方案时需具体研究后再行确定。

(1)从施工工期角度分析,轻钢门式刚架结构基本采用工厂制作现场安装,施工周期较短,根据现场施工情况可知现场安装周期在 3 ~ 4 个月,而混凝土柱-钢梁结构所需施工周期较长，根据现场施工情况可知混凝土部分施工约 5 ~ 6 个月，吊装约 2 ~ 3 个月。

（2）在结构节点连接角度分析，轻钢结构工厂加工完毕后，现场采用高强螺栓连接，节点可靠性较高，而钢 - 混凝土柱混合排架结构从现有经验来看，在约 10m 高的柱顶上预埋锚栓其定位较困难，精度比较难保证，钢梁吊装完毕后的二次浇灌在高空操作也较困难，需要施工单位有较好的施工组织能力。

（3）从结构设计角度分析，轻钢门式刚架受力明确，相关构造做法及规范图集比较完善，设计上相对可靠，而混凝土柱 - 钢梁结构受力特征和传统门式刚架已经完全不同，但是目前并没有国家规范及规程对这种结构体系的受力分析、变形限制、计算方法及构造要求等进行规定，目前全国仅有福建省地方标准《钢 - 混凝土混合刚（排）架单层房屋结构技术规程》对这种结构形式的设计在一定的适用范围内做出了一些规定，如果在没有弄清这种结构形式受力特点的情况下，参照"门刚规程"进行设计，很容易留下安全隐患。

虽然钢 - 混凝土柱混合排架的结构形式存在以上提到的结构设计困难，但也可以采用以下设计和施工方案进行有效避免。

目前，工程界通常对钢梁和混凝土柱顶连接的处理有两种：铰接和刚接。对于钢梁与混凝土柱顶铰接而形成的钢 - 混凝土混合排架结构实际上属于两铰直线拱结构，斜梁计算简图如图 6-7 所示。

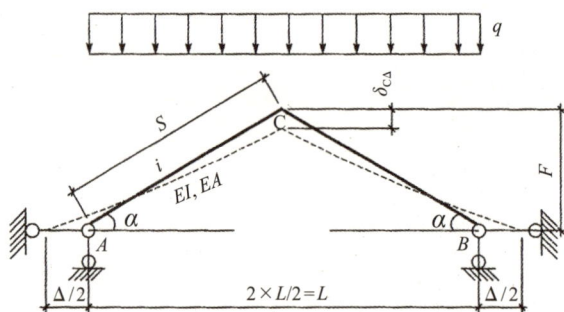

图 6-7 大库斜梁计算简图

这种受力模式的一个最大的特点就是斜梁处于一种拱形受力的状态，斜梁的内力与拱脚处，也就是混凝土柱顶能够提供的水平推力和支座抗侧刚度关系很大；同时拱形斜梁轴力对柱子的推力影响也不容忽视。这两个方面如果在计算中不能充分考虑，将会带来很大的安全隐患。所以进行建模计算的时候必须按实际模型输入进行整体分析，并考虑钢梁自身的刚度变形和与柱顶的实际连接支承条件。

除了以上两个设计方面的问题需要特别注意，施工中实际安装的问题也不容忽视，由于拱脚处需要二次灌浆后才能使钢梁与混凝土柱子真正形成共同受力的结构，但是如果安装阶段不采取任何措施，像普通门钢柱脚一样进行吊装，斜梁拱所产生的水平推力很可能在施工阶段就使得拱脚产生很大的位移变形，并导致斜梁本身内力超过其自身承载能力，这种情况需要在施工中对拱顶设置临时支撑，限制其拱顶变形，消除对两侧柱顶的推力，待混凝土二次灌浆完全凝固后方可拆除。

由于拱效应的存在，在设计上应采取消除拱效应水平推力的措施，采用受力相对明确的结构布置方案进行结构布置。比如可以利用排水坡度，采用变截面梁将梁底做平，或考虑将拱顶设置在纵向柱列位置，这样使斜梁拱变成简支梁或多跨连系梁结构，钢梁节点与柱顶仅需按正常铰接进行处理，也消除了斜梁对柱列的水平推力影响，如图 6-8 所示为南京禄口新城南机场线车辆段联合检修库结构布置立面图，即采用了这种布置方案以消除拱效应的不利影响。

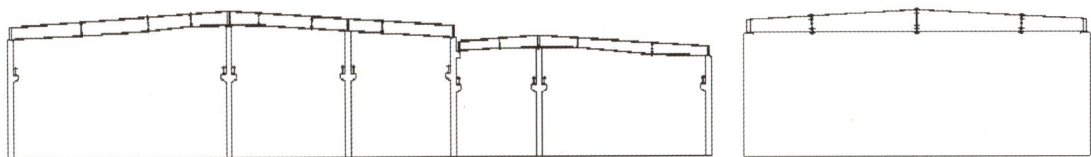

图 6-8　消除拱脚水平推力布置方案图

6.3.4　用房标准的确定及评估

禄口新城南车辆段用房主要分布在综合楼、食堂、司机公寓、信号楼、运用库辅助用房、联合检修库附属用房、物资库附属用房和特种车库附属用房。用房标准主要根据运营公司、各专业对车辆段的定员和面积需求及南京地铁已建成和在建车辆段（停车场）综合楼用房面积情况综合确定。

禄口新城南车辆段中信号楼、运用库辅助用房、联合检修库附属用房、物资库附属用房、特种车库附属用房设计标准主要参照南京地铁现有车辆段用房标准设计，本工程设计主要优化了卫生间、浴室、开水间和更衣间的设计需求。经过对小行车辆段、马群车辆段、油坊桥停车场和大学城停车场的现有用房使用情况以及与运营公司对接的情况可确定此类用房设计情况能够满足运营需求，用房功能划分和建筑面积较合理。

禄口新城南车辆段综合楼由综合办公楼、综合维修楼、食堂和司机公寓及连廊组成，综合办公检修楼总建筑面积约 18252.19m²，食堂总建筑面积约 1331.59m²，司机公寓总建筑面积约 2971.58m²。禄口新城南车辆段距离市区较远，且地理位置较偏僻，参考南京地铁其他车辆段配置情况，仅考虑本车辆段部分办公人员的住宿，按 224 人，故司机公寓为三层建筑，配置 56 个标间。食堂为二层建筑，可满足 300 名员工同时进餐。综合办公楼为 6 层建筑，设车辆段行政办公、乘务、票务、车辆部及安防中心等部门，综合维修楼为 6 层建筑（局部 1 层），主要设置供电车间、工务车间、机自车间、通号车间。综合楼根据用房性质及人均使用面积的差别，可将综合楼用房分为以下四类，并根据四类用房情况进行如下分析：

（1）普通办公用房

普通办公用房主要指各级领导、行政及技术人员普通办公用房。经过对综合楼普通办公用房的统计和分析可知，各级领导办公室人均使用面积约为17.67m²，普通技术人员办公室人均使用面积约为13.25m²，均超过《党政机关办公用房建设标准》相关规定。

为了控制办公用房面积，建议普通办公用房参考《党政机关办公用房建设标准》执行。段长、书记（市级及直属机关处级）人均使用面积按12m²考虑，其余工作人员人均使用面积按6m²配置，同时，财务室为安全性考虑，按12m²/人配置。

（2）设备检修用房

设备检修用房主要指各系统专业人员使用专用设备开展检修作业的用房。结合南京已建车辆段设备检修用房使用面积约为15m²/台位情况，建议设备检修用房仍按15m²/台位配置，个别较大型设备可根据实际情况合理配置。

（3）资料设备室

资料设备室主要指资料室、设备室、材料室、库房等以存放物资为主，用房无基础定员。经过对综合楼资料设备室的统计和分析可知，禄口新城南车辆段各个部门资料室配置不够规范，存在配置重复和面积超标等现象。

建议每个车辆段（场）根据《南京地铁新线建设运营建议汇编》22.1.5条"车辆段或停车场应设置技术资料室，面积应在200m²左右，每平方米承重应在700kg以上"的标准配置200m²左右的段（场）技术资料室。同时，各车间均配置50m²左右的车间资料室。设备室、材料室、库房等根据各车间具体情况按需配置。

（4）辅助用房

辅助用房主要包括会议室、休息室、更衣室、培训室等用房。经过对综合楼辅助用房的统计和分析可知，大厂东车辆段办公楼和各车间均各自配置会议室，总使用面积达到939m²。会议室不集中设置不利于管理和合理安排，且造成用房面积浪费，同时，上下楼层位置不对应，对结构设计及后期运用均带来不利影响。

为了避免以上影响，可在车辆段办公楼集中统一配置3间100m²的大会议室及4间50m²的小会议室。采用此种方式可有效降低会议室使用面积，便于会议室的统一管理，有效降低工程投资。各车间可根据需求配置男、女更衣室各一间，面积约为20m²。休息室可统一在司机公寓处设置5间20m²来满足夜班值班人员临时休息需求。由于南京地铁小行车辆段已设置培训中心，本车辆段可不再设置培训中心，培训室的配置可根据供电、信号、FAS、综合监控、AFC等各专业的需求配置培训室。

根据以上结论，同时结合本车辆段用房使用情况，可对车辆段综合楼各功能用房的面积进行核减，用房面积核减情况详见表6-1。

用房面积核减情况表　　　　　　　　　　　　　　表 6-1

序号	用房功能	使用净面积（m²）	核减后净面积（m²）	核减面积（m²）	备注
1	行政办公	3084	2176	908	综合办公楼用房使用净面积可核减 1301m²
2	乘务中心	110	46	92	
3	票务中心	110	46	46	
4	安防中心	320	270	50	
5	车辆部（含救援）	630	425	205	
6	工务车间	996	691	305	综合维修楼用房使用净面积可核减 1446m²
7	供电车间	1838	1520	318	
8	通号车间	968	786	182	
9	机自车间	2214	1573	641	
	综合楼办公和维修楼部分	总计 10270	总计 7523	核减总计 2747	
10	食堂	1331.59（建筑面积）	0	0	可满足 400 人同时就餐
11	公寓	2971.58（建筑面积）	增加 300m²	增加 300m²	原有建筑面积可安排 224 人，增设面积可根据需求夜间临时安排 30 人

6.3.5　车辆段厂房智能照明系统

1. 车辆段厂房智能照明介绍

车辆段厂房照明采用智能照明方式的技术创新点是技术移植，智能照明方式在民用建筑领域运用非常广泛，但移植到在地铁车辆段仍为数不多。

车辆段智能照明系统具有在了解行车组织计划和掌握光源工作特性的情况下，根据列车入库时间的变化，通过计算机程序调用列位照明组，做到库内工作期间按行车计划实时调用列位灯具控制模式，即"车来灯亮、车走灯灭"，同时，白天能在库内的工作区域开启部分灯光照明，晚间地铁车辆入库的保养时间段能开启全部库顶照明灯具。工作结束时自动关闭全部灯具，只保留部分值班照明至早晨天亮。当现场需要加班或其他临时需要时，可通过现场控制器开启或关闭照明灯具。目前，南京地铁禄口新城南车辆段引入了智能照明系统，工程实施顺利，现场设备运行良好，现场工作人员非常满意，且节省劳动强度，节能效果显著，具体节电指标有待统计和计算。

2. 实际应用及对工程的指导意义

设计是工程的龙头，设计人员对工程各个方面的问题都要考虑周全，设计标准要具备前瞻性，设计范围和内容要求全面准确，接口衔接紧密。对工程实施过程中可能出现的技术问题，要有一定的提前量，才能在工程中发挥作用，指导工程顺利进行。在具体工程实施过程中，应着重把握以下几个重要环节。

（1）运用库照明设计

①地铁车辆段运用库内一般照明光源采用金卤灯且按停车列位布置。照明配电箱内设有控制设备，可就地控制和远程计算机集中控制。库内一般照明分配电箱设在列位附近，照明总配电箱及智能灯控主机设在照明配电室内。

②智能灯控装置根据车辆段内行车组织计划，结合车辆检修工艺要求对停车列位上方一般照明灯具进行分区、分时控制，达到"车来灯亮、车走灯灭"的目的。

③智能照明装置的照明分配电箱位置、接线示意、控制电缆走向及远程计算机柜位置，应该以施工图纸的方式下发到施工单位。智能灯控装置内部接线方式、设备安装布线，以及监控量统计应以设备厂家的深化图纸为准。

（2）智能照明系统设计联络

①智能照明项目涉及低压配电、列车检修工艺、行车组织及计算机控制等专业，参建单位包括：设计院、安装单位、业主、运营公司及设备厂家，由于人员多、专业跨度大，要求有关各方仔细阅读施工图纸、认真深化排产图纸、按图制造、施工及验收，若有问题及时向设计单位反映，避免日后返工。

②车辆段联合检修库、运用库内列位多、距离远、场地复杂、电缆敷设难度大，要求智能灯控网络采用数据通信方式，通信电缆可用低压配电支吊架敷设且避开 DC1500V 架空接触网及消防水管。

③库内电磁环境复杂，要求智能灯控装置计算机采用工业机、控制缆线带有屏蔽层且穿镀锌钢管防护，就近利用照明配电室接地端子接地。

6.3.6 污水处理、尾水排放

车辆段污废水分为人员生活污水、餐饮污水、消防废水、一般性冲洗废水（不含洗涤剂）、洗车废水、车辆检修废水及雨水。根据环保厅的批复文件，车辆段所在空港开发区规划配建有污水处理厂，车辆段污、废水应分类集中后分别接入市政污水、雨水管网。车辆段内设置污水管网、废水管网及雨水管网。雨水管网仅收集场区内雨水，排入附近水体，污水管网收集场区内生活污水、餐饮废水，经化粪池、隔油池处理后排水市政污水管网，由市政配套污水处理厂处理。关于场区废水，一般由冲洗废水、消防废水及生产废水组成，冲洗废水（不含洗涤剂）及消防废水一般直接排入场区废水管网。关于车辆段的生产废水，则需根据工艺确定废水性质，不能一概而论。禄口新城南车辆段具备车辆大架修能力，车辆架修时，需拆卸车辆各组件，产生含油生产废水，对于这部分废水，需经隔油处理后，才能与污水合流后排入市政污水处理厂。由于含油污水处理系统的专业性很强，设计、安装等与中标环保公司的具体处理工艺和流程关系紧密，各厂家工艺流程细节、选用设备尺寸、设备重量等均不相同，导致水处理站建筑空间布局、结构荷载等均有所不同，因此无法准确把握预留条件。根据工艺要求，全线通车 5 年左右后，列车需架修并产生含油废水，因此为避免土建返工及减少经济损失，保证污水处理站的合理设计、合理施工，禄口新城南车辆段含油污水处理站待通车运营后根据检修需要，合理确定建设时机，现阶段预留建设条件。

7 南京南控制中心设计总结

7.1 建筑设计

7.1.1 建筑首层尽量避免布置设备用房

设计过程中，为了让不同保证不同部门的设备用房彼此独立，互不干扰，原拟将 OA 机房设置于首层北侧（靠近建筑次入口）位置，但此方案在与业主沟通过程中，业主担心当发生暴雨或洪涝灾害时，有水倒灌入机房内，造成机房设备损坏，综合考虑各方意见后，将 OA 机房移至二层设置。

7.1.2 功能用房合理布局，沟通并落实业主要求

由于控制中心内部不同功能房间较多，在设计工程中采用倒推的方式，先确定控制大厅的位置（需两层挑高，设置于五层），再倒推出运营控制办公用房（临近控制大厅布置）、六线设备用房（设置于三、四层，避免接入大厅管线过长）、票务设备用房（布置于二层）、档案库用房（布置于一层）等。

其中档案库用房设计时，地铁档案管理部门并没有介入提资，因此按照档案库设计规范要求进行了设计，但是在后期配合过程中，档案管理部门提出档案库用房需在地面进行防水处理，由于现场施工已基本完成，结合规范相关要求认为现设计方案已可满足业主日常使用及维护要求。建议业主在后期的项目中，根据自己的使用经验，及时向设计单位提出己方要求，完善设计单位的设计方案。

另外部分设备用房应相邻布置，如票卡清洗室、车票编码室、票库等，这些功能用房彼此关系密切，建议相邻布置，部分用房还可设置门相通;同时结合房间使用功能合理布局，

如票卡清洗室需要接上下水，并且还需要通风，因此此房间设计时靠窗设置，并临近上下水管位置。

7.1.3 根据业主实际情况合理设计

控制中心大楼内有大量运营公司工作人员，根据运营公司的工作模式，工作人员需要更换工作服工作，因此在有运营公司办公房间的楼层均设计有更衣室，同时主动了解运营公司的现有男女员工比例以及未来的规划比例，以此为基础进行设计，减少房间面积的浪费。

在控制大厅房间门外隔墙进行处理，设置了换鞋处，便于工作人员换鞋进入控制大厅。

控制中心大楼内运营公司、资源公司日常工作中均需要一些会议室、杂物间及打印室，在设计工程中充分利用一些角落空间，通过一些空间分隔，满足业主的使用要求。

根据地铁资源公司要求，在控制中心首层及六层各设置了一间淋浴间，首层为了满足厨房区域工作人员工作需要，六层为满足资源公司领导使用需求。

7.1.4 设备用房合理提资，减少空间浪费

在设计控制中心初期，相关设计单位向我们提供了六线设备用房面积表，在此基础上开展设计，当时完成的方案为三、四层每层三条线设备用房，正好布满整层空间；后地铁集团公司领导决定将资源公司搬入控制中心大楼，并要求整合六线设备用房，合理分配各房间面积，在满足运营使用的基础上，尽量腾出空间供日后出租使用。遵从领导要求，总工办召集所有参建设计单位开会讨论，逐间核对设备布置和实际所需面积，部分用房如工班用房、值班用房采用两线合并的方式缩减面积（原工班用房为 $40m^2$ 单线使用，现设计为 $40m^2$ 两线使用）；

另外核减无用的设备用房，如宁高二期有 BAS 的相关设备用房，但是其他线路没有，则其他线路核减此类用房；5 号线和宁和线没有 PSCADA 设备用房，则这两条线的此设备用房核减。

由于六线设备办公用房极多，并且大部分房间只有 $20 \sim 40m^2$，建议在设计初期运营能提供相应的家具尺寸，方便设计单位合理进行房间分隔，避免出现空间浪费和使用困难的情况。

7.1.5 适当富余空间，避免管线冲突

地铁控制中心虽然为地面建筑，但是却与一般的地面建筑不同，充斥着地铁建筑独有的特点。

建筑内有大量的设备办公用房，此类用房大多需要采用防静电地板，同时需要空调系统、气灭系统、照明系统等满足它们的使用要求，但这些系统管道均需通过走道上部空间接到各个设备用房（尤其风管极大，占用大量空间），因此在做建筑设计的时候，应仔细分析各层

使用功能，合理分配层高，同时应与相关专业密切沟通，调研各类管道尺寸，设计走道宽度，确保走道内的净高。

7.2 结构设计

7.2.1 结构设计基本原则

（1）结构设计中综合考虑建筑功能、工程水文地质、荷载特性、环境因素、施工工艺、建设周期等因素，做到既安全、可靠，又经济、合理。

（2）结构设计应分别按施工阶段和使用阶段进行承载力极限状态和正常使用极限状态的要求，进行承载力、稳定、变形、裂缝宽度等方面的验算。

（3）结构设计应保证具有足够的耐久性,本工程混凝土结构的环境类别按"一类"设计，地下室及基础部分按"二 a 类"。

7.2.2 结构设计基本参数

（1）风、雪荷载：

基本风压：0.40 kN/m²，按 50 年一遇基本风压进行强度及结构位移计算。

基本雪压：0.65 kN/m²，按 50 年一遇取基本雪压。

（2）地震作用：

抗震设防烈度为 7 度，设计地震基本加速度 0.1g，设计地震分组为第一组；

场地土类别：Ⅱ类，特征周期为 0.35s；多遇地震水平地震影响系数最大值为 0.08g；

（3）抗震设防分类：重点设防类（乙类）；

（4）建筑结构安全等级：一级，结构重要性系数 $\gamma_0 = 1.1$。

（5）地基基础设计等级：甲级

由于抗震设防分类为重点设防类，根据《建筑抗震设计规范》GB 50011-2010 要求，按提高一度要求采取抗震措施。塔楼各构件按照设防烈度为 8 度的要求采用抗震等级。

7.2.3 结构选型及主要结构措施

1. 结构选型

南京南控制中心大楼采用框架结构，控制中心大跨度屋面（36m×42m）采用网架结构。

2. 基础结构选型

基础形式拟采用钻孔灌注桩。摩擦端承型桩，桩端持力层为中风化泥质粉砂岩。

3. 基坑围护结构选型

两层地下室基坑深度 10.2m，基坑安全等级为一级，变形控制等级为二级，采用钻孔桩 +

内支撑的支护形式。

4. 主要结构措施

（1）塔楼和裙楼间设防震缝，结构分为两个简单、规则的结构单元。

（2）由于塔楼、裙楼等荷载相差很大，为减少差异沉降和承台内力，在塔楼和裙楼间设置后浇带，待结构沉降稳定后再浇筑后浇带。

（3）在满足建筑功能要求的前提下，采取有效的结构平面和竖向布置，使得结构趋于规则，从而有效地提高结构的整体抗震性能。

本栋建筑物结构设计努力做到经济安全合理，同时满足建筑功能需求，在把握这些指标同时，创造性的解决了宁和区间下穿问题（详 2.8.4 宁和城际下穿的考虑），为其他线路建设创造条件，同时商业部分负三层区间合建，结构更合理可靠。

7.3 通风空调设计

7.3.1 设计范围

（1）指挥控制中心集中空调系统设计；

（2）通风系统设计；

（3）防排烟系统设计；

（4）环保及节能设计。

7.3.2 设计要点

采用相关软件进行逐时逐项冷负荷计算及热负荷计算。根据甲方要求及该工程的特点，本工程办公用房采用集中空调方式，夏季制冷、冬季供暖；工艺设备用房只考虑制冷。本工程空调冷热源采用"螺杆式风冷热泵机组"的方式制冷及供暖。设置 4 台螺杆式风冷热泵机组，夏季制冷，每台制冷量：850kW，空调冷冻供回水温度 7/12℃，根据冷负荷开启 1～4台；冬季制热，每台制热量：890kW，供回水温度 45/40℃，正常根据热负荷开启 1～3台，1 台备用。重要设备用房机房采用机房空调，每台机房空调均单独设立风冷室外机。地下室控制室及管理用房设置分体空调。

空调水系统采用二管制，一次泵变流量系统，夏季、冬季共用水环路。空调水泵与冷水机组一一对应，变频运行。管道敷设采用水平同程，竖向异程方式。空调水系统均采用全自动定压排气补水装置补水。空调水系统设备选择承压：空调水系统工作压力 1.05MPa，试验压力为 1.55MPa，风冷热泵/冷水机组设备承压均按 1.6MPa 选择，空调末端设备承压均按 1.0MPa 选择，水阀门等承压均按 1.6MPa 选择。

控制大厅全空气空调系统采用"柜式空调器 + 低速风道"的形式，气流组织采用低温风口（防结露型）顶送风，集中回风的方式；档案中心、档案库采用全空气空调系统"柜式空调器+低速风道"的形式，气流组织采用低温风口（防结露型）顶送风，顶回风的方式，送回风口布置于房间两侧，回风系统设置风机。在空调机房处设置集中新风井、排风井，冬季、过渡季节根据实际负荷大小，最大新风量按不小于循环风量的 70% 计。办公用房设置的风机盘管加新风系统采用线型风口顶送风，上回风方式，风机盘管采用高静压型，带回风箱，回风口采用门铰式（带过滤网）。新风机组采用柜式新风机组。重要设备用房采用机房空调。机房空调室外机均设置控制中心屋顶、变电所屋顶，以及一层室外绿化带中。空调冷凝水均就近排放。

空调系统采用集散型控制系统，由中央管理计算机、通讯网络、带网络接口的 DDC 控制器、各种传感器、电动执行机构组成。由中央管理计算机实现对各机房内 DDC 控制器的监测及控制指令设定，DDC 控制器完成现场的温度、湿度控制。

公共卫生间采用排风扇机械排风，直接排至室外或通过管井排至屋顶，屋顶设置排风机，排风量按 12 次 /h 计算。地下车库设机械通风系统，每个防火分区内设一台或两台排风机，设 1 台送风机补风，通风量按 6 次 /h 计算。地下室设备用房（冷冻站变配电间、库房等）按防火分区设置机械送、排风系统。设置气体消防的房间，如高低压配电室等，气体消防时关闭电送、排风管上的 280℃排烟防火阀进行气体灭火，事后排风，排风次数大于 6 次 /h。工艺设备用房部分的电缆间设置机械排风，自然进风，换气次数按 10 次 /h 计算。

空调、通风系统的所有部件、配件及材料均选用不燃型或防火型。所有空调、通风系统风管穿越防火墙、伸缩缝或其他防火分隔时均设置 70℃的防火阀，所有排烟风管穿过防火分隔时均设置 280℃的防火阀。所有空调、通风系统垂直风管与水平风管连接处均设置 70℃的防火阀，风管穿越机房隔墙处用柔性防火材料填实。

本工程按《高层民用建筑设计防火规范》（GB 50045-95）的相关要求，设置防排烟系统。

不具备自然排烟条件的楼梯间、消防电梯前室及合用前室；采用自然排烟措施的防烟楼梯间，其不具备自然排烟条件的前室，设置正压送风系统，防烟楼梯间隔层设一常闭多叶风口，合用前室、前室每层设一常闭多叶风口，前室与靠走道侧设置代防火阀的泄压阀，以控制压差。

地下汽车库负一层机械排风，自然进风，负二层独立设置机械送排风系统。地下车库每个防火分区内均单独设置排风（烟）机，平时通风按 6 次 /h，排烟时 6 次 /h 计算排烟量。补风系统风量按排烟风量的 50% 计算。

各层长度超过 20m 且无直接自然通风的内走道和两端有外窗长度超过 60m 的内走道均设机械排烟系统。火灾时按防烟分区进行排烟，排烟量按最大防烟分区 $120m^3/h \cdot m^2$ 计算。

地上面积超过 $100m^2$，且不满足自然排烟条件的房间（设置气体消防的房间除外）均设置机械排烟系统，排烟量按 $60m^3/h \cdot m^2$ 计算。

六层指挥中心设置机械排烟系统,排烟量按 $60m^3/h \cdot m^2$ 计算。

所有排烟风机入口处设有排烟防火阀,当输送烟气温度 $> 280℃$ 时,排烟防火阀自动关闭,排烟风机停止运行。

其他地上所有的房间开窗面积满足规范的自然排烟要求,均采用自然排烟。

设置气体灭火装置的房间设置灭火气体排风系统,每小时换气次数大于等于 6 次;设于此房间的所有风口在气体灭火装置工作期间应自动关闭,灭火工作完成后,事后排风口应开启排风。

7.4　给排水及消防设计

控制中心大厅选用预作用喷淋系统,该系统准工作状态时配水管道内不充水,由火灾自动报警系统自动开启预作用报警阀后,转换为湿式系统的闭式系统。

预作用喷淋所用喷头为闭式喷头。其工作原理:该系统在预作用报警阀后的管道内平时无水。发生火灾时,保护区内的火灾探测器,首先发出火警报警信号,报警控制器在接到信号后作声光显示的同时开启动电磁阀将预作用阀打开,使压力水迅速充满管道,这样原来呈干式的系统迅速自动转变成湿式系统,完成了预作用过程。

预作用喷淋系统适用于系统处于准工作状态时严禁漏水;严禁系统误喷场所。目前多用于保护档案、计算机房、贵重物品、电器设备间等怕水渍造成损失影响使用的场所。

主变电所与控制中心合建,共享控制中心消防给水系统。不另接驳市政及设置给水泵房。消火栓给排系统,与控制中心统一考虑。由控制中心提供两根 $DN100$ 消防给水管。喷淋系统,与控制中心统一考虑。由控制中心提供一根 $DN80$ 喷淋管。

110kVGIS 室、35kVGIS 开关室、所变室及电阻室采用二氧化碳感温自启动灭火系统。该系统属于感温非电自启动灭火系统是由装有灭火剂的压力容器、容器阀及能释放灭火剂的火探管和 / 或释放管等部件组成。将火探管置于靠近或在火源最可能发生处的上方,同时,依靠沿火探管的诸多探测点(线型)进行探测。一旦着火时,火探管在受热温度最高处被软化并爆破,将灭火介质通过火探管本身(直接系统)或喷嘴(间接系统)释放到被保护区域。它集长时间抗漏、柔韧性及有效的感温性于一体,在一定温度范围内爆破,喷射灭火介质或传递火灾信号。

7.5　工艺设计

南京南站区域控制中心,实际主要管辖南京市南城线路,集中合并设置 3 号线、5 号线、宁高一期、宁和、宁溧、宁高二期等共 6 条线路的控制中心。

7.5.1 区域控制中心调度岗位设置方案

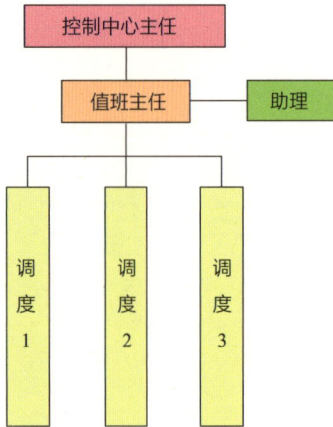

图7-1 单线路控制中心调度人员组织机构

城市轨道交通设置区域控制中心的目的是实现对区域管辖轨道交通线路的监控、运营管理和协调指挥。控制中心的关键任务是实现运营调度管理功能，包括各线各专业调度的组织协调，设备故障和事件的组织处理等工作。

单线路控制中心调度人员组织结构如图7-1所示。

区域式控制中心中央控制室除每线设置上述行车调度台、电力调度台、环控调度台外，多条线路运营指挥和调度管理还应设一个总调度台，由每条线的值班主任直接对其负责，当运营管理水平提高、运营管理经验丰富后可酌情取消每条线的值班主任调度台；应各条线合设一个维修调度台，取代每条线设一个维修调度台；应各条线合设一个信息管理调度台，也可根据实际情况由某个岗位兼职。多线路控制中心调度人员组织结构方案如图7-2所示。

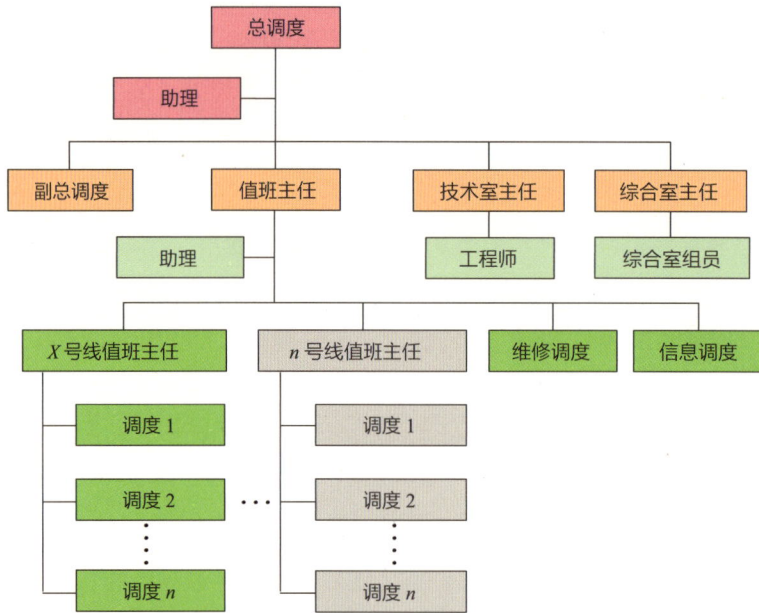

图7-2 多线路控制中心调度人员组织机构

其中，行调岗位设置的数量与线路里程、行车数量及行车密度有着密切的关系，可根据线路里程综合设计。另外，上述岗位和系统设备的配置还应根据运营的实际需要进行调整和设置。

7.5.2　总体工艺布置方案

南京南站区域控制中心总体工艺布置，按照不同的功能区域，可划分为运营操作区、系统设备区、设备维修区、运营管理区、辅助设备区等。运营控制中心的核心功能区域是运营操作区。

运营操作区设置中央控制室及其他辅助用房，辅助用房主要包括参观演示室、交接班室、接待室等。

系统设备区主要包括信号、通信、综合监控、自动售检票等系统设备用房。

设备维修区主要包括各系统设备的维修管理、备品备件及工器具室，满足更换性维修的要求。一般各系统分设各自的维修管理用房，尽量与本线路的各系统设备用房同层。

运营管理区是根据控制中心调度人员、维护管理人员等生产和生活的需要，设置必要的办公、管理和生活设施。

辅助设备区主要包括维持运营控制中心正常、高效运转的辅助设备室，如供电和低压配电系统、通风空调系统、水消防及自动灭火系统、智能楼宇系统等辅助系统设备的用房区域。

7.5.3　中央控制室的工艺布置方案

运营控制中心中央控制室是轨道交通指挥的核心部位，工艺设计应体现以行车调度为主，为运营服务的根本原则。

控制中心中央控制室的运营模式决定中央控制室的工艺设计、设备布置。中央控制室的运营模式如下：

各专业调度员以系统调度工作站显示为主，综合显示屏辅助显示全线运行情况，对全线的运营进行调度指挥。值班主任调度员负责协调所辖线路区段的运营并负责安全管理。总调度员协调指挥全部线路的运营并负责安全。

1. 中央控制室布局方案

为了得到最佳的可视效果，并使中央控制室大厅面积得到最有效的利用，中央控制室采用圆形布局方案，调度台呈扇形分布。

为了便于集中统一指挥和各系统之间的相互协调，中央控制室按照三层布置格局考虑，分别为显示层、操作层和指挥层。操作层集中设置了行调、电调、环调的调度台，指挥层设置了值班主任调度台、客运调度台、维修调度台。控制指挥中心中央控制室调度台布置方式如图 7-3 所示。

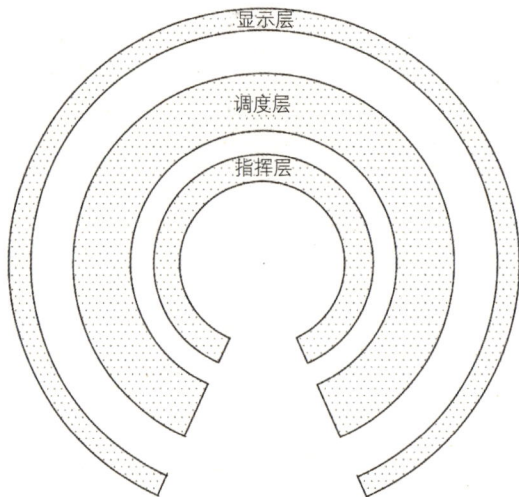

图 7-3　中央控制室调度台布置方式示意

南京南站区域控制中心负责监控管理多条线路，中央控制室的调度台和模拟显示屏应满足所有线路的行车、CCTV 等信息的监控管理和画面显示要求，调度区域的划分采用以线路为单位，将中央控制室划分为数个相对独立的区域，每个区域对应一条线路，同一条线路的行调、环调和电调的调度台集中布置在一起，调度台以线路为单位排列。该方案布置的特点是整个中央控制室的布置整齐、线路内各专业调度集中便于交流和协调；由于各线采用独立单元块布置，续建线路建设时，对运营线路的影响小，便于显示大屏幕和调度台的扩展，便于控制中心分期实施。

2. 中央控制室调度台布置方案

本控制中心每条线路设置行车调度台 3 个、电力调度台 2 个、环控（防灾）调度台 1 个、维修调度台 1 个及值班主任调度台 1 个。

在中央控制室对列车运行、供电、车站环境与设备及火灾报警等实行监控，为便于中央统一指挥和运营管理，中央控制大厅的工艺布置分为三层，三层布置分别为显示层、操作层和指挥层。

显示层：为模拟显示屏，为调度员提供运营线路的状态显示；

操作层：为行调、电调、环调调度台，由调度员操作，控制各系统运行；

指挥层：为值班主任调度台、维修调度台，负责本线的协调和综合管理等。

根据南京南站区域控制中心中央控制室的布局，每条线路的调度台按三排进行布置，突出体现以行车指挥为核心，第一排设置行车调度台，第二排设置电力调度和环控（防灾）调度，第三排设置值班主任调度台和维修调度台。单条线路的调度台布置如图 7-4 所示。

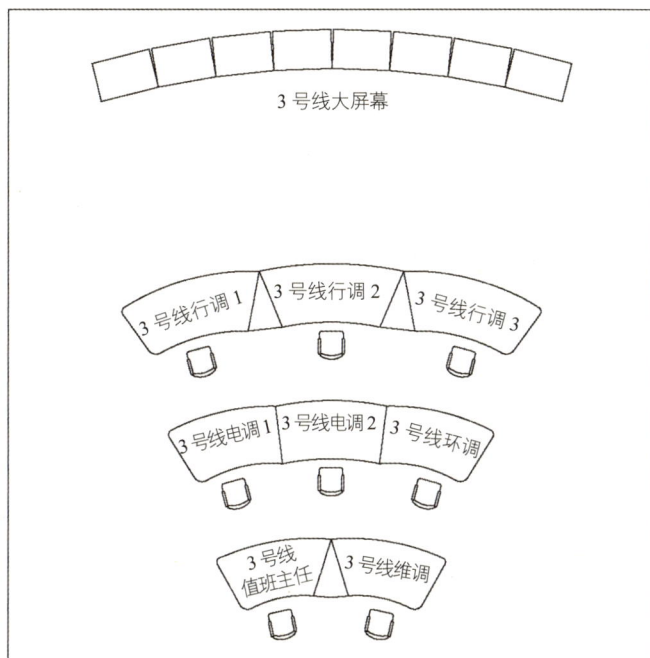

图 7-4　单条线路调度台布置示意

3. 中央控制室模拟显示屏分配方案

为体现以行车调度为核心的调度管理原则,综合显示屏主要用于显示信号系统提供的行车信息、通信系统提供车载及车站视频信息。显示大屏幕的规划需考虑调度区域的划分、调度人员的信息需求特点并满足人机工程学要求。

目前国内地铁控制中心采用 DLP 屏有三种规格:50 英寸、60 英寸、67 英寸。60 英寸是中等尺寸,使用最多。50 英寸在建筑规模受限制的控制中心以及单线控制中心中采用较多。考虑到本指挥控制中心是 5 条线合设的控制中心,规模较大,为了方便后排调度人员对显示屏信息的观察,更有利于突发事件时的应急指挥,大屏幕规模不宜太小。但是考虑到大厅面积对建筑造型的影响,大屏幕的规模也不宜过大。因此,南京大屏尺寸采用 60 英寸。

根据南京南站控制中心中央控制室工艺设计,每条线路的综合显示屏采用 60 英寸 DLP 显示屏拼接而成,模拟显示屏的规模为 7 列 ×3 行,共 21 块屏。具体的分配方案如图 7-5 所示。

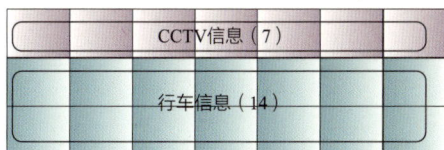

图 7-5　模拟显示屏分配方案

4. 中央控制室调度台技术要求

中央控制室为各调度人员配备调度台，调度台用于放置各系统调度终端。和中央控制室的大屏幕一样，调度台直接面向调度人员，调度台工艺设计的优劣将直接影响调度人员的使用舒适性、工作积极性。因此，调度台的设计应符合以下原则：

（1）所有调度台采用封闭式或半封闭结构设计。调度台必须结合中央控制室的实际情况，布局合理，美观，可用性高，符合安全规范以及人体工学方面的要求。

（2）调度台的外轮廓曲线造型应充分考虑中央控制室的形状、特点，调度台应与OCC大屏幕显示屏的线型相协调。

（3）调度台的设计应根据中央控制室布置图，既考虑整体效果又要考虑每个工位实际，要求采用标准模块与专有模块的组合形式。

（4）所有调度台的制作结构应便于人员维修。主机设备应密封在操作台、调度台里以使可听见的噪声降到最小，保持指挥控制中心中央控制室安静的工作环境。

5. 中央控制室环境要求

（1）净空：中央控制室净空应不低于6m。

（2）地面：中央控制室应装设计算机防静电地板，静电地板的净空应不小于400mm，便于地板下电缆的敷设，考虑各调度台的系统管线接口及非系统的电源插座。

（3）吊顶：室内屋顶设吊顶，吊顶上面的夹层可以铺设通风空调管道和管线，应方便照明设备的安装。

（4）承重：中央控制室地面荷载应不小于600kg/m²，必要时局部加强承重。

（5）照明：中央控制室按照度150～200lx控制（离地面0.8m处），并考虑局部照明；中央控制室应光线柔和，模拟显示屏处应尽量保持较暗，保证不产生眩光。同时需保证大屏幕背后不得有自然光照到中央控制室。

（6）温度和湿度：中央控制室温度要求18～24℃，湿度要求：40%～60%，中央控制室宜设独立的通风空调系统。

（7）按消防系统要求设置火灾自动报警装置。

（8）通道：中央控制室的出入通道设计应满足消防疏散的要求。通道门要求宽1.5m，高2.4m，向外对开，一级防火。

7.5.4 系统设备及维护管理用房工艺布置方案

1. 布置原则

设备系统中与行调、电调、环调相关调度所用的设备应布置在中央控制室内（包括背投模拟显示屏和调度工作台）。

为满足各设备系统后台设备布置，控制中心应设置通信、信号、综合监控、自动售检票（含票务中心）、乘客信息系统、办公自动化等系统设备和管理用房。

各线路的系统设备及维护管理用房的布置，应方便线路分期实施和运营维护和管理。

各设备系统除了需考虑以上房屋外，还应设置必要的维修用房和管理用房，管理用房内应考虑设置必要的系统运行监视设备。

每一层之间都应考虑设置电缆井，同一层设备房在靠墙脚处设置电缆走廊，以方便电缆线的敷设和运营维护。

系统设备房的布置楼层宜以方便运营管理为原则，即信号系统设备房（特别是 ATS 设备房、运行图编辑和打印室）应靠近中央控制室；其次为自动售检票系统设备房，通信系统设备房；最后是通信电缆引入室和其他辅助设备系统用房。

2. 工艺布置方案

南京南站区域控制中心负责监控管理多条线路，需设置多条线路的通信、信号、综合监控、自动售检票、办公自动化等系统设备用房，区域控制中心系统设备用房布置采用各线各专业独立设置设备用房。

该方案控制中心信号、通信、综合监控、AFC、门禁等的中央级设备机房（与电源室合并）、网管机房等设备用房按线路按专业划分独立预留。该方案的优点是：后续线路建设对已建线路影响不大，便于分线分专业独立管理，且有利于控制中心设备用房风、水、电的节能运行。该方案的缺点是：土建规模用房面积大，存在一定的浪费。当维修部门划分较细、控制中心土建面积较富余时该方案较适用。

3. 系统设备及维护管理用房环境要求

（1）净空：各系统设备用房净空应不低于 2.8m；

（2）地面：各系统的设备用房应装设计算机防静电地板，静电地板的净空应不小于 300mm，应考虑各系统管线接口及电源插座。

（3）承重：各系统的设备用房地面荷载应不小于 $600kg/m^2$。

（4）照明：各系统设备房照度 100 ~ 200lx；设置应急照明，包括安全疏散照明和事故照明。应急照明为正常照明的一部分，应不低于正常照明的照度的 10%，应急照明的备用电源容量应满足整个控制中心 1 小时使用容量要求；

（5）温度和湿度：各系统设备用房根据各系统工艺要求及设计规范确定，室内温度应不高于 27℃，并能单独控制；实行全天候空调模式，相对湿度控制在 40% ~ 60%，并能单独控制。

（6）按消防系统要求设置火灾自动报警装置，系统设备用房设自动灭火装置。

（7）除有特殊要求外，各系统维护管理用房的环境要求按办公用房的要求进行设置，由建筑专业按照同一标准统一装修，采用无毒涂料，色泽协调一致。

（8）设备用房内主通道净宽不少于 1.5m。

（9）设备用房采用双开防火门，净宽不少于 1.5m，净高 2.2 ~ 2.4m。

（10）各系统交流电源必须满足一级负荷的要求，应有两路独立的电源，供电质量符合有关规定。系统接地采用综合接地方式，接地电阻应不大于 1Ω。

7.5.5　设计过程中存在的主要问题

结合上述方案设计，设计过程中主要存在如下问题：

1. 线槽与防静电地板冲突

中央控制室采用圆形布局方案，调度台呈扇形分布。中央控制室防静电地板为横平竖直布局方案。若中央控制室线槽延调度台扇形分布则会导致线槽与防静电地板支架的冲突。为解决中央控制室线槽扇形分布则会导致线槽与防静电地板支架的冲突问题，施工图设计阶段将中央控制室线槽改为与防静电地板协调的横平竖直布局方案。

2. 调度区域布局与系统用房布局方案协调

南京南区域控制中心调度区域的划分采用以线路为单位，将中央控制室划分为数个相对独立的区域，每个区域对应一条线路，同一条线路的行调、环调和电调的调度台集中布置在一起，调度台以线路为单位排列；区域控制中心系统设备用房布置采用各线各专业独立设置设备用房。设计过程中应合理考虑中央控制室调度区域与系统用房上下对应，以减少中央控制室及设备区电缆迂回。

3. 中央控制室及设备区线槽应分线独立设置

考虑到南京南区域控制中心 6 条线路分期实施，前期线路实施时应预留后续线路的电缆敷设路径，为避免后续线路实施过程中对前期线路的影响，控制中心区间引入及中央设备室至中央控制室应分线单独敷设线槽；同时考虑控制中心工艺电缆引入孔与控制中心弱电电缆引入孔的功能区别，亦应分设。

4. 设备房精密空调影响机柜设备布置

空调专业在控制中心采用了精密空调，其室内机尺寸为 1200mm×1200mm 和 1500mm×900mm，柜体很大，设计过程中由于双方接口对接不完善，空调室内机的位置设于设备房侧墙的正中，系统设备布置完成后，影响了通道或与设备机柜冲突，无法打开维修门检修。经与空调专业协调，将空调室内机移位至墙角。建议在后续工程中各系统设计时要注意空调专业是否设有室内机，做房间设备布局时统一考虑空调机柜的布置，避免产生类似问题。

8 土建围护结构选型、设计及现场实施、控制、调整评估

8.1 土建围护结构的设计选型及实施方案

土建围护结构工法造型及具体实施方案如表 8-1 所示。

土建围护结构工法选型及具体实施方案表　　　　表 8-1

序号	工点	所属地质单元	工法选择和围护结构选型						
			结构部位	施工方法	基坑开挖深度（m）	围护结构选型	围护结构插入比	支撑体系	基坑加固方式
1	6 号井	岗地单元	主体	明挖顺作	15	@800@950 钻孔桩＋桩间止水	0.36	一道混凝土支撑＋两道钢支撑	无
2	南京南站		主体	盖挖逆做	16.5	Φ1200@1400 钻孔灌注桩＋桩间止水	1：0.16	车站主体的顶板和中板作为支撑	无
			附属	明挖顺做	10	Φ1200@1400 人工挖孔桩	1：0.25	一道混凝撑	无
3	5 号井	岗地单元	主体	明挖顺作	36.5	@1200@1500 钻孔桩＋桩间止水	0.19	四道混凝土支撑＋三道锚索	无
4	4 号井	岗地单元	主体	明挖顺作	34.5	1000 厚地下连续墙	0.15	五道混凝土支撑	无
5	翠屏山站	场地属丘岗地貌单元	主体	明挖顺作	18.8～20.1	Φ1000@1200 钻孔灌注桩＋桩间止水	1：0.15	首道混凝土支撑＋钢支撑	无
			附属	明挖顺作	10.2	Φ800@1000 钻孔灌注桩＋搅桩间止水	1：0.6	首道混凝土支撑＋钢支撑	无

续表

序号	工点	所属地质单元	工法选择和围护结构选型					
			结构部位	施工方法	基坑开挖深度（m）	围护结构选型	围护结构插入比	支撑体系	基坑加固方式
6	佛城西路站	场地属丘岗地貌单元	主体	明挖顺作	12.9	Φ1000@1200钻孔灌注桩+桩间止水	1:0.3	首道混凝土支撑+钢支撑	无
			附属	明挖顺作	10.7	Φ800@1000钻孔灌注桩+搅桩间止水	1:0.7	首道混凝土支撑+钢支撑	无
7	吉印大道站	场地属丘岗地貌单元	主体	明挖顺作	19.8	Φ1000@1200钻孔灌注桩+桩间止水	1:0.3	首道混凝土支撑+钢支撑	无
			附属	明挖顺作	10.4	Φ800@1000钻孔灌注桩+搅桩间止水	1:0.42	首道混凝土支撑+钢支撑	无
8	禄口机场站	岗地单元	主体	明挖顺作	18.5	@800@1000钻孔桩+桩间止水	0.37	三道钢支撑	无

8.2 对围护结构现场实施及调整情况的评估

围护结构现场实施及调整情况评估如表 8-2 所示。

围护结构现场实施及调整情况评估表 表 8-2

序号	工点	现场施工变更情况	变更原因	变更依据	变更评价及总结
1	吉印大道站	吉印大道站围护结构 6-22 ~ 6-24 轴间首道混凝土撑顶部设置 300mm 栈道混凝土盖板	车站基坑位于吉印大道与将军大道交叉路口，施工过程中应交管需求，主干道交通不能中断，故在路口围护结构上方设置铺盖板，调整相关结构构件设计，方便吉印大道交通疏解	南京元平建设发展有限公司《关于将军路站围护结构设计调整事宜》（编号：NJMDJ-JS-SJ-003，2012.1.30）	在前期初步设计交通疏解和管线迁改过程中，BT 项目部应协调交管部门提前介入，向工点设计单位提出路段交通需求，可避免本类变更
		吉印大道站围护结构将双管旋喷桩桩间止水布置范围由车站局部调整成沿整车站布置；将旋喷桩深度调整成隔断透水性较好的全风化和强风化安山岩地层，若上述两岩层深入基底，旋喷桩深度插入基底下 1m 即可	现场围护结构施工过程中，清理出的全风化和强风化安山岩地层土质条件相交于地勘报告较差，岩层裂隙水发育较好，为减少车站基坑施工风险，隔断周边渗水，将旋喷桩深度调整成隔断透水性较好的全风化和强风化安山岩地层	南京地铁项目管理分公司第 18 号文《将军路站围护结构设计方案讨论会会议纪要》（时间：2012.4.28）	本次变更主要由于现场地质情况与详堪报告有较大出入导致。在实际施工过程中，J_{3L}-1 / J_{3L}-2 全、强风化安山质凝灰岩、安山岩地层土质条件差，岩层裂隙水发育较好，地铁施工降水时，围护结构建议隔断上述两岩层

序号	工点	现场施工变更情况	变更原因	变更依据	变更评价及总结
2	翠屏山站	车站西侧加临时施工栈桥	根据现场施工场地安排条件及交通疏解需求，胜太路路口需设临时盖板，同时西侧加临时栈桥，满足施工机械及车辆通行	技术部（2012）-001号南京元平建设发展有限公司《关于地下围护结构设计图施工调整的会议纪要》	在前期初步设计交通疏解和管线迁改过程中，BT项目部应协调交管部门提前介入，向工点设计单位提出路段交通需求，可避免本类变更。另外施工筹划应提前进行，栈桥等设置应在施工中标后及时通过设计联络提出，避免此类变更
		桩间旋喷止水φ800的双重管旋喷桩，另加一根双重管φ800旋喷桩	靠近基底为4-4e含卵砾石黏土层，旋喷桩在该层止水效果较差，桩间增设一根旋喷桩有利于加强止水效果，保证基坑安全	南京地铁项目管理公司会议纪要第7号，机场线工程TA04标旋喷桩止水围护设计调整会议纪要	4-4e层含卵砾石层在围护桩设计时候应该特别注意，无论旋喷桩或者搅拌桩止水效果都不好。在区间风井和车站以及城中线路建设过程都碰到此类问题
3	佛城西路站	佛城西路站东侧风亭及紧急出入口位置及外轮廓调整，相应的基坑、围护桩及支撑体系调整	根据会议纪要《关于佛城西路站附属结构与周边用地协调问题的会议纪要》技术部（2012）-0013号，南京元平建设发展有限公司，2012.09.07	佛城西路站东侧风亭及紧急出入口，占埃斯顿公司用地。协调不易，按业主要求调整该部分至规划用地内	考虑BT项目特殊性，附属占用埃斯顿公司用地问题，应提前到初步设计早期协调，以便满足后期工期需求
4	南京南站	南京南站主体围护结构变更一：将围护结构由连续墙变更钻孔桩，由叠合墙变更为复合墙	由于高铁南京南站将于2011年5月20日开通，需回复车站顶板覆土，采用连续墙工期赶不上	南京南站及两端区间初步设计审查意见	工期原因导致变更，变更后满足了施工要求，车站顶板于5月20日前顺利覆土，保证了高铁南京南站按时开通
		南京南站钢管柱结构变更二：南京南站附属围护结构由Φ800@1000+旋喷桩止水帷幕变更为Φ1200@1200的人工挖孔桩	南京南站北侧附属距离宁芜货线最小距离只有1.02m，采用机械施工易对宁芜货线造成破坏；车站北侧附属在高架桥下净空只有9m，满足不了旋挖钻机的施工	南京地铁有限责任公司会议纪要第6号（2013年9月23日）	前期设计对宁芜货线保护工作未充分考虑，对现场施工机械安排未及时沟通BT公司，导致该变更

9 导向标识系统的设计及管理模式总结及评价

9.1 主要执行技术规范和标准

9.1.1 设计背景

（1）根据南京地铁线网需求，到 2015 年将有 8 条线路建成通车，连同已运营的 1、2 号线，运营里程将近 400 公里，导向标识系统是车站内直接面向乘客传达信息的重要系统，需适应地铁运营网络化、公共信息标准化的要求。

（2）南京地铁新线导向标识系统贯标要求:根据《南京市公共信息标志标准化管理办法》规定，要求地铁导向标识按照国标进行标准化设计。

（3）响应《公共信息标志服务人文青奥宣传手册》，服务青奥要求。

9.1.2 设计内容包括平面布置、版面设计、字体、图形符号、颜色、材质工艺

1. 平面布置

根据车站建筑形式进行建筑流线分析后，在客流交叉点、功能设备、楼扶梯、通道口、出入口、站外 500m 范围设置必要的导向标识和功能信息确认标志（图 9-1、图 9-2）。

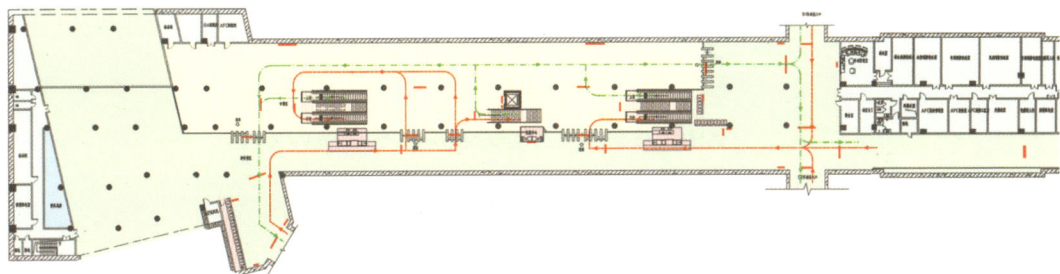

图 9-1　车站导向标识交通流线分析及导向标识牌布置图

（a）　　　　　　　　　　　（b）　　　　　　　　　　　（c）

图 9-2　导向标识和功能信息确认标志

（a）站外 PDS；（b）站内导向；（c）出入口

2. 版面设计

画面元素按照从左往右顺序排列，箭头保证距左侧画面边缘 60mm，上下均为 55mm，节箭头、列车符号、文字信息之间间距为 60mm，如图 9-3 所示。

图 9-3　版面设计要求

3. 字体

导向标识采用的字体全部为等线类字体，中文字体为微软雅黑，英文为方正黑体，中英文比例横向压缩为 80%，如图 9-4 所示。

中文字体 微软雅黑 **轨道交通规范字体**

英文字体 方正黑体 ABCDEFGHIJKLMNOPQISTUVWXYZ

数字字体1 方正黑体 **1234567890**

数字字体2 专用特备字体

图 9-4 字体要求

4. 图形符号

导向标识使用符号分为国标及企业自制符号二大类：

（a） （b）

图 9-5 图形符号

（a）国标符号；（b）企业自制符号

5. 材质工艺

导向标识牌体采用 6063 的铝型材制作，开槽、折弯、焊接成型，表面采用氟碳喷涂；画面部分材质采用聚碳酸酯板＋自粘型乙烯薄膜组成；主要照明方式采用内打灯，光源为 T5 日光灯管＋导光板。

9.1.3 设计重要节点

（1）2012 年 12 月 28 日完成《南京地铁新线导向标识系统设计》评审；

（2）2013 年 9 月 4 日完成《南京地铁新线导向标识系统汉语拼音使用及英文译写指导手册》及新线站名译写评审。

9.1.4 设计创新

（1）按照车站层高不同，设计了三种版面规格，分别为：330mm（车站层高 3.2m）、400mm（车站层高 >3.2m）、480mm（换乘站站台），如图 9-6 所示。

330mm　　　　　　　　400mm　　　　　　　　480mm

图 9-6　三种版面规格示意

（2）车站出口信息标志结合装修设计，有效减少了导向标识牌数量，使车站公共空间更为简洁、美观（图 9-7）。

图 9-7　车站出口信息标志

（3）南京南四线换乘，在换乘通道处增设标贴，使换乘环境醒目、简洁（图 9-8）。

图 9-8　增设标贴示意

（4）机场线的高架站站台层由于设置于地面二层，采用站立式导向牌进行整合（图9-9）。

（a）   （b）

图9-9　站立式导向牌

（a）甲面：实景线路图+横行线路图+直行线路图；（b）乙面：几何线路图+横行线路图+直行线路图

（5）机场线的高架站站台层由于设置于地面二层，导向牌与PIS屏、LED屏进行整合（图9-10）。

图9-10　高架站站台层导向牌

（6）侧式站台和岛式站台屏蔽门上方的横行车线图，采用两种表现形式（图9-11）。

（a）

图9-11　横行车线图（1）

（b）

图 9-11　横行车线图（2）

（a）形式一；（b）形式二

9.2　地面导向图（周边地图）

（1）站厅"号口"部设置有车站街道图。

（2）车站付费区设置街道图及"五分钟步行圈"和站层图（图 9-12）。

（3）车站付费区设置车站运营线路图（图 9-13）。

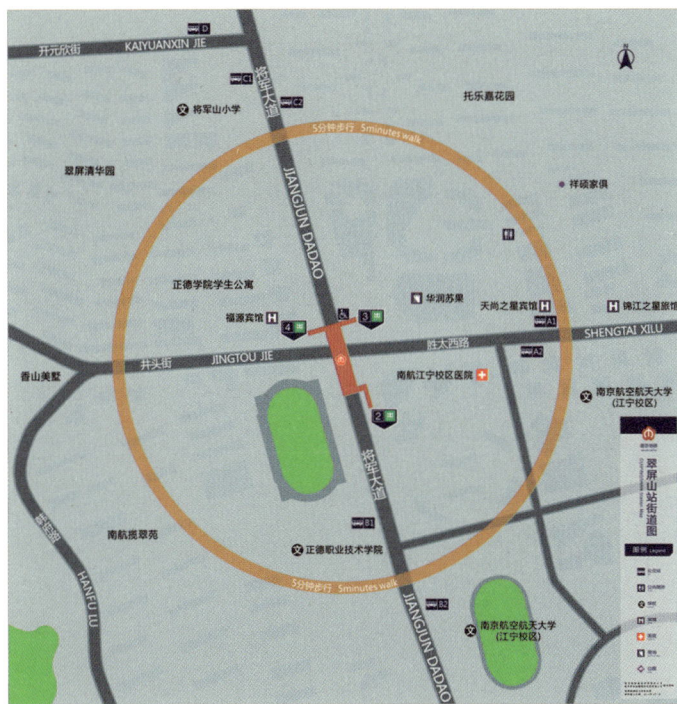

（a）

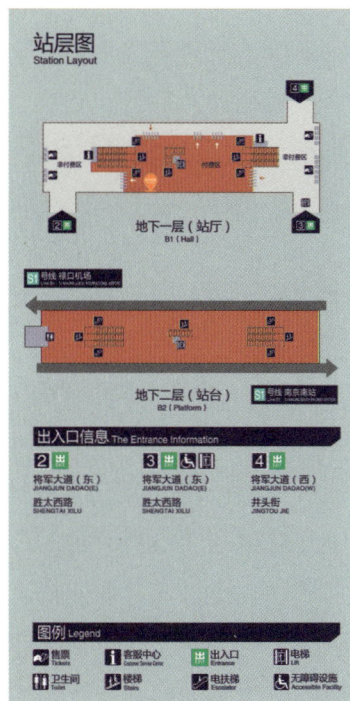

（b）

图 9-12　付费区街道图及"五分钟步行圈"和站层图

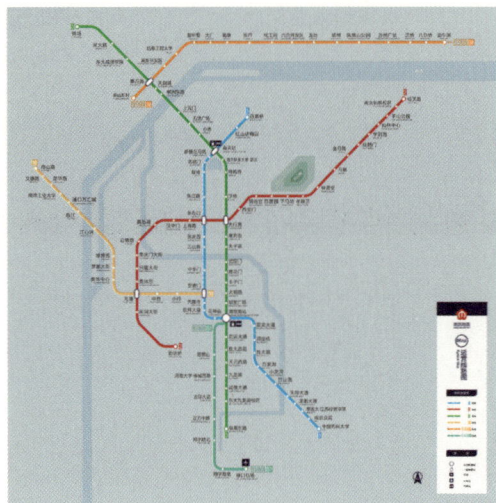

（a）

（b）

图 9-13　车站付费区设置车站运营线路图

（a）车站运营线路图（几何线路图）；（b）地铁线路图（实景线路图）

车站街道图、运营线路图、实景线路图的设置。创造高效的空间环境是地铁车站设计的核心问题。提高人群在空间中的移动效率，方便找路，使之便捷地到达目的地是地铁车站的根本目标。但地下空间环境有其特殊特性，有许多不利因素阻碍地铁空间的运营效率。

9.3　导向标识设计评价

全线公共区导向标识系统主要由导向标识、确认标志、资讯标志、安全标志等组成，其中按配电分类，可分为不供电，个别不需要发光的标志；不同类别的导向标识实现了不同的功能性。

导向标识类标识用于指示在人流分流、功能区分界、出现视觉阻碍等关键点处快速引导乘客分流，各自到达相应的目的地。起到了有效引导客流、缓解乘客在站内滞留的现象。确认标志类标识能准确指示其信息所覆盖建筑设施的相关用途。目的是为了明确站内设施功能及分类。导向标识类标识是指让乘客在导向标识的指引下到达确认标志所覆盖范围内的相关公共设施的标识。资讯标志类标识在站内导向标识系统中属于三级信息类导向标识，其设置目的是为了更好地辅助导向标识类标识、确认标志类标识所涵盖相关信息的综合体，诠释站内综合信息的一种资讯类标识，其涉及范围广、信息量大，通常能使乘客全面了解站内布局、站内相关设施所在位置及周边相关信息，是综合资讯类导向标识。安全标志类标识可以使在站内的乘客合理区分安全区域、危险区域和应当注意、小心周围有某种不安全因素而需要提醒时设置的区域类标志，可以避免使乘客造成人体伤害的一些潜在危险。

为确保吊挂式标志不影响乘客通行，要求其下沿距地面高度 ≥ 2.4m，在空间不够的情况下 ≥ 2.2m。

作为导向设计部门的设计人员，要时刻坚持"服务乘客，以人为本"，配合业主的要求，根据国家设计标准，进行导向文件设计修改，最终设计定稿、专家评审、出全线设计施工图、配合施工单位安装等。

9.4 合理化建议

9.4.1 设计注意事项和核查要点

（1）设计阶段积极与装修及其他设备专业沟通，避免各设备的冲突。

（2）设计阶段了解车站形式、四小件形式及周边大致状况，在导向信息中准确反映并且在站外作合适的引导。

（3）施工阶段仔细审查排版图，避免导向与装修及其他设备的冲突。

（4）施工阶段积极深入现场了解情况，如出现问题根据实际情况及时解决。

（5）现场查看是否有导向牌信息安装错位，或者安装形式位置高度与图纸不符。

9.4.2 设计中存在问题和解决措施

1. 导向与顶面设备冲突

LED 屏、摄像头等设备抢占位置，在装修设计的配合整合之后，各个专业已经不存在问题。施工现场部分 LED 屏、摄像头在安装过程中，由于现场没有按装修设计整合的图纸安装，并且导向在其他各专业之后安装，导致导向牌无法安装在指定位置（图 9-14）。

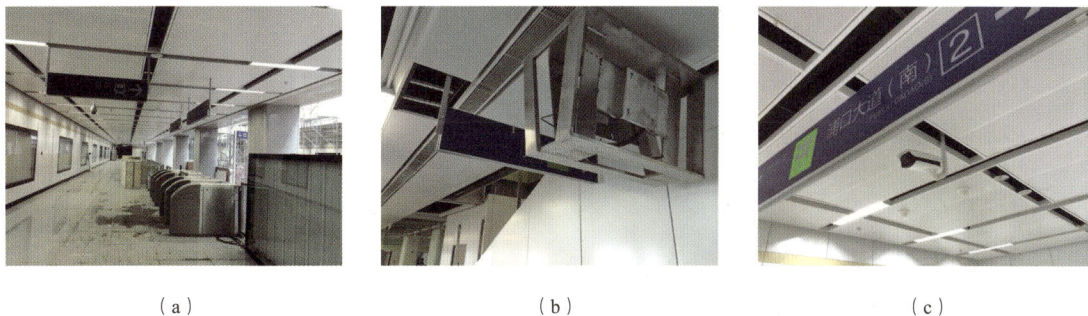

（a）　　　　　　　　　（b）　　　　　　　　　（c）

图 9-14 导向与顶面设备冲突问题

（a）牌体与球机冲突；（b）牌体与 LED 屏冲突；（c）牌体与摄像头冲突

解决办法：

（1）在设计阶段各专业积极配合避免冲突，并且在装修排版图阶段调整有冲突的设备。

（2）导向设计、通信设计、装饰设计人员会同装修施工单位在不影响各设备使用功能的情况下现场进行位置调整。

2. 装修施工单位排版图不准确

导向与各专业在系统的协调之后，可保证可以落实到现场，但由于施工单位没有现场放线，只是把装修施工图作为排板图依据以及现场土建误差，导致后期导向与其他专业协调量较大。如图9-15所示，施工时未按图纸要求预留孔洞，后期现场开孔。

图9-15　未预留孔洞

解决方法：建议装饰施工单位做好现场放线之后的排板图。把问题暴露在前面，后期可节约工期。

3. 建筑设计方面

由于前期出入口不稳定因素较多，如出入口形式无法确定或新增出入口，导致导向专业出图比较困难，以及导向专业给测绘院提资不准确。

解决方法：建议建筑专业尽早梳理出入口编号以及与其他物业是否有接口，在出入口有变动的时候及时与导向专业沟通。

4. 出入口信息提资

测绘院信息提资相对滞后，导致导向设计人员后期的工作量增加，不能及时给予导向供货单位提资，影响供货单位生产和工期要求。

解决方法：可以适当提前和先行提供部分出站信息，以减少后期工作积压。

5. 站台层楼扶梯两侧导向牌与安全门检修冲突

如图9-16所示，导向牌距安全门检修盖板过近。

图 9-16　导向牌距安全门检修盖板过近

解决方法：

（1）在设计阶段导向牌定位时尽量往站台中心处设置，留出足够安全门检修盖板打开的距离。

（2）调整导向牌尺寸及数量，原先宽度 1500mm 建议改为 1200mm，换乘车站原先两块导向牌减少为一块，画面信息整合排列。

6. 与其他非地铁物业冲突

如图 9-17 所示，此处原先设置落地梅花标与已完成非地铁物业冲突。

图 9-17　与其他非地铁物业冲突

解决方法：在设计阶段与四小件专业沟通确定周边物业状况，施工阶段如周边物业条件发生改变，四小件专业及施工单位应及时通知导向设计作出相应调整。

9.5 南京地铁机场线导向标识系统设计特点

9.5.1 完全遵循了目前国际上城市轨道交通系统的特点、原则和最新的发展方向

城市轨道交通导向标识涉及面广，目前在全世界范围内还没有一个明确统一的国际标准，不同国家、地区、城市根据其不同的文化特征、生活习惯、乘客心理、传统禁忌而各不相同，如伦敦、巴黎、东京、中国香港等城市地铁的标识系统设计上就各不相同。但有些国际公认的准则为大家所采用，如标识颜色，红色表示禁止，蓝色表示命令，绿色表示安全；安全警告的标识图案也采用了国际通用的图案，如"禁止通行"的图案等，这些在南京地铁的导向标识中均很明确地使用。

对于主要乘客引导的标识文字，采用了中英文两种文字，对每一个人（包括外国乘客）传递同样的资讯，不能产生歧义，因此除车站站名外，中英文对照不能采用音标的翻译。这也是反映南京城市的文明程度、开放性和国际化的具体体现。

9.5.2 系统性强

南京地铁导向标识系统从各个车站出入口 500m 范围的主要道路口就设置了醒目的行人指示牌，为乘客指明了距最近地铁站口的方向；在大型的城市广场或周边环境复杂的地区、设置了醒目的地铁梅花标志灯箱；在每个出入口均有站立或悬挂的地铁梅花标志灯箱和站名牌；进入站口后在站厅对于售票、问讯、票价、进站、乘车方向、地铁线路图、列车等均明确而清晰；站台上还设有先进的 LED 屏和等离子视讯系统显示列车到站时间；站台地面设有醒目的黄色安全警示地贴，提醒乘客注意安全。上车后车厢两端有 LED 屏，配合车辆广播一起发布到站信息等；乘客在车厢内能看到站台上的艺术站名牌和一些小型站名牌，随时提醒乘客车辆到站信息，不要错过各自的目的地；乘客下车后，在站台两侧每个楼扶梯边均设有醒目的出站标识，提醒乘客从最近的楼扶梯上站厅；到达站厅后每个楼梯口均设有出口指示牌及各个出口周边道路及标志性建筑信息。每个出口处还配有车站街道图及公交换乘信息。每个乘客在使用过程中只要留意头顶前方悬挂的导向标识牌就能顺利完成出行的旅程。

车站的墙、柱面均按国家消防规范要求，设置了系统、完善的疏散指示灯，满足紧急情况下对乘客的疏散要求。

9.5.3 信息内容简洁、清晰

导向标识系统的主要功能引导乘客安全、顺利及迅速地完成整个车站的旅程。过多、繁

杂地信息，或是其他不相关信息的设置，容易误导乘客，引起使用者不便，甚至造成混乱。

南京地铁导向标识系统采用了简单明了的名称和编号系统，统一使用地铁线路的颜色，所有车站采用标准图像、文字和颜色，每个标识种类均采用统一的图形及布置，结合地下空间的环境特点、乘客的心理及视觉要求科学进行设计，满足了乘客疏散的主要功能需求。

对车站内公厕、警务等均只设有标识牌，而不设置导向牌，就是避免过多的次要导向信息干扰疏散乘客这一主要功能。乘客可通过车站问讯处或站务人员的服务来满足其需求。

9.5.4 标识牌的平面设计、造型设计美观、新颖

南京地铁导向标识系统设计，包括的平面设计和造型设计，是香港地铁公司在其最新的将军澳线建设的基础上发展、提高而来的，充分体现人体工程学、环境行为学、心理学、色彩学、美学等多学科运用，并考虑到地铁多线运营、维护检修等多方面因素。

9.5.5 科技含量高

南京地铁导向标识系统的监控指令可由串联排接口或脉冲硬线信号实现与进出站闸机、电动扶梯的联琐功能。在操作上，控制员可做个别或组群模式控制，方便快捷，紧急情况下，可通过单一电脑指令，控制紧急标识及相关机电设备，大大提高运作效率。

标识牌灯箱将传统的内置灯管改为导光板，既减薄了标识牌的厚度，发光更加均匀，使之更简洁美观，又节约了用电和减少今后运营的检修率。

10 装饰、四小件、景观、艺术设计总结及评价

10.1 概况

南京地铁 S1 号线一期工程即机场线，为南北向线路，北起南京南站，经江宁经济技术开发区、秣陵工业区、禄口新城，南至南京禄口国际机场。一期工程线路总长全长约 35.8km；共设置 8 座车站，其中 5 座地下站、3 座高架站；线路标志色为宝石绿。

装修范围包括车站公共区站厅、站台（站台屏蔽门以内部分）、出入口通道（从站厅门洞至出入口之间部分）、地面附属建筑及车站设备区等。装修内容包括地面、吊顶、墙面、不锈钢栏杆、广告灯箱等。

10.1.1 车站公共区装修主要技术性能指标及取得的主要成果

1. 吊顶

吊顶设计图见图 10-1，吊顶实景图见图 10-2。

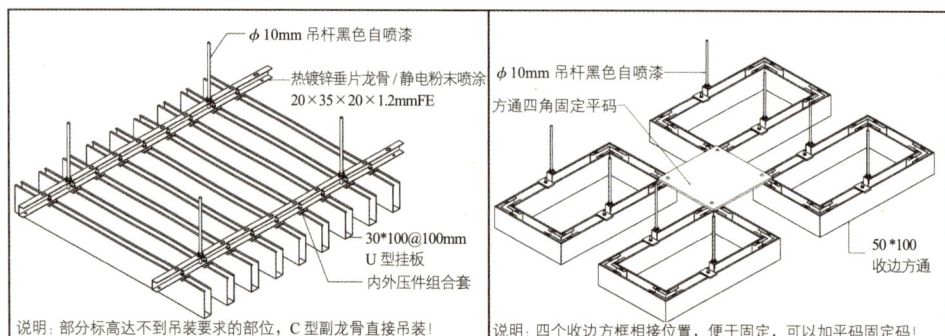

图 10-1 吊顶设计图

图 10-2　吊顶实景图

（1）吊顶的布置定位以有效站台中心线或车站建筑轴线为参照。

（2）主龙骨为主要的吊挂受力件，承托整个吊顶系统的重量，次龙骨起横向固定和安装部分设备的作用。

（3）吊顶设计以基本模数组合为主，具体的组合形式根据各车站的特点（侧式、岛式、单柱与双柱等）和尺寸决定。

（4）吊顶的底面标高原则上不低于 3.20m（以装修后地平面为 ±0.000，下同）。

（5）吊顶以上所有设备和辅材的最低标高不低于 3.40m，保证有足够的导向、设备和吊顶安装操作空间。

（6）吊顶以站厅、站台的整体效果和布局作为设计首要因素，综合考虑照明、空调、通风、广播、防灾探头等设备的安装、间距的要求，优化吊顶的组合、布局。

（7）车站装修与设备协调时，设备的具体安装位置与吊顶的设备预留安装位严格对应，并在吊顶的平面图上准确表示出来，以避免设备安装与吊顶安装出现矛盾。

（8）所有设备独立吊挂处理，吊挂固定不依靠吊顶系统。

（9）吊顶系统的吊挂固定，与设备吊挂重叠的部位采用共用设备的吊挂系统，其他部位独立设置，采用 $\phi 8$ 镀锌吊杆，最大间距不大于 1200mm。

（10）车站出入口的楼梯、自动扶梯下端吊顶处设置导向指示。

（11）站台层的吊顶与楼梯、自动扶梯开口的边缘（挡烟垂壁）留有一定的空隙，以满足消防的要求。

2. 地面

地面如图 10-3 所示。

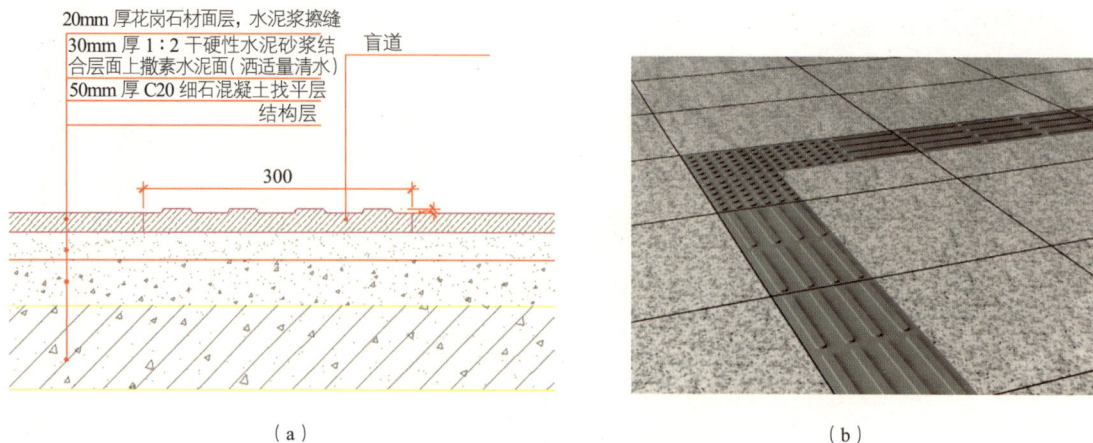

20mm 厚花岗石材面层，水泥浆擦缝
30mm 厚 1:2 干硬性水泥砂浆结
合层面上撒素水泥面（洒适量清水）
50mm 厚 C20 细石混凝土找平层
结构层

盲道

300

（a）

（b）

图 10-3　地面

（a）设计图；（b）实景

（1）公共区地面基本为 600mm×900mm 大花纹浅色镜面白麻花岗岩铺砌，使整个车站干净简练。

（2）站厅地面从中心线向两边墙面方向铺砌；站台地面从屏蔽门边线向中线方向铺砌。

（3）通道地面和站厅形成整体，统一使用 600mm×900mm 大花纹浅色镜面白麻花岗岩铺砌。

（4）楼梯铺砌石材采用毛面处理。

3. 墙面

墙面如图 10-4 所示。

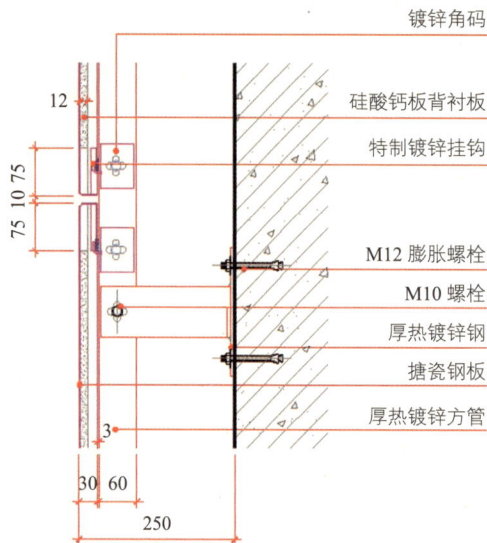

镀锌角码

12

硅酸钙板背衬板

特制镀锌挂钩

75　10　75

M12 膨胀螺栓

M10 螺栓

厚热镀锌钢

搪瓷钢板

厚热镀锌方管

3

30　60

250

图 10-4　墙面

（1）墙面材料采用搪瓷钢板、烤瓷铝板或花岗石，统一以干挂方式安装，尺寸为（2500 ~ 3000mm）×900mm（花岗石为 600mm×1500mm）。

（2）当采用搪瓷钢板墙面时，搪瓷钢板之间留有 10mm 宽空隙；当采用花岗石墙面时，板间留 2mm 缝。

（3）柱面材料与车站墙面材料一致。

（4）墙面材料及广告灯箱布置基本 按等间距对称布置。

（5）墙面设备开门位置与墙面装修分格一致。

（6）所有设备暗装，设备外表面材料与墙面一致。在结构墙面预留的设备位置必须与墙面分格一致，避免设备安装与装修冲突。若为离壁墙，则最高一排墙面板的背后为管线铺设空间，当管线需要沿墙面布置时，须集中在此范围内。

（7）位置靠近的设备应合并布置，清扫插座应尽量安装在其他设备的面板内，以减少墙面材料的种类。

4. 不锈钢栏杆

不锈钢栏杆如图 10-5 所示。

图 10-5　不锈钢栏杆

（1）不锈钢栏杆的金属构件以 304 号不锈钢制作。立杆、扶手为 $\phi 60$ 圆管，壁厚 2mm，表面发纹处理。

（2）栏板为 12mm 厚透明钢化玻璃。

5. 客服中心

客服中心如图 10-6 所示。

（1）客服中心的安装方法为工厂预制构件，现场组装，与车站土建分离。

（2）客服中心主体结构由钢管焊接构成的六面体骨架，围合结构上部为挂装钢化玻璃，下部为不锈钢。

（3）客服中心内约300mm宽范围为管道布置空间，可开启防静电地板表面留有出线孔。

（4）在地面装修层内预埋票务设备管线，管线出口位于基座周边管道布置空间以下，方便拉线及今后管线的增加。

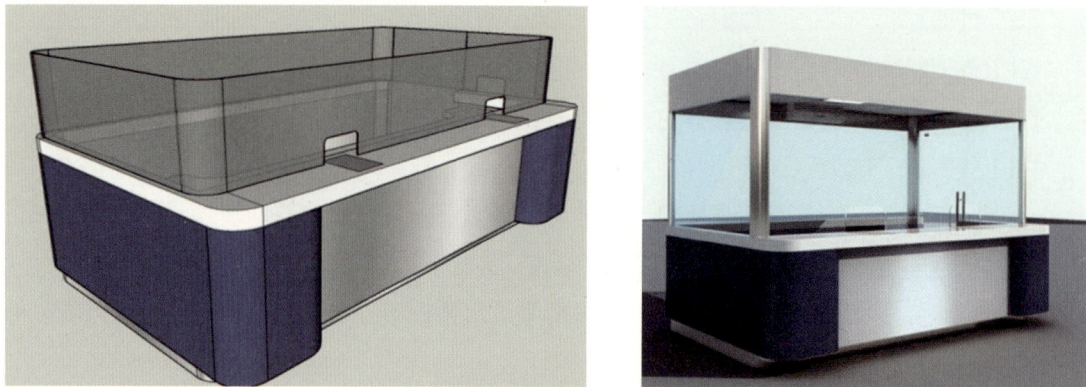

图10-6　客服中心

6. 银行

银行绝大多数为自助ATM机，墙面上预先安装配电箱，留出电线，由租户自行安装设备。

7. 商铺

（1）商铺分为整体式和零星式商铺，其墙面上预先安装配电箱，留出电线，由租户自行安装设备。

（2）一般整体式商铺公共区部分和商铺地面统一设计、安装，吊顶由租户自行选材安装（材料防火等级为A级）。

8. 自助类商业

（1）自助式商业机械包括自动售货机、自助电子产品机等。

（2）车站自主机械服务设施在站厅设置于非付费区、出入口附近及电梯拐角，站台可以选择性设置在楼梯三角房处。其电源预留，设备区设备间控制。

9. 广告灯箱

广告灯箱如图10-7所示。

（1）站厅广告灯箱为嵌入式，表面与墙面平齐，外观尺寸3150mm×1650mm×200mm。

（2）站台轨行区广告灯箱为外挂式，外观尺寸3200mm×1700mm×200mm。

图10-7　广告灯箱

10.1.2　装修与设备专业的界面接口协调

1. 与通信专业的界面

通信专业提出提供设备施工安装方法、安装高度、开孔要求、各站点的点位布置图及布置原则要求（包括微调范围、检修要求等）由车站装饰专业汇总协调布置。

通信专业根据车站装饰专业提供的站厅、站台层公共区吊顶设备布置图，进行通信专业的设计并施工。

2. 与 FAS 专业的界面

FAS 专业提出设备施工安装方法（包含安装高度）、开孔要求、箱体尺寸、各站点的点位布置图及布置原则要求（包括微调范围、检修要求等），由车站装饰专业汇总协调布置。

FAS 专业根据车站装饰专业提供的站厅、站台层公共区吊顶设备布置图，进行 FAS 专业的设计并施工。

3. 与 BAS 专业的界面

BAS 专业设备施工安装方法（包含安装高度）、开孔要求、箱体尺寸、各站点的点位布置图及布置原则要求（包括微调范围、检修要求等），由车站装饰专业汇总协调布置。

BAS 专业根据车站装饰专业提供的站厅、站台层公共区吊顶设备布置图，进行 BAS 专业的设计并施工。

4. 与动力照明专业的界面

动力照明专业提供设备施工安装方法（包含安装高度）、箱体尺寸、各站点的点位布置图及布置原则要求（包括微调范围、检修要求等）

与车站装修、装饰专业的界面在车站照明配电总箱的下桩头。照明配电总箱出线及车站插座属车站装修、装饰专业。

车站动力照明专业对车站装修、装饰专业设计的动力照明配电图纸进行审核。

5. 与综合管线专业的界面

综合管线专业确定管线安装高度、整合吊顶内系统电缆支架实现资源共享、确定共用电缆支架的走向、标高、外形尺寸、协调满足公共区天花漏空位置无管线的设置要求。

6. 与 AFC 专业的界面

AFC 专业设计单位提供设备施工安装方法，确定设备数量、布置原则、外形尺寸、站厅层地面装修要求及各站点的设备点位布置图，由车站装饰专业汇总协调布置。栏杆设置可根据装饰设计进行调整。

7. 与给排水专业的界面

给排水专业设计单位提供设备施工安装方法（包含安装高度）、箱体尺寸、各站点的点位布置图及布置原则要求（包括微调范围、检修要求等），同时各出入口水泵控制箱，装修专业根据原则要求安排合适位置，要求便于维修。

8. 与通风空调专业的界面

专业设计单位提供设备施工安装方法、开孔要求、各站点的点位布置图及布置原则要求（包括微调范围、检修要求等），装饰设计单位可提出适当调整风口位置及材质、尺寸、颜色的要求。

9. 与自动扶梯和电梯专业的界面

装修设计单位负责设计扶梯上、下端部与地面的收口，及扶梯侧边与墙面的水平封堵。

扶梯与侧墙的接口：装修设计单位负责设计侧墙的装修面，并一直延伸到扶梯扶手带以下。

扶梯与楼梯的接口，要求首先由扶梯完成这一侧的外包不锈钢板安装，钢板会一直延伸到楼梯装修面以下。外包板和楼梯间的空隙由装修专业负责。楼梯栏杆不能焊在扶梯设备上。

10. 与屏蔽门专业的界面

屏蔽门专业设计单位提供设备施工安装方法及对装修的特殊接口要求、设备尺寸、材质等。装饰专业根据设计提供门楣颜色及导向设计内容。

绝缘层的绝缘卷材由屏蔽门专业设计，绝缘层上的石材由装修专业统一设计。

屏蔽门采用的绝缘安装方式由屏蔽门设计者考虑，最终方案会提交装修专业确认。

屏蔽门的顶箱颜色、导向标识等的颜色、图案，门体玻璃上的标识、装饰彩条等由装修专业确定，屏蔽门专业负责实施。

屏蔽门顶部与吊顶及底部与地面存在接口，屏蔽门专业负责处理。

屏蔽门的顶箱需要设置专门的照明，以便突出显示顶箱上的导向标识，照明由装修专业负责设计。

11. 与门禁专业的界面

门禁专业设计单位提供设备施工安装方法（包含安装高度）、面板尺寸、各站点的点位布置图及布置原则要求，由车站装饰专业汇总协调布置。

10.1.3　主要技术难点及解决措施和办法

1. 主要技术难点

车站内的通风空调、灯具、通信设备、控制箱、配电箱、消火栓箱等众多设备安装在装修材料表面，如按照一般的公共空间设计手法进行装修，将造成装修与设备及管线之间的接口繁多，安装施工周期长。

部分设备及管线需要日常维护与检修，如采用暗装，将造成检修困难。但采用明装比较凌乱，影响装修效果。

墙面广告灯箱的位置及安装时间不确定，要求装修具有灵活性。

由于各部位装修材料由不同的供应商供货，由同一个施工单位进行安装与成品保护，减少了各部位之间的过多接口和现场协调量。

2.解决措施和办法

吊顶与墙面是设备较多的部位，为避免设备与装修的接口过多，对以上两部分进行了特殊设计。

吊顶采用模块化单元设计。吊顶与风口、灯具等设备分离，设置独立的"设备区域"。设备按照吊顶的模块定位，在"设备区域"范围内可以任意插入设备。这样的设计避免了吊顶与设备的接口，所有吊顶构件不需在现场进行加工，保证了施工质量。

吊顶板采用可开启设计，方便设备的检修。开启机制简单可靠，一个人就可快速完成操作。

墙面采用模数化整体设计。装修墙面采用离壁墙的形式，墙面与结构墙体之间留有250mm 空隙作为广告灯箱、设备及管线安装空间。所有广告灯箱及设备箱体安装在结构墙体上。箱门以墙面装修材料制作，与墙面完全融合。广告灯箱、设备箱体位置及外观尺寸与墙面分格一致，使墙面效果完整，设备布置有序。

墙面采用外挂装饰板的形式，可随时取下或安装。挂装机制简单可靠，在施工期间大大加快进度。在日常运营过程中，广告灯箱可根据需要灵活增加或调整位置。

各部位装修采用"分离"设计，相互不接触，之间的空隙经过研究，确定合适的尺寸，使各部位之间既有联系，又不必考虑相互的误差。

10.2 技术创新点

（1）装修材料实现标准化、模块化，便于材料及构件的工厂化大批量生产，保证了产品供货速度。

（2）材料及构件采用工业化产品，所有材料在工厂完成加工制造，施工现场只进行产品安装，保证了成品的精度与质量。

（3）所有部位的装修材料都设计了操作简便的安装与调节机制，在施工现场仅需简单的安装操作，基本不进行材料加工，保证了施工质量及速度。

（4）所有需要检修的部位都设计了简便的开启装置，方便运营部门的日常检修与维护工作。

（5）全线装修材料及构造做法统一，构件具有通用性，使材料的备品率低。各车站的大部分材料都可互换，方便合理地调整材料的供货时间及地点，使材料的供应更好地配合土建施工的进度。

（6）采用"模块化单元设计"及"模数化整体设计"的原则，设置独立的"设备区域"。装修与设备分离，设备按照装修的模块或模数定位，在"设备区域"范围内可以任意插入设备。这样就减少了装修与设备的接口，加快施工速度，保证了施工质量。

（7）达到的目的与效果

①S1 号线 8 个车站装修方案基本稳定，施工过程中基本没发生颠覆原设计方案的变更。

② S1 号线车站装修设计以简洁明快，安全环保并赋予时代感的同时体现地域文化为宗旨，车站装修清新和谐，其充满活力的公共空间以及独具匠心的设计搭配，体现出地铁是城市的快速交通走廊，体现了地铁装修的新理念和轨道交通的文化，强调了快速疏导客流的交通功能。

③ 1 号线车站在国内首次大胆采用 900mm×2450mm 大版面的烤瓷铝板、搪瓷钢板墙面装饰材料，烤瓷铝板、搪瓷钢板色彩明亮，表面平整，表现力异常丰富。同时烤瓷铝板、搪瓷钢板具有无与伦比的耐久性，颜色稳定，表面坚硬、耐磨，是地下轨道交通的一种理想的装修材料。

10.3 主要设计经验及改进建议

10.3.1 设计经验

地铁投资大，建成后最重要的是效果，毕竟只有最终效果能够被人感受。从 S1 线来看，越早进行最终效果的研究与定位，就越能够优化设计过程，减少专业冲突，加快施工进度。即使材料不能稳定，只要有明确的设计意图，有希望达到的效果，方案就能够有足够的适应性，而无需面对未稳定的条件无所适从。设计中较大的一部分内容并不依赖于材料，例如采用模数化设计，无论采用何种墙面、地面、顶面材料，都可以顺利推进与深化设计。

10.3.2 存在问题

（1）装修与建筑、设备等专业设计各自独立，协调力度不够，造成装修施工阶段出现装饰效果不能很好实现的情况，建筑的层高、面积和设备预留等一旦实施，便难以改动，造成部分车站装修后个别净空无法满足设计要求，不得已要以牺牲装修效果为代价。

（2）建筑设计应充分考虑施工误差。否则必然出现装修及设备难以按图施工的情况，造成装修施工及设备安装困难。

（3）设备与装修应充分考虑接口协调。设备外观设计的尺寸及预留位置应及早提资，大型设备与装修效果更应协调设计，以免影响车站整体装修效果。

10.3.3 建议

（1）地铁项目应统一全线设计基础，推广装配式施工，提高施工精度及质量，加快施工进度。

（2）装修与设备专业必须加强沟通协调。设备的选项不能仅仅满足功能要求，还必须考虑外观与安装方式。

（3）地铁装修要全线讲究统一效果、用材的统一、考虑后期运营维护的便利。

（4）确定轨道交通导向标识系统标准，促使城市轨道交通更加系统化、标准化。

10.4　发展与展望

随着全国各地轨道交通建设的逐步开展，地铁车站的设计已经积累了一定的经验，但仍存在着许多问题有待优化、解决。

设计工作是一种专业性很强的服务，应以特有的专业知识来服务于业主。轨道交通项目涉及面广，配合烦琐，在工程过程中设计要事事想在前，配合业主合理安排进度，增强设计的前瞻性，随时提醒不同阶段会出现的问题，在提高设计水平的同时增强自身的咨询能力。

11 公交一体化设计总结

　　轨道交通是持续发展的城市交通模式，对解决高密度城市的空间拓展和城市区域内容空间连接有很重要作用，而且随着国内各大城市地铁线网系统成型，地铁已经成为城市不可缺少的交通工具，而交通衔接则是扩大地铁服务半径的重要手段，也是鼓励市民使用地铁的行为方式。

　　公交一体化格局的核心任务是将各种公共交通方式内部、各种公共交通方式之间、私人交通与公共交通、市内交通和对外交通有效衔接，使各交通子系统之间达到高度协调，发挥交通体系的整体效益。整合各种交通资源，形成高效的交通衔接设施系统，所以地铁车站的格局应该以换乘服务为中心。

11.1　公交一体化设计原则

　　（1）布局紧凑，就近衔接：交通流线立体化布局是轨道交通延伸发展的趋势，充分利用延伸地上和地下的空间，实现无缝衔接，减少不同流线的交叉，提高延伸站的工作效率。

　　（2）交通一体化各类接驳设施的规模应该与客流换乘量相匹配。

　　（3）注重社会、经济、环境、能源和生态的可持续发展。

　　（4）组织应有序，换乘便捷，人车分流。

　　（5）布局应节约用地，综合利用枢纽空间，实现土地利用的集约化。

　　南京地铁公交一体化技术图如图 11-1 所示。

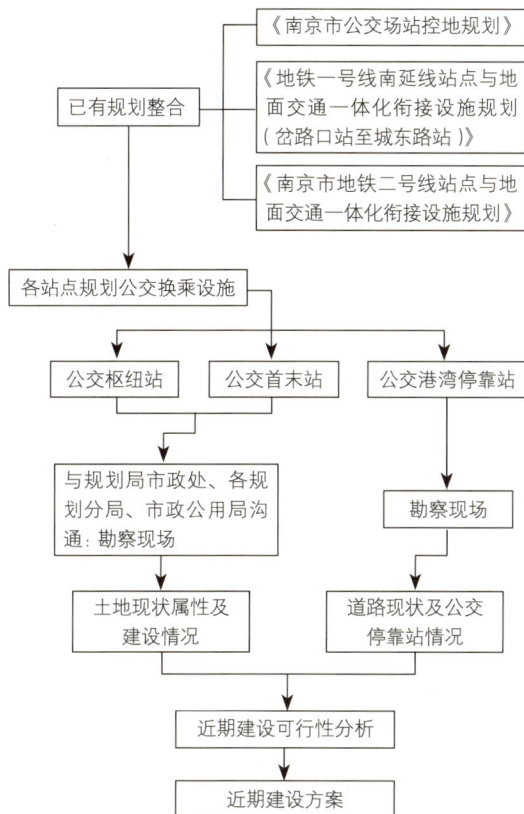

图 11-1　南京地铁公交一体化技术图

11.2　公交一体化设计情况

　　机场线公交一体化主要包括公共枢纽、公交依靠、小汽车停车场、出租车上下客位及自行车停车场，机场线各站点根据规划需求统一对全线公交一体化需求，部分站点与地铁建设同步实施完成。

11.2.1　禄口机场站

　　禄口机场站是地铁民航接驳车站，车站位于禄口机场拟建交通中心地下室。站点 800m 范围内均为机场区域，站西为中航油及预留 T3 航站楼、预留航空公司办公用地，站西为拟建 T2 航站楼和拟建停车楼。一般认为进出机场的地面客流主要是由乘坐飞机的旅客构成的，此外还包括在机场的工作人员、迎送人员三个主要的组成部分构成：

　　（1）乘坐飞机的旅客主要包括始发旅客和终到旅客。而在机场中转和经停的旅客由于其仅仅停留在航站楼内部，而不需要进出机场，在此不进行考虑。

　　（2）工作人员包括航空公司、机场、政府以及其他一些驻机场单位的工作人员。

　　（3）迎送人员主要包括接、送旅客的人员。从国际上较大规模机场的实际数据上来看，平均进出机场的人员中有 50% 是乘坐飞机的旅客，18% 是机场工作人员，32% 是迎送旅客人员。

禄口机场站站厅层通过扶梯分别与 T1、T2 航站楼相接，通过 T1、T2 再与机场区域设置的大巴、的士、社会停车进行接驳，可满足旅客、通勤、迎送旅客三类人员的需求。

周边现有的公共交通为机场及其附属配套交通设施，用地为机场用地。地铁车站位于禄口机场拟建交通中心地下室，借助交通中心配套的交通设施进行接驳。靠近车站的为交通中心首层的出租车停靠站、机场大巴停靠站。两者可通过交通中心首层楼扶梯与车站站厅直接相连。车站以东为机场停车库，与车站无直接联系，需经由车库与 T2 航站楼的空中连廊抵达交通中心后，再经交通中心首层抵达车站负一层站厅。

11.2.2 翔宇路南站（原禄口新城南站）

翔宇路南站（原禄口新城南站）公交一体化布置图如图 11-2 所示。

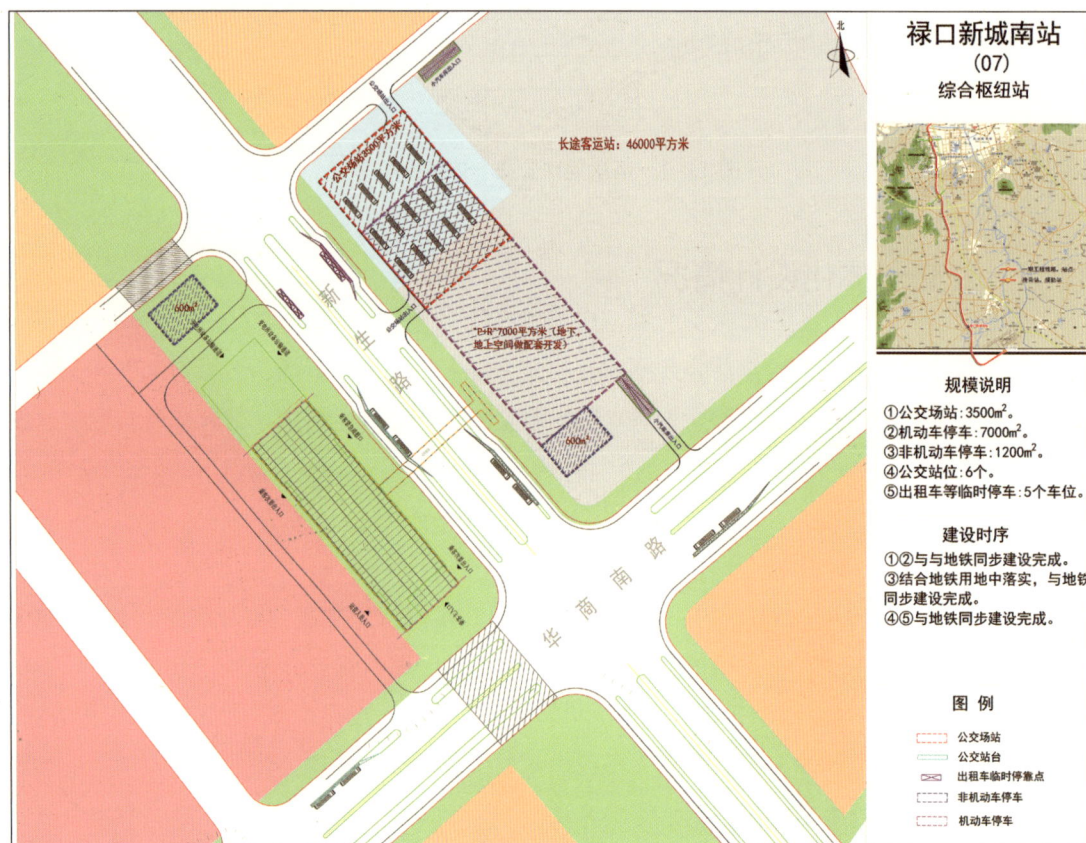

图 11-2 翔宇路南路（原禄口新城南站）公交一体化布置图

站位位于规划华商南路与规划新生路交叉口的西侧，两条路尚未实现规划。车站周边现状为荒地和农田，无现状建筑，目前规划周边用地为仓储用地、工业用地，还有农业用地。南侧的规划 50m 红线宽度的华商南路，东侧的红线宽度 46m 的新生路，这两条干路是车站客流的主要来源，还有一处是位于车站西侧的规划枢纽，这也是客流的主要来源。

车站周边无现状公共交通设施，为集体土地。将车站南侧主出入口位置设置站前广场，并设置自行车停车场约 250m²（约 120 辆），东侧临近新生的广场设置自行车停车场约 300m²（150 辆），北侧区间桥下设置 P+R 停车场 3635m²（90 辆轿车）。车站西侧新生路两侧以及南侧华商南路两侧也设置公交港湾停车站点、出租车停靠点。西侧交通枢纽处考虑设置公交场站和长途客运站，与地铁 6 号线通过广场连接。

11.2.3　翔宇路北站（原禄口新城北站）

翔宇路北站（原禄口新城北站）公交一体化布置图如图 11-3 所示。

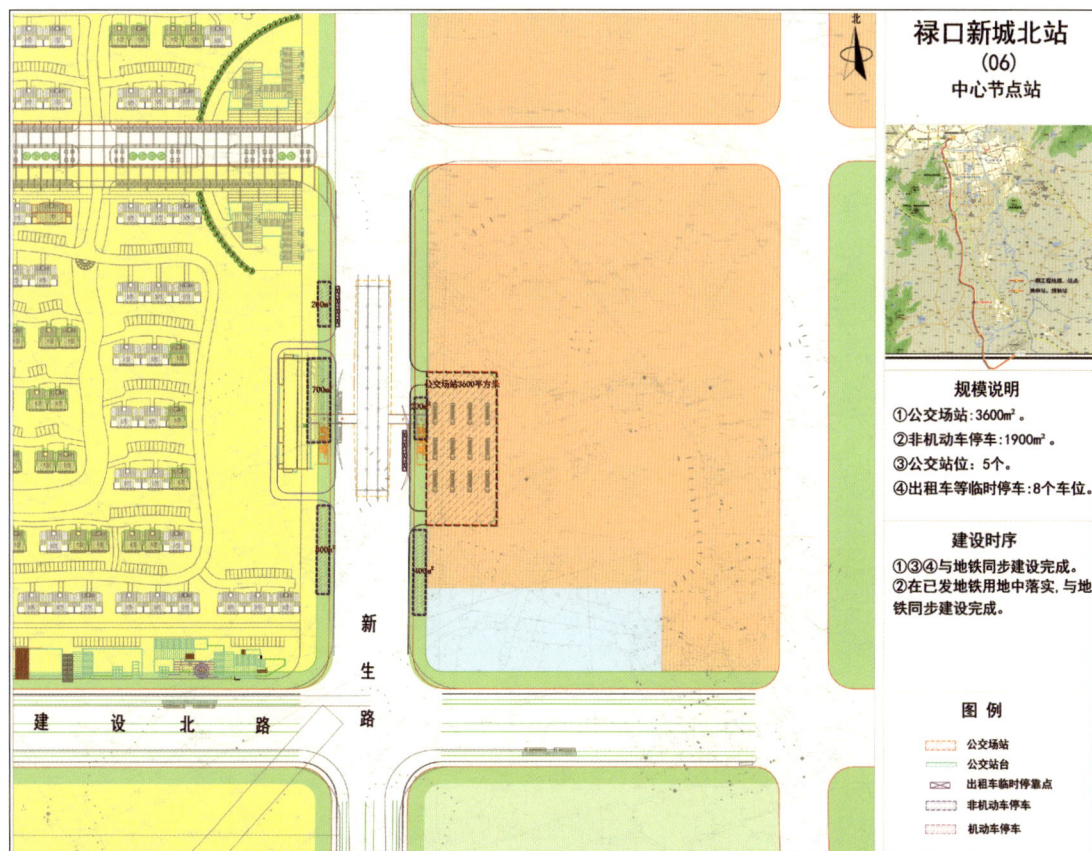

图 11-3　翔宇路北站（原禄口新城北站）公交一体化布置图

站位位于规划建设北路与新生路交叉口北侧，两条路未实现规划。车站周边为空地和管涵堆场，无现状建筑。目前周边规划为住宅用地和住宅混合用地。本站客流主要来自周边的规划住宅用地内的客流。

车站周边无现状公共交通设施，为集体土地。车站东南角有一块规划公共交通设施用地车站两边的天桥出入口广场设有自行车停车场每侧约 100 辆。旁边设有 P+R 停车场，每侧约 600m²（15 辆轿车），公交车站和出租车停靠点在邻近的新生路边设置。

11.2.4 正方中路站（原秣陵站）

正方中路站（原秣陵站）公交一体化布置图如图 11-4 所示。

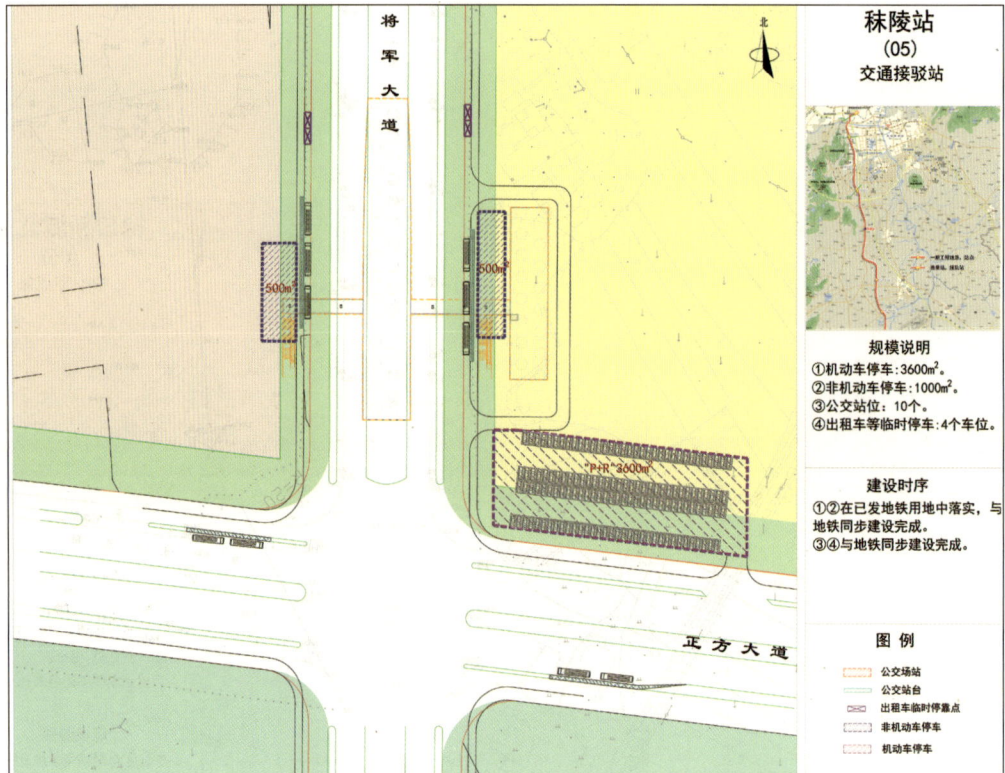

图 11-4 正方中路站（原秣陵站）公交一体化布置图

站位位于正方中路与将军路交叉口北侧。两条路已经实现规划，无现状建筑物。周边规划用地为工业用地（经与规划部门沟通，此处用地性质将调整为住宅用地）。主要客流来自于规划的住宅用地内的客流，以及正方中路连接的东西两边的乡镇的客流。车站周边无现状公共交通设施，为集体土地。车站两边的天桥出入口广场设有自行车停车场每侧约 100 辆。旁边设有 P+R 停车场，每侧约 600m²（15 辆轿车）公交车站和出租车停靠点在邻近的将军路边设置。

11.2.5 吉印大道站（原将军路站）

吉印大道站（原将军路站）公交一体化布置图如图 11-5 所示。

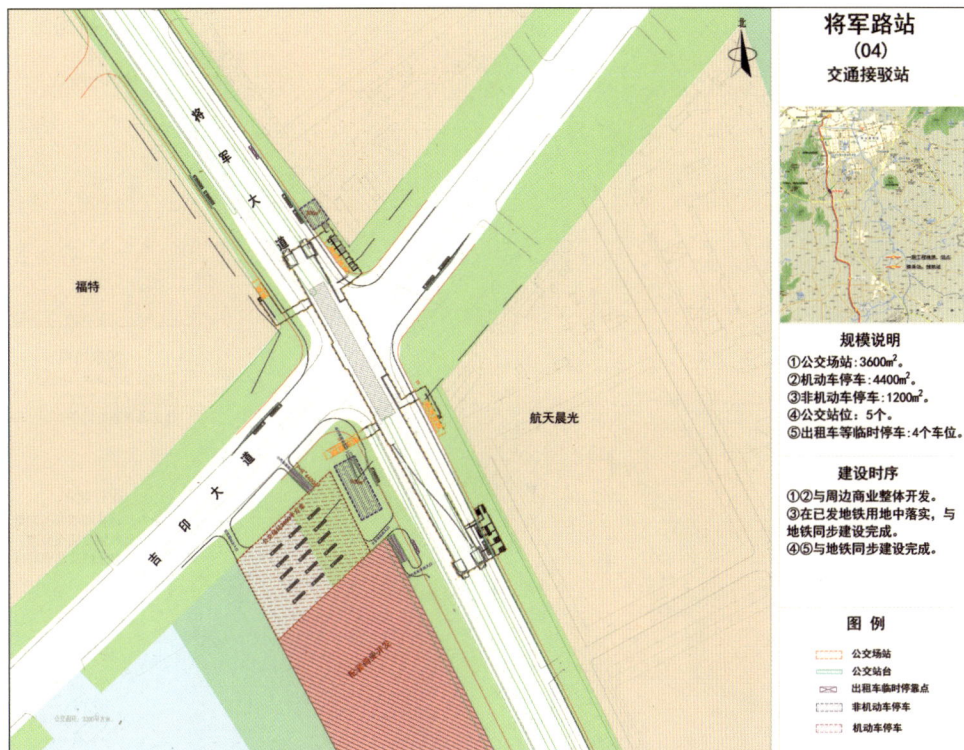

图 11-5 吉印大道站（原将军路站）公交一体化布置图

车站 800m 范围内以一类工业用地为主，仅西南象限为居住社区中心用地、少量社会停车场库用地及公交设施用地，路口沿线均为街头绿地。周边无商业街，无大型商场、超市、居住区，无大型交通接驳设施，本站地面乘降客流小，无突发客流。根据客流预测报告，西北和东北出入口集散量分别达到 35% 和 37%。

周边现有少量公共停靠站，距离车站出入口距离在 100m 以上。沿将军大道在路口东北角有上行公交停靠站，沿吉印大道在路口东北角、西北角有上行公交停靠站。

根据周边规划用地性质，西南象限规划有社会停车场库、公交设施用地，用地权属为土地储备中心。其余三个象限地块产权用地线退让距离较大，街口四个象限均有大面积城市绿地。交通接驳可利用少量城市绿地进行设置。

本站为换乘站，且周边规划有公交设施用地及停车场库用地，为大型接驳站。宜结合规划用地在西南象限设置社会停车，面积约 4100m²，小汽车停车位约 102 个。西南象限设置公交总站，沿将军大道设公交停靠站，配 1 ~ 3 条公交过境线路接驳。在 3 个出入口背面及侧面的绿地范围内均设非机动车停车区，非机动车停车面积约 460m²，车位约 230 个。

11.2.6 佛城西路站

佛城西路站公交一体化布置图如图11-6所示。

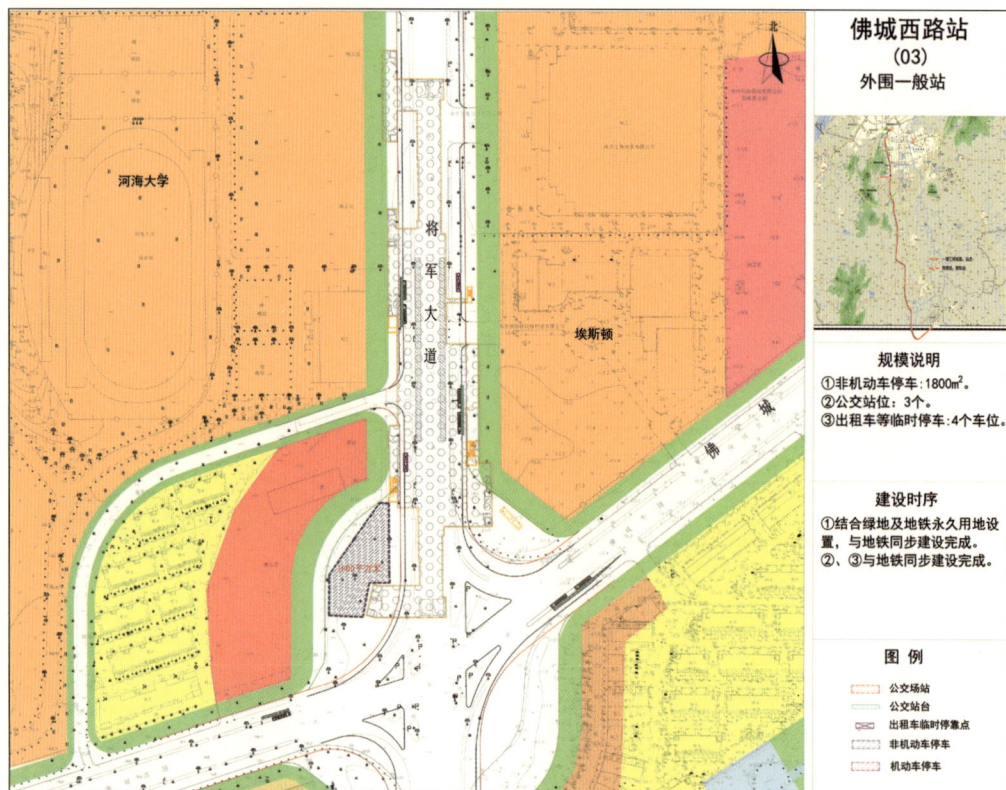

图11-6 佛城西路站公交一体化布置图

佛城西路站站点800m范围内用地性质为以居住用地、高校用地为主，有少量工业用地，地面客流以居住区客流为主。根据客流预测报告，西南和东南出入口集散量分别达到35%和30%，主要客流来自路口以南。

佛城西路站周边现有少量公共停靠站，沿将军大道有上下行公交停靠站位于路口以北，沿佛城西路在路口东北象限有公交停靠站。沿路口有大片城市绿地，周边产权地块退让距离较大。交通接驳可利用少量城市绿地进行设置。

沿路口有大片城市绿地，周边产权地块退让距离较大。交通接驳可利用少量城市绿地进行设置。

交通接驳方案：周边规划基本已建成，但相关配套设施尚未完善，可以就近设置公交站点、停车场等公共交通设施与地铁车站接驳。宜在距离地铁出入口20m至50m范围内沿佛城西路及将军大道设置公交停靠站，各配1～3条公交过境线路接驳。距离地铁出入口10m左右设出租车停靠点，非机动车停车区利用路口西北、东北象限的两块绿地设置，位于南部两个出入口背面。非机动车停车面积约 322m²，车位约 161 个。

11.2.7 翠屏山站（原胜太路站）

翠屏山站（原胜太路站）公交一体化布置图如图 11-7 所示。

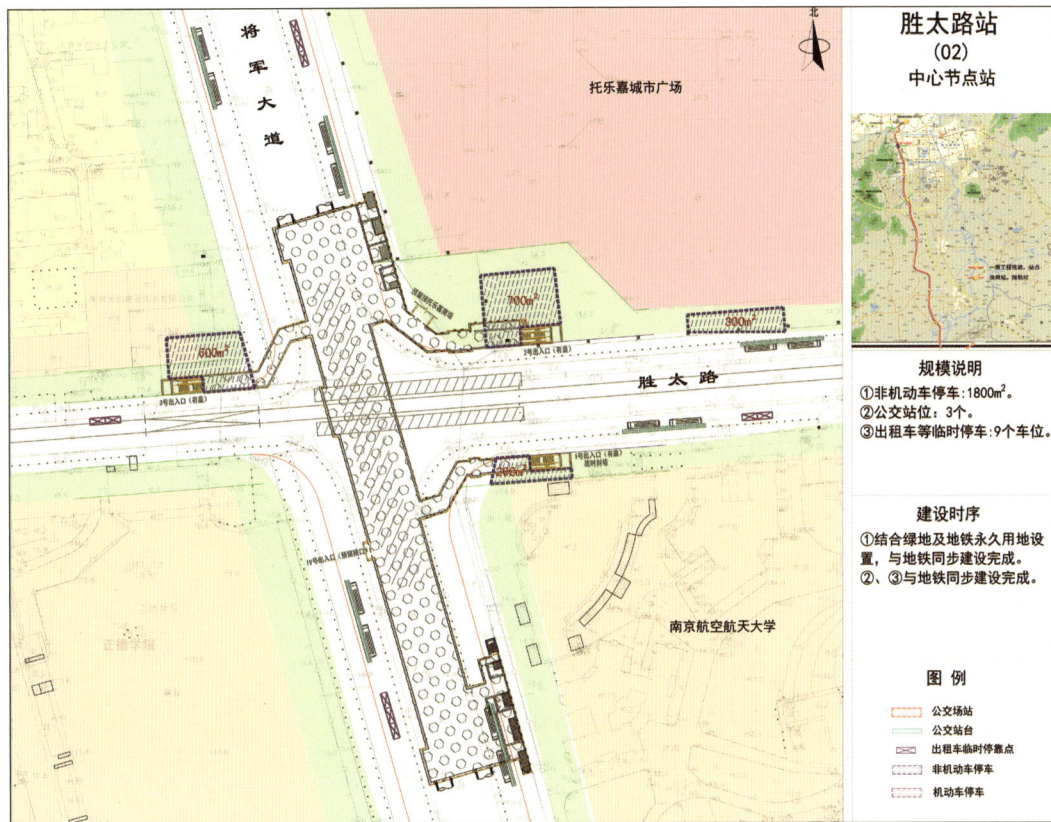

图 11-7　翠屏山站（原胜太路站）公交一体化布置图

车站 500m 范围规划用地以居住、高等学校用地为主。西北角近路口为学生公寓用地，北侧有小学用地。东北角近路口为商业金融用地，北侧有基层社区中心。西南角、东南角近路口均为高校用地。根据客流预测报告，各象限出入口集散客流量较为均衡，其中西北象限最大，约占 34%。

周边公交停靠站较完善，沿将军大道在路口以北有上下行公交停靠站，沿胜太西路在路口以东有下行公交停靠站。周边地块权属线距离红线较近，仅东北象限苏果超市前有大片城市绿地。

本站为两线换乘站，换乘客流较多，公交站点尽量利用现有站台，并补充胜太西路上行方向的公交站台。周边用地紧张，无条件设置社会停车场。非机动车停车区利用东北、西北象限的绿地。

11.2.8　南京南站

南京南站公交一体化布置图如图 11-8 所示。

图 11-8　南京南站公交一体化布置图

站点 500m 范围规划用地多为交通用地、广场绿地，西北、东北有少量商业办公用地，800m 范围有少量居住用地。因此站点南部以轨轨、各类交通换乘客流为主，东北部、北部、西北部含少量商业、办公、居住客流，北广场将带来少量旅游休闲客流。

周边主要公共交通设施为站位以南的高铁南京南站及其站房，地面二层及以上以高铁南京南站为主，地下为地铁 1 号线、3 号线，地面层西部为长途汽车客运站、出租车上落客区域，东部为短途汽车站、公交总站、大型社会车辆。

站位以北为南站北广场，广场西部南站匝道旁预留自行车停车位，广场地下一层局部设置社会停车场，用地权属为铁投公司。

城轨线、12 号线南京南站为南京南综合交通枢纽的一部分，在南站枢纽进行规划、建设时已考虑了完善的交通接驳方案，本站受周边建构筑物制约，出入口只能位于北广场内部，仔细研究各方向客流需求后，判断以南部换乘需求为最多，故车站在南部设置 3 个出入口，并设置尽量多的扶梯。北部设置 2 个出入口方便与北广场地下空间及社会停车进行接驳。需进行交通换乘的乘客均可方便快捷地进出本站，利用南站枢纽现有地面规划、导向完成交通换乘。

12 设计调整及工程变更总结（以重大变更为主）

机场线设计调整及工程变更总结如表 12-1 所示。

机场线设计调整及工程变更总结一览表 表 12-1

编号	变更原因分类	变更内容
1		消防报审过程中，由于南京南站站厅与 1、3 号线换乘通道连接，且通道有商业，消防局要求南京南站站厅层增加喷淋系统。因此根据消防审查意见，南京南站站厅公共区增设喷淋系统
2	外审及批复引起的变更	吉印大道站建筑初步设计图中车站小里程端设计成"刀把形"，站厅层左右线未取齐。响应初步设计专家评审意见：为满足吉印大道站小里程端盾构井平齐设置，并将风道内设备充分布置于主体内部，方便设备管理；相应的 1 号风亭调整成从路东出地面，从而减少外挂风道长度。因此，施工图阶段小里程端将左右线站厅取齐布置，并将 1 号风亭组并放到航天晨光一侧
3		吉印大道站主体围护基坑位于吉印大道与将军大道交叉路口，施工过程中应交管部门需求，主干道交通不能中断；故围护结构 a 版变更图中在路口围护上方 6-22～6-24 轴范围内，首道混凝土撑顶部增设了 300mm 栈道混凝土盖板，并调整了相关结构构件设计，方便吉印大道交通疏解
4		江宁区管委会认为区间变电放在路中景观较差，后经业主协调，禄秣、秣将区间变电所由路中调到路侧
5		机场线 7 号风井招标前后所处位置受规划影响发生变化及增加远期盾构吊出井功能，需延长南京南站后 6 号风井至 7 号风井段明挖区间长度约 140m（含远期盾构井）
6	地质详勘和实勘引起的变化	南～胜区间 5 号竖井至 5A 井单线矿山法隧道左线 ZDK34+345～+450（长 105m），右线 YDK34+291～+373 段（长度 82.2m）隧道因中风化岩开挖情况较破碎，隧道上台阶增加格栅钢架加强初支防护
7		5A 井西端头单洞单线矿山法隧道因软塑状粉质黏土层侵入洞身层分布范围、土层类别及含水量较详勘报告差异较大，而现场隧道循环开挖过程中，发现掌子面有软塑状粉质黏土挤出，核心土无法预留，原设计方案的超前双排小导管难以保证安全开挖，增加掌子面注浆等措施保证开挖安全；另为保证工期按期完成，采用开挖方便，施工便捷的 CRD 工法开挖

续表

编号	变更原因分类	变更内容
8	地质详勘和实勘引起的变化	吉印大道车站现场围护结构施工过程中，清理出的全风化和强风化安山岩地层土质条件相较于地勘报告较差，岩层裂隙水发育较好。为减少车站基坑施工风险，隔断周边渗水，围护结构 b 版变更图中将双管旋喷桩桩间止水布置范围由车站局部调整成沿整车站布置；并将旋喷桩深度调整成隔断透水性较好的全风化和强风化安山岩地层，若上述两岩层深入基底，旋喷桩深度插入基底下 1m 即可
9		出入段线过河段上游及封堵墙增加止水帷幕的变更。由于 CDK0+320.177 ~ CDK0+426.6（共106.4m）段基坑地表及地下水丰富，地质条件差，为确保基坑安全，将西侧围护结构靠河侧增设一排 ϕ600mm@450mm 旋喷桩止水帷幕，增设旋喷桩与既有内排旋喷桩咬合 250mm。旋喷桩深度打设至强风化基岩面。由于三处封堵墙位置基坑上部地质条件较差，土层无自稳性能，因此封堵墙增设 ϕ600mm 桩间旋喷止水，旋喷桩深度打设至强风化基岩面
10	现场施工原因及工期影响引起的变更	高铁南京南站落客平台底距离地面只有 7m 左右，不满足旋挖桩的施工条件，将 3 号风亭的围护结构改为直径 1000mm、间距 1400mm 的人挖桩外加旋喷桩止水；将其余附属围护结构改为直径 1200mm 间距 1200mm 的人工挖孔桩
11		南京南站由于工期因素，为提高施工效率，将钢管柱基础由人工挖孔桩，改为旋挖桩；结构的抗拔桩改为车站开挖至底板以后再挖
12		南京南站由于工期因素，为提高施工效率，将钢管柱基础的直径由 1500mm 变为 1800mm，桩长由车站底板以下 9m，改为 8m
13		南京南车站内部由于空间狭小，钢支撑施工不便且效果不易保证；因此，将车站负三层的支撑取消，将围护桩锚入车站底板，负三层由顺做改为逆做。取消负三层区间的抗拔桩，并增加两边的围护结构桩长
14		结合全线工筹调整（将 5 号井轨排井功能移至南京南站后 6 号井），同时也为加快 5 号井施工进度，5 号风井围护结构施工图中部分锚索改为内支撑
15		因施工工期原因，5 号风井至 5A 竖井区间隧道增设两处临时横通道
16		佛胜区间 3 号风井，轨排井考虑 4 台盾构始发外加全线铺轨的施工时间，围护结构由初步设计的锚索＋围护桩支撑体系调为混凝土环梁＋内支撑体系
17		因佛城西路站 ~ 3 号井区间盾构机未按预定计划贯通，3 号井设置的轨排井无法提供铺轨作用，考虑铺轨工期原因，在佛城西路站增加一个轨排井
18		翠屏山站：车站西侧加临时施工栈桥。调整原因：胜太路站位于胜太路与将军大道路口，为保证施工期间胜太路交通通畅，在胜太路与将军大道路口增设栈桥板；因车站西侧为现状河流，场地狭小，按施工筹划，考虑到施工机械行车及材料吊装需要，在西侧增设施工临时栈桥
19		秣将区间浅埋盾构试验段，右线在推进中出现偏差；根据元平公司会议纪要《相关专业对秣将区间线路调整方案的意见梳理会》NJMDJ-JS-SJ-021，2012.08.20 此部分线路根据推进的实际情况进行调整；土建根据调整后的线路进行变更
20		因土建单位施工工期滞后，导致无法按期与我部进行场地交接，为顺利完成计划施工任务，我部应业主要求增加佛城西路铺轨基地
21		高架线桥梁预埋扁钢焊接施工。因高架线桥梁预埋扁钢不满足施工要求，应业主要求由土建单位提供 L 型扁钢，我部进行焊接安装
22		车辆段增加临时道口。因土建施工进展过慢，为满足工期要求，经业主协调车辆段库外股道之间结构由我方施工，我部应业主要求对该部分进行施工

续表

编号	变更原因分类	变更内容
23	现场施工原因及工期影响引起的变更	车辆段库外股道之间回填。因业主协调需要在咽喉区 4 股道中间建立一条临时施工便道，以便于土建装修专业材料进场施工，我部应业主要求增加车辆段临时便道
24		车辆段地基沉降增加道砟。因路基沉降，车辆段碎石道床结构高度较设计结构高度增加，为满足设计标高要求需进行道砟回填
25		车辆段车挡变更。因试车线 51 号道岔岔心位置至大里程方向车挡位置的距离与信号施工图纸不符，无法满足信号设备的安装要求。应业主要求，对车辆段一处车挡的更换，由我部实施
26		机场站增加盖板。根据业主要求，将机场站交叉渡线岔前两处盖板施工交由我部完成，我部根据土建单位提供的图纸进行施工
27		高架标示牌桥更换。由于前期标识牌架子设计不能满足运营要求，现根据业主要求，我部对高架桥全线已安装的信号标示牌进行更换
28		佛城西路站临时过渡。因佛城西路车站岔区调线调坡资料暂时无法提供，为保证 2 号井至佛城西正常施工及后续施工工期需要，需从佛城西站排井下料口至 K27+420 处采取过渡措施，确保施工安全和进度，我部应业主要求采取过渡措施
29		机场站更换钢轨。禄口机场站 5 号道岔由于低压过轨钢管与钢轨距离过近，产生放电将钢轨灼伤，6 号道岔由于信号电缆罩与钢轨距离过近，产生放电将钢轨灼伤，地铁工务已临时处理，需要更换，应业主要求由安排轨道专业进行处理
30	施工清单漏项	为补充招标设计遗漏，南京南站增加钢管柱的永久防腐和防火
31		5A 竖井至 5 号风井区间单洞单线隧道清单调整变更，因施工图阶段根据详勘进行断面优化布置调整、过宁芜货线段超前支护措施、抗浮措施加强及二衬加强衬砌混凝土厚度及配筋等引起的变更
32		5A 竖井至南京南站区间单洞双线隧道清单调整变更，因施工图阶段根据详勘进行断面优化布置调整、宁芜货线基坑回填造成的偏压工况补充计算等，对矿山法超前支护等措施加强及二衬配筋加强等引起的变更
33		机场线南京南站～6 号井段单洞双线隧道清单调整变更，因施工图阶段根据详勘及宁芜货线回填区偏压影响，进行的断面优化布置调整、矿山法超前支护措施、二衬配筋加强等引起的变更
34		S3 线南京南站～6 号井段单洞双线隧道清单调整变更，因施工图阶段根据详勘及覆土厚度变化进行的断面优化布置调整、矿山法超前支护措施加强等引起的变更
35		6 号井～7 号井段单洞双线隧道清单调整变更，因施工图阶段根据详勘及宁芜货线回填区偏压影响，进行的断面优化布置调整、矿山法超前支护措施、二衬配筋加强等引起的变更
36		轨道分部分项工程量清算
37	设计原则调整和设计方案深化引起的变更	新旧规范交替，为满足结构受力要求，区间桥梁地基处理中将所有 PTC 薄壁管桩均变为 PHC 高强预应力管
38		由于南京南站北广场绿化要求，车站冷却塔位置往北调整，相关管廊、风水电管线也作相应调整
39		秣将区间原初步设计为 U 型槽长 296m+ 明挖矩形隧道长 96.7m+ 盾构井 12m，根据元平公司要求增加一个浅埋盾构实验段；施工图改为 U 型槽长 228m+ 明挖矩形隧道长 44m+ 浅埋盾构导坑 12m+ 浅埋盾构试验段 123m+ 盾构井 30m
40		考虑车站大里程端环控系统由单风机组改成双风机组，在节能控制上有较大优势；设置双风机系统，车站左右线的排热风道可独立设置，并单独控制；根据左右线列车不同时到站的情况，特别在初期行间隔较大的情况下，可分别控制左右线的排风，使风井在列车进站时工频运行，出站后低频运行。吉印大道站结构初步设计图大里程端排热风室是单风机系统，施工图阶段应业主、总体的要求改成双风机系统，车站主体建筑结构施工图中大里程端长度由 31m 加长至 35m

续表

编号	变更原因分类	变更内容
41	设计原则调整和设计方案深化引起的变更	为避免整体道床运营期间出现较大沉降，秣将区间路基由整体道床改为碎石道床
42		由于试车线路基挡墙及地基处理造价较高，经综合比较后，采用桥梁结构形式造价较低，故施工设计时业主确定把试车线 833.45m 路基变更成桥梁
43		为降低造价，业主要求降低场坪标高；车辆段场坪标高由 11.8m 降为 11.5m
44		为降低造价，车辆段周边由挡墙方案改为试车线、出入线护坡 + 挡墙，其余为护坡
45		根据支座招标情况，对区间 BY20 ~ BY141 墩台图进行了变更，变更内容如下：（1）连续梁底板增加支座上垫石，对连续梁垫石尺寸进行调整；（2）修改了 BY20 ~ BY141 垫石坐标
46		根据现场伸缩缝招标和轨道要求，对区间 AY1 桥台图进行了变更，变更内容如下：（1）AY1 桥台台背增加了牛腿；（2）AY1 桥台增加了伸缩缝挡墙预埋件图
47		根据支座招标情况，对机场线禄区间和禄秣区间连续梁垫石进行相应变更；对翔宇路北站~正方中路站区间 CY117 墩顶支座布置方式也进行相应变更
48		为避免 s1 线与机场线并行段施工对机场线运营影响及减小 s1 线并行段施工难度，业主确定把夹在机场线正线之间的 s1 线提前施工，s1 线增加 831m 双线预制 U 型梁
49		由于线路调整导致桥梁布跨变化；根据桥梁布跨变化，对机禄区间出入段线预制 U 型梁布置参数进行了变更
50		根据宁高城轨线总体例会会议纪要 8 号纪要，为保持与南京已建车辆段标准保持一致，业主要求参照马群样式结构形式进行设计；运用库、联合检修库、材料库一、内燃机车特种车库与材料棚等门式刚架结构修改为混凝土柱 - 钢梁混合排架结构形式
51		根据运营公司要求，新增材料库二、汽车棚二处单体，生活消防泵房，由初步设计的地上消防水池修改为地下消防水池
52		由于机场线行车间隔较大，采用全包雨棚可以有效遮风避雨，为更好地服务乘客，业主要求由正方中路站小雨棚改为全包雨棚
53		由于机场线行车间隔较大，采用全包雨棚可以有效遮风避雨，为更好地服务乘客，业主要求由翔宇路北站站小雨棚改为全包雨棚
54		车辆段业主要求后期预留招标第二批工艺设备
55		禄口新城南车辆段含油污水处理站缓建，预留建设用地。预留用地附近建设污水提升泵站用于前期车辆段排水。因为根据工艺要求，全线通车 5 ~ 6 年后才会产生含油废水，因此为避免土建返工及减少经济损失，保证污水处理站的合理设计、合理施工，建议含油污水处理施工图待通车运营后根据检修需要，由运营部门根据车辆运行情况，合理确定建设时机，选定供货厂家后，由供货商配合完成相关设计
56		车辆段业主要求备用房（给消防站使用）预留
57		车辆段主出口没有外接道路，要求预留门卫一
58		新旧规范交替，为满足新规范要求，车辆段综合楼，信号楼，公安用房，门卫，运用库、联合检修库、材料库一，材料库二、内燃机车特种车库与材料棚附属用房外墙保温材料由岩棉板修改为真空绝热保温板
59		车辆段业主要求将一个立体化物资总库改为两个单体普通物资库

续表

编号	变更原因分类	变更内容
60	设计原则调整和设计方案深化引起的变更	初步设计综合办公检修楼才采用集中送新风空调系统，施工图考虑有外窗，设计时取消集中送新风空调系统，重新划分防火分区，取消自动喷淋灭火系统
61		车辆段运营公司要求联合检修库、不落轮镟库等增加工艺设备
62		车辆段运营公司要求运用库和联系检修库等核减工艺设备
63		根据业主要求将禄口新城南车辆段综合楼 6 层 1～14 轴改造成宿舍
64		根据业主要求将 3 号线秣周车辆段的立车驾驶仿真培训设备设置在禄口新城南车辆段，相关设计由北京院负责
65		列车空闲／占用检测设备由 50Hz 相敏轨道电路改用计轴变更
66	设计深度不足引起的变更	车辆段增加角钢。因车辆段招投标施工图与实际施工蓝图存在差异，我部根据实际施工蓝图要求对车辆段道床增加角钢与钩钉进行变更
67		线路增加螺母罩。因招投标施工图与实际施工蓝图存在差异，为延长扣配件使用寿命，减少维修工作量，我部按照施工蓝图要求，全线增加设置螺母罩
68		车辆段车场线增设过轨管。因设计要求，依照"南京地铁 6 号线机场段设计工作联系单"要求，我部对禄口新城车辆段及正线过轨管线埋设
69		由于初步设计资料不全，无宁芜货线相关资料，施工图阶段根据补充资料完善了与宁芜货线代建 3 号线部分和南京南站代建 3 号线部分之间的矿山段施工图设计
70		考虑到全线 G5 型钢筋图的统一，对秣将区间 G5 型盖梁钢筋图的进行局部调整
71		过渡段盖板加设。根据南京地铁 6 号线机场段设计工作联系单，关于减振垫浮制板道床水沟过渡段中心水沟加设盖板的函。为保证排水顺畅在两种道床分解出设置排水沟过渡段，我部应要求对过渡段中心水沟加设盖板
72		车辆段检修区改造。根据南京元平公司的技术工作联系单《关于运营后续问题整改事宜》（编号：NJMDJ-2014-JS-SJ-060）的要求并结合现场实际情况对车辆段检修区进行整改
73	外部边界条件变化	佛城西路站受工期和与道路东侧埃斯顿公司、西侧河海大学权属单位用地协调，围护结构支护形式由初步设计的锚索、内支撑＋围护桩调为内支撑＋围护桩形式
74		佛城西路站原施工图 4 号风亭组及 1 号紧急出入口地面部分侵入埃斯顿公司围墙，根据后期用地协调结果，此部分调整出围墙范围。相应的车站结构外轮廓发生改变
75		正方中路站附属用房东上方高压线暂时无法拆改，为避让高压线附属用房东移 37m
76		5A 竖井～南京南站单洞双线矿山法段施工工法的变更，因现场补勘发现宁芜货线放坡施工及填土深度侵入隧道顶部，为减小施工风险，将 40m 长矿山法改为明挖，5A 井明挖范围相应加大
77		5A 竖井内电缆通道因控制中心接口标高调整，与其接口标高高于原电缆通道招标设计时的标高，同时由于设备部要求电缆通道为便于后期检修尽量减小坡度，需对电缆通道与 5A 井接口标高抬高，5A 井内电缆通道相应加高
78		6 号风井因全线铺轨需求增设一处轨排口的变更，带来增强主体结构墙体厚度及配筋，同时增加四周挡土墙的变更

续表

编号	变更原因分类	变更内容
79		南京南站～6号井段（机场线、S3线）单洞双线隧道为加强对既有桥梁基础及现状道路保护，将拱腰砂浆锚杆调整为中空注浆锚杆
80	临近、穿越重要建构筑物，采取相应的结构保护措施	6号井～7号井区间单洞双线隧道因过现状路，需加强对管线保护，超前支护由双排小导管调整为一排小导管＋一排 φ108 超前大管棚的变更
81		南京地铁机场线5号井至5A号井区间隧道下穿已建宁芜货线隧道，为确保地铁开挖过程中宁芜货线隧道结构的安全，同时满足铁路南站指挥部对宁芜货线保护措施的相关要求，5号～5A段单洞单线隧道初期支护格栅钢架调整为型钢拱架
82		为避让将军大道现状管线，秣将区间变电所电缆隧道埋深进行调整，依据电缆隧道埋深对处于隧道下的DY74墩承台顶标高调整为13.890m，桩长不变

评价与建议：

（1）外审及批复引起的变更分析及建议

① 机场线消防报审工作安排在施工图出图后。根据消防意见，车站进行了诸多调整变更，由于施工原因，部分消防意见后期无法落实。建议在施工出图前，组织车站进行消防预审，对一些重大防火疏散问题，作为设计输入条件提前进行设计方案调整。

②初步设计管线、交通迁改阶段，业主应组织设计协调交管部门，将交管部门提出的交通疏解意见作为设计输入条件，进行设计方案调整，避免施工图阶段设计变更。

（2）地质详勘和实勘引起的变化分析及建议

机场线现场围护结构施工中，清理出的 J_{3L-1}/ J_{3L-2} 全风化和强风化安山岩地层土质条件相较于地勘报告强度较弱，部分呈砂状，且岩层裂隙水发育较好。设计过程中遇该土层，建议按饱和砂性土处理。

（3）现场施工原因及工期影响引起的变更分析及建议

机场线主体结构实际施工仅17个月。为满足BT项目部先期制定工期，车站围护方案、轨排及盾构工筹在实际施工过程中均发生较多变更调整。但动态信息化施工同时，面对现场监测数据反馈，设计方案也相应作出较多优化。

（4）外部边界条件变化引起的变更分析及建议

①机场线沿线多高压线，总体方案审查阶段已进行了高压线最低悬线高度及塔基位置现场实勘调查；但实际施工过程中，地下车站及高架区间施工器械与高压线避让问题一直存在，也引起了相关变更。

②机场线佛城西路站、翠屏山站与周边地块权属单位用地协调问题突出，建议初步设计阶段加强对建筑方案控地把关。

13 设计创新与亮点

13.1 浅埋盾构法（GPST 工法）

"地面出入式盾构法隧道新技术（GPST）"核心理念是盾构机从浅埋导坑始发，然后可在无覆土条件下施工隧道，最终到达浅埋导坑内。利用盾构掘进替代暗埋段明挖施工，施工场地与开挖方量均可减少 50% 以上，降低了搬拆迁和对周围环境的影响；以浅埋导坑替代深大工作井，不仅可减少施工风险和开挖方量，也缩短了建设工期，经济与社会效益显著。

南京地铁机场线吉印大道～正方中路盾构区间工程采用 GPST 新技术，突破了传统盾构法隧道施工对最小覆土深度的限制，实现了地下隧道与地面道路连接的一体化设计与施工，规避了暗埋段明挖施工对周边环境的影响，为隧道工程建设提供了一种全新的解决途径。GPST 工法可推广应用于城市下立交道路、公路隧道主线和匝道等各类市政相关领域的地下工程。

秣陵～将军路区间无工作井盾构法隧道（GPST 工法）位于既有将军大道上。其中右线导坑起始里程为 YDK22+779.232，终止里程为 YDK22+825.731；左线导坑起始里程为 ZDK22+780.887，终止里程为 ZDK22+827.403；右线盾构段长 123.659m，左线盾构段长 124.591m；盾构隧道最小埋深约 1.89m，最大埋深约 5m，穿越地层主要为粉质黏土层。

工程总平面见图 13-1，工程纵断面图见图 13-2。

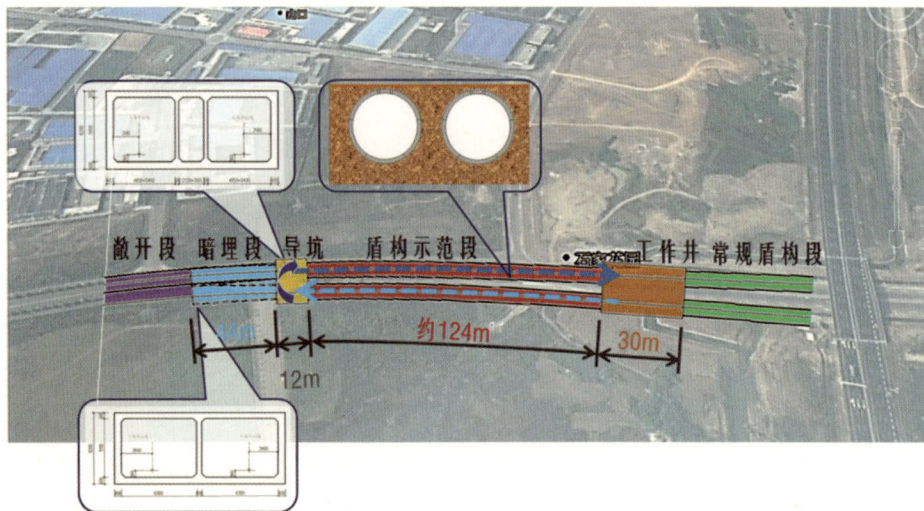

图 13-1　工程总平面图

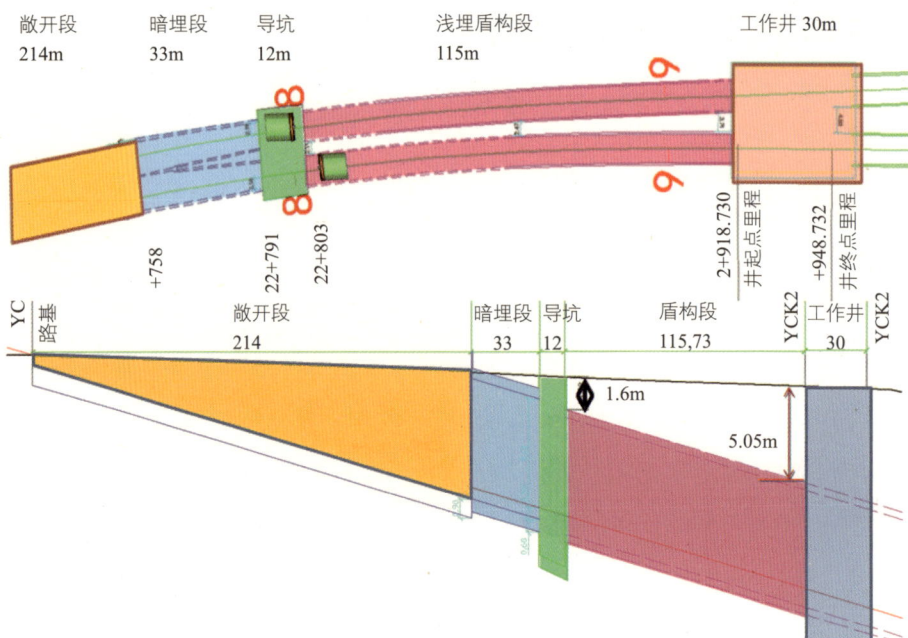

图 13-2　工程纵断面图

　　本区段现状地面环境为将军大道道路中心（图 13-3），场地范围内管线主要有沿道路两侧各有一根埋深 2.4m、直径 1000mm 的混凝土雨水管和一根埋深 4.16m、直径 600mm 的混凝土污水管，左线上方有 500kV 高压电线一组；受高压电线影响，建设场地局部受限，明挖施工存在吊装、开挖等工序展开困难，宜采用暗挖法穿越。

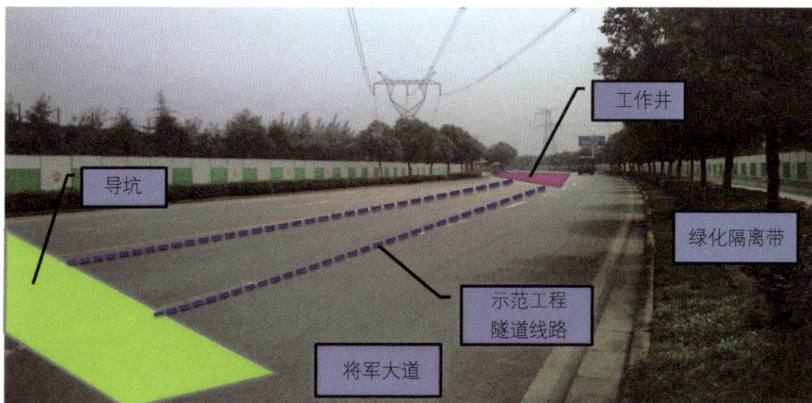

图 13-3　周边环境

13.1.1　支护方案比选

考虑基坑规模、地质条件及周边环境情况，适用于导坑支护结构主要有：（1）土钉墙支护；（2）钻孔桩＋内支撑支护；（3）钻孔桩＋锚杆支护等 3 种形式。土钉支护放坡需要搬迁周边管线，且开挖回填量大；钻孔桩＋内支撑支护形式支承施作及拆除周期长，且拆撑要在主体结构完成后，不利于盾构始发与接收；钻孔桩＋锚杆支护在导坑开挖完成后即可满足无工作井工法施工要求，节约工期。综合比选后导坑工程采用钻孔桩＋锚杆支护形式。

13.1.2　管片结构设计要求

浅埋盾构段管片设计，隧道外径 6.2m 顶部最大埋深约 5m，衬砌形式为单层钢筋混凝土衬砌，衬砌外径 W_{di} = 6200mm，衬砌内径 N_{di} = 5500mm，标准衬砌环宽 B = 1200mm，衬砌环由 3 个标准块 +2 个邻接块 +1 个封顶块构成，采用错缝拼装。

普通衬砌环由钢筋混凝土管片构成，混凝土强度等级为 C50，抗渗等级为 P10，主筋采用 HRB335 级钢。普通管片连接采用机械性能等级为 6.8 级的斜螺栓连接，预埋件用 Q235B 钢。

超浅覆土工况下，圆形隧道管片顶部荷载小，两侧及底部反力较大，呈竖鸭蛋变形。设计中针对不同覆土深度、地下水位及地质条件，确立合理荷载—结构计算模式，同时设计采取以下有效措施，确保工程安全快速完成。

1. 斜螺栓 + 预埋套筒

设计中管片环缝及纵缝均采用斜螺栓连接（图 13-4），斜螺栓具有手孔小、数量少，对管片断面削弱小及自动化拼装程度高等特点。

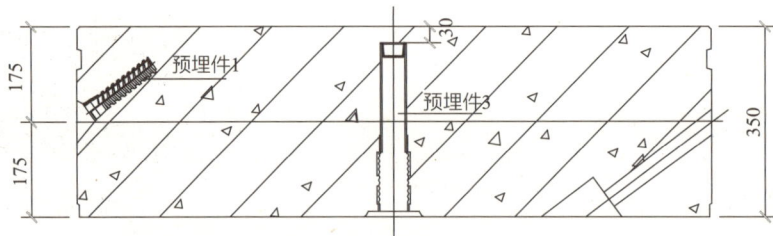

图 13-4　管片斜螺栓结构

2. 纵向长螺栓拉紧件

为提高浅覆土管片抗剪能力及接缝防水性能，每环管片增加 4 只纵向通长螺栓进行拉紧，设计中在线路曲线条件允许的情况下，盾构始发及到达段前 15 环管片纵向连为一体。

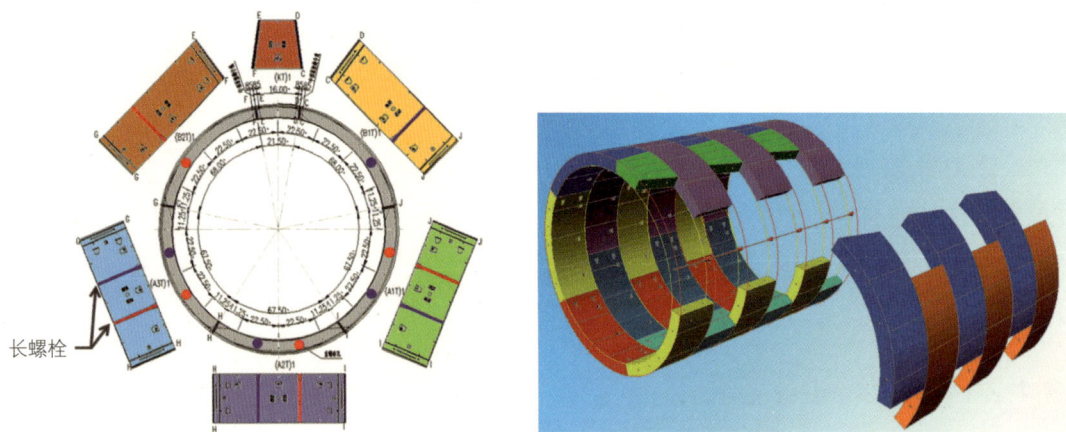

图 13-5　浅覆土管片结构

3. 管片高精度拼装定位件

为提高拼装精度，管片设有定位销（位于管片拼装环面）及定位棒（位于管片纵缝面）。

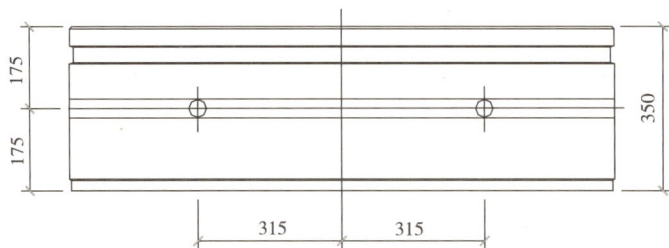

（a）

图 13-6　定位措施（1）

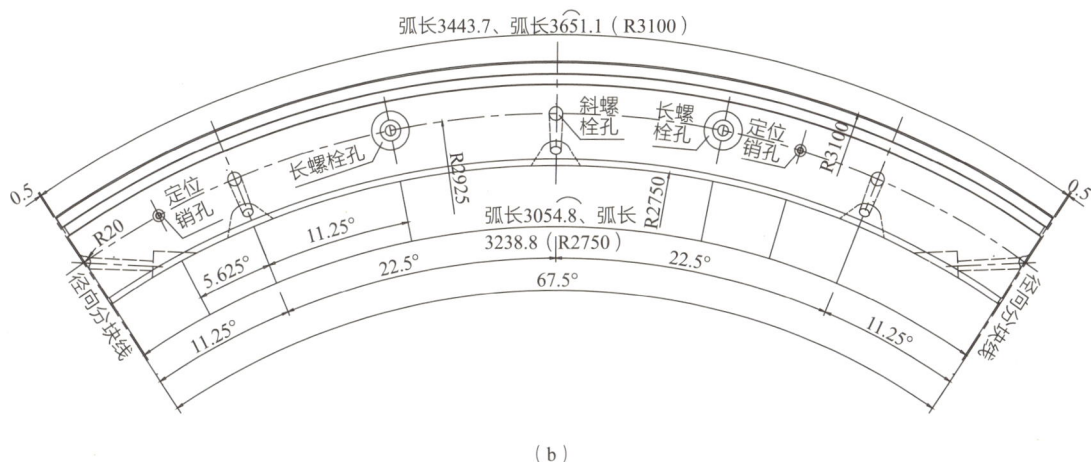

（b）

图 13-6　定位措施（2）

（a）管片纵缝定位棒；（b）管片环面定位销孔

通过以上设计措施，保证了浅埋盾构的拼装质量，施工阶段地面沉降控制在 3cm 内。

对于浅覆土的隧道抗浮问题，则结合计算分析，对抗浮不够地段采用了抗浮锚杆，在隧底的标准块各设置一根（图 13-7）。

（a）

（b）

图 13-7　隧道抗浮

（a）浅埋盾构始发；（b）成型隧道

13.2　U 型梁的优化运用

13.2.1　标准梁

本次区间桥梁采用 U 型梁，为该结构类型在国内机场线的首次运用。本线上部结构标准梁主要采用单线预应力混凝土简支 U 型梁，断面采用折线型斜腹板 U 型梁，梁高 1.8m。共分 18m、22m、25m、26m、28m 和 30m 六种跨度、三种宽度的等宽梁及五种变宽梁，共 19 种梁型。施工方案为梁场预制梁体，梁上运梁，架桥机、汽车吊和龙门吊架设，梁体最大运架重量 190t。

曲线地段 U 型梁采用平分中失布跨，以直代曲，所以不同的曲线半径 U 型梁宽度不同。曲线地段高架桥长约 8km，占总长一半，曲线半径越小，U 型梁宽度越大，最小曲线半径比直线段 U 型梁宽 450mm。如果全线根据不同的曲线半径采用不同的 U 型梁宽度，可以有效降低工程量。根据本线线路情况，全线 U 型梁有 3 种宽度。

U 型梁断面分类见表 13-1，U 型梁分类统计见表 13-2。

U 型梁断面分类表 表 13-1

曲线半径（m）	U 型梁顶宽度（m）	线间距（mm）
$205 \leqslant R < 1000$	5.5	5100
$1000 \leqslant R < 3600$	5.205	4800
$R = 3600$	5.205	4700
∞	5.06	4700

U 型梁分类统计表 表 13-2

标准等宽梁	区间 1（片）	区间 2（片）	区间 3（片）	区间 4（片）	出入段线（片）	全线合计
30-B5.06	37	42	148	94	7	328
30-B5.205	20	146	78	34	4	282
28-B5.06	2	0	0	0	2	4
28-B5.5	42	17	118	0	3	180
26-B5.06	4	2	16	8	0	30
26-B5.205	0	8	14	0	0	22
26-B5.5	25	3	10	0	24	62
25-B5.06	11	6	24	6	1	48
25-B5.205	0	8	6	4	0	18
25-B5.5	17	0	10	0	9	36
22-B5.06	3	0	16	10	3	32
22-B5.205	2	6	4	14	0	26
22-B5.5	0	0	4	0	1	5
18-B5.5	0	0	0	0	32	32
30-B5.06 ~ B5.205	9	6	12	6	3	36

续表

标准等宽梁	区间1（片）	区间2（片）	区间3（片）	区间4（片）	出入段线（片）	全线合计
25-B5.06 ~ B5.205	5	2	8	0	1	16
28-B5.205 ~ B5.5	6	4	2	0	2	14
25-B5.205 ~ B5.5	6	0	6	0	2	14
18-B5.205 ~ B5.5	0	0	0	0	2	2
合计	189	250	476	176	96	1187

13.2.2　节点桥方案及特点

1. 节点桥方案

全线主要节点桥为跨正方中路、建设北路、信诚大道、华商路的高架桥。

跨建设北路、信诚大道、华商路可以采用 30+45+30m 的连续 U 型梁通过，正方中路需要采用 40+60+40m 的连续箱梁通过。

正方中路站以南停车线（3 线）:（40+60+40m 连续箱梁）+（26+30+30+23m 连续箱梁）+（3×23+18.751m 连续箱梁）。

翔宇路北站以北单渡线（2 线）: 20+3×25+20m 连续箱梁。

禄口新城南以北叉线（4 线）:（2×21m 连续箱梁）+（20+3×25+20m 连续箱梁）。

禄口新城南以南叉线（6 线）:（4×25+20m 连续箱梁）。

2. 节点桥特点

本线跨越多个路口，在路口处采用了连续 U 型梁技术，保持全线景观一致的前提下，最大跨径已达 45m，成功解决了 U 型梁跨越路口的难题。

图 13-8　U 型梁跨越路口

在叉线区采用了变高箱梁，为了解决箱梁与预制 U 型梁的顺接，箱梁与 U 型梁相接一跨采用了变高箱梁，同时采用高低外包盖梁，较好地解决了箱梁与预制 U 型梁顺接问题。箱梁悬臂两侧增加了与 U 型梁外型一致的挡板，景观效果好。如图 13-9 所示。

图 13-9　变高箱梁

13.3　车辆 6B 编组 100km 时速在南京的首次运用

根据南京市线网规划，南京市与周边地区的轨道交通层级体系在空间上对应了不同范畴的交通圈层（图 13-10），大致可分为以下三个层次：

（1）一日生活圈：以南京为核心，加强都市圈内及周边城市之间的轨道系统衔接，以高速铁路或城际轨道为支撑，实现 2 小时内到达，生活休闲出行在一日内往返；

（2）一小时通勤圈：在距离南京 50 ～ 60km 半径范围内，依托都市圈快速轨道，保障都市圈紧密圈层内通勤出行 1 小时到达中心城区域；

（3）城市一体化圈：距离城市中心 30 ～ 40km 的都市区范围，为居民日常出行集中区域，依托城市轨道，确保都市区外围新城 45 分钟进入城市中心。

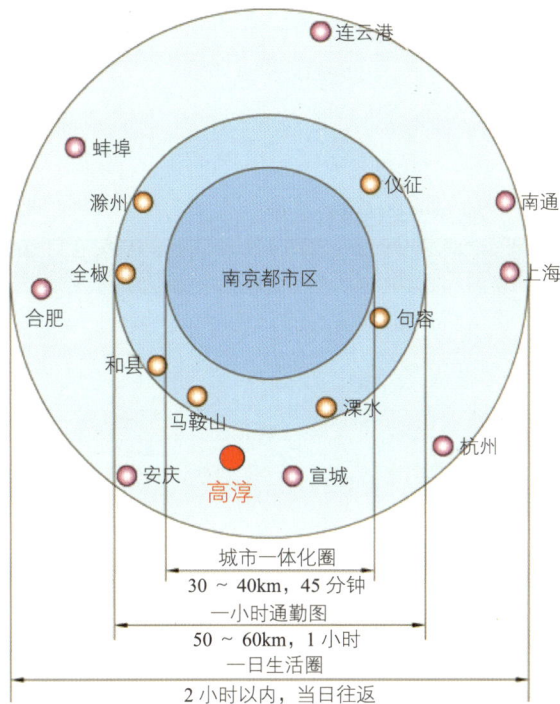

图 13-10 交通圈层示意

南京机场线连接机场、高淳两地，根据规划，高淳属于南京都市区一日生活圈，规划为 2 小时以内到达，当日往返。

世界各大城市机场距离主城区旅行时间见图 13-11。

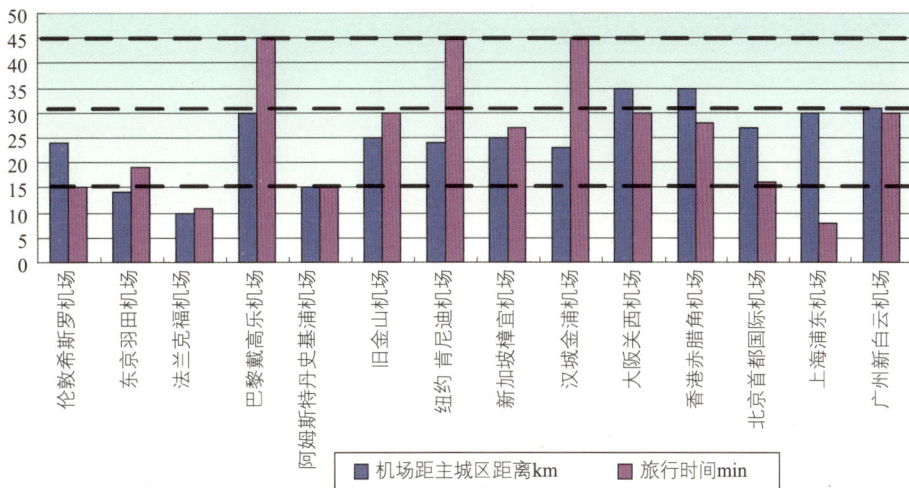

图 13-11 世界各大城市机场距离主城区旅行时间

结合国内外机场线的时间标准，同时考虑与南京机场大巴等常规公交方式的时间竞争力，机场线应达到 30 分钟到达都市区的实践目标。

根据本线站间距情况对以下速度目标值综合对比如表 13-3 所示。

站间距与速度目标值综合对比　　　　　　　　　　　　　表 13-3

比较项目	80km/h	100km/h	120km/h	140km/h	160km/h
禄口机场 - 南京南站	0∶30∶03	0∶27∶16	0∶23∶17	0∶22∶12	0∶21∶54
南淳 - 南京南	1∶08∶10	1∶01∶50	0∶52∶09	0∶50∶22	0∶49∶40
远期 1 年牵引电费（万元）	8902	11539	17485	21981	31386
年牵引电费增加比例（相比 100km/h）	29.61%	—	51.53%	90.50%	172.01%
远期配属车（列）	64	57	50	48	48

采用 100km/h 的列车，禄口机场～南京南站所需时间为 27.27 分钟，高淳南～禄口机场所需时间为 61.8 分钟，均能达到线网规划中的速度目标值。另外，目前计算为运营、信号系统预留了较大的余量，按照正常速度 90km/h 的最高限速，近远期运营经验成熟后，最高速度将适当提高。

机场线采用 100km/h 最高运行速度列车在南京轨道交通线路中属于首例。该最高速度列车满足本线功能定位及时空目标的需求，同时结合工期、能耗等综合比较达到了综合最优的方案。

13.4　华东最大交通枢纽之一——南京南站

南京南站枢纽位于南京市南部新城核心区，是上海铁路局下辖连接 8 条高等级铁路的国家铁道枢纽站，是集铁路客运、城市轨道、长途汽车、常规公交、出租车以及小汽车等多种交通方式为一体的特大型综合交通枢纽，如图 13-12 所示。枢纽总建筑面积达 66.7 万 m^2，其中轨道交通 1 号线、3 号线车站 5.4 万 m^2，在建轨道交通 S1 线（机场线）、S3 线（宁和城际线）车站 2.9 万 m^2。南京南站枢纽于 2008 年 1 月 10 日开工，2011 年 6 月 28 日启用。

南京南站枢纽换乘遵循"以人为本、公交优先、分区组织、分层布设"的原则，主要是通过地面层和地下一层的换乘厅实现各种交通的换乘。其中城市轨道交通与除国铁以外的交通工具换乘的旅客可以在地下一层（与轨道交通站厅层同层）进行直接换乘联系，立体穿越小循环道路，实现了人车分离（图 13-13）。

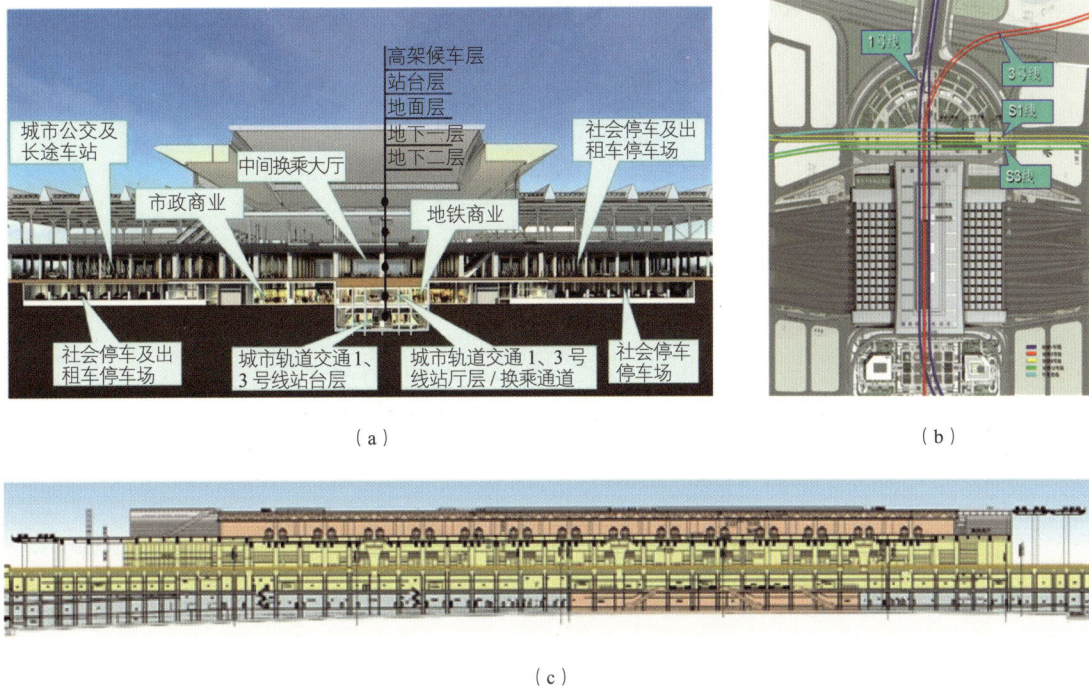

（a）

（b）

（c）

图 13-12　南京南枢纽剖面图及线路示意

（a）南京南枢纽剖面图一；（b）线路示意；（c）南京南枢纽剖面图二

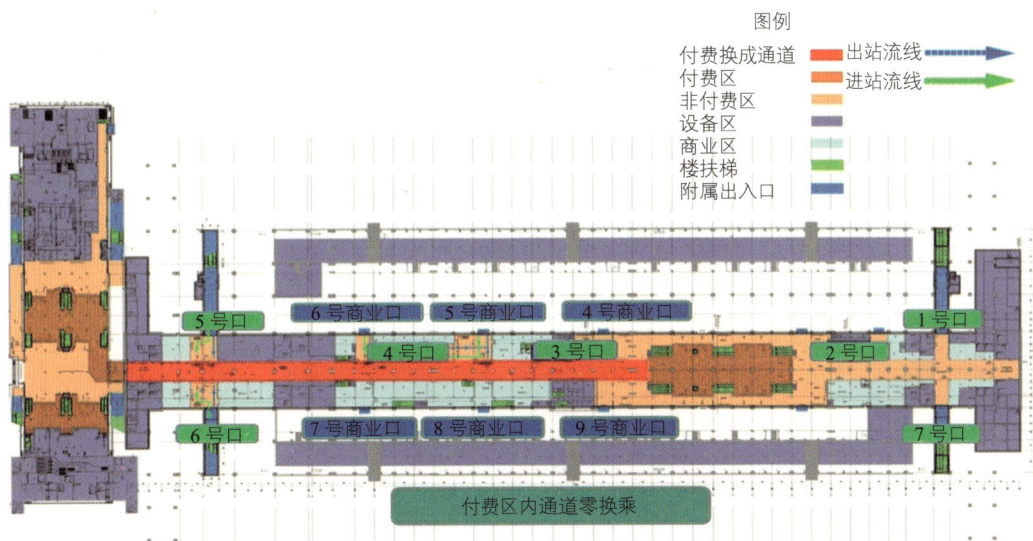

图 13-13　南京南站厅平面图

13.5　机场站与 T1、T2 航站楼无缝衔接

与机场航站楼之间实行无缝对接，方便两种交通方式的换乘：非付费区分为南北两个集

散厅，北厅主要供从T1航站楼来乘坐地铁的客流使用，南厅主要供从T2航站楼来乘坐的客流使用，通过集散厅乘坐连接扶梯可以直接抵达交通中心地面层，而后通过交通中心分别向T1、T2航站楼的连接通道，可直接抵达机场T1、T2航站楼的出发及到达大厅。

同时付费区进出闸机均集中布置，进闸机靠近售票机设置，扶梯上下行方向与站台主客流方向对应，进出闸机与扶梯上下行方向相对应。通过合理布置车站人行通道、车站付费区和非付费区，合理布置和设置售、检票系统和楼、扶梯，将进、出站客流进行合理分流，最大限度地避免了地铁车站的各种客流相互交叉干扰。

13.6　控制中心首次在南京实现6条线路资源共享

根据南京地铁区域线网规划（图13-14），共设置四处控制中心。其中南京南控制中心是城南区域线网控制中心，处于南京南高铁车站西侧用地内。从城市南部地铁线网规划考虑，此控制中心主要管辖3号线、5号线、宁高城轨一期（机场段）、宁高城轨二期、宁和城际线、宁溧线6条线路。

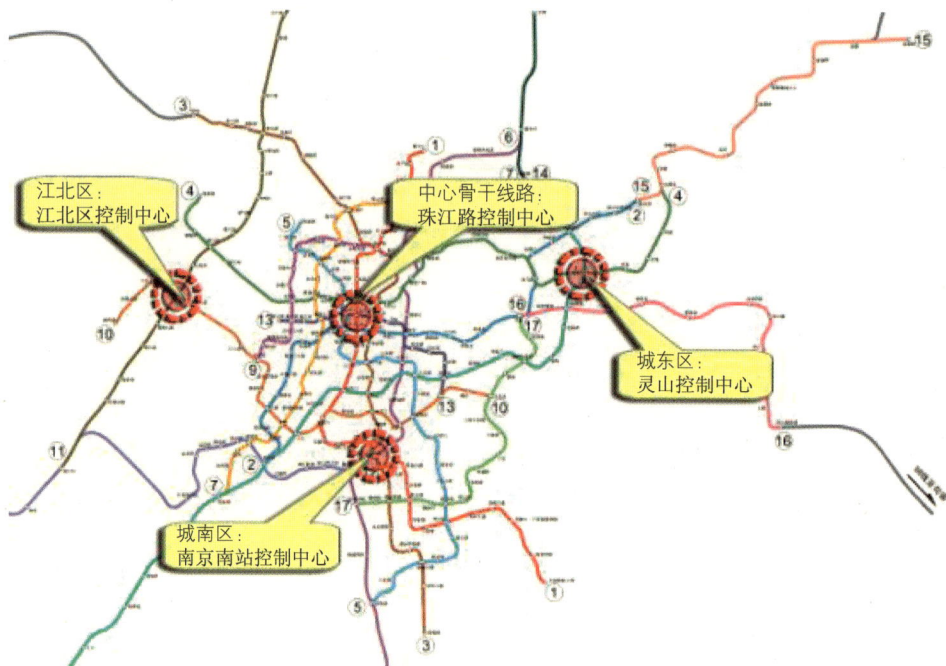

图13-14　南京线线网控制中心规划图

为便于统一指挥调度及协调管理，南京南控制中心的调度核心区按6条线同时接入进行设计，行车调度、综合设备调度、维修调度及每线的总调度均布置在同一中央控制室内（图13-15）。控制中心设计前期对6条线路的进行了资源共享建设研究，主要从以下三个方面进行了研究。

1. 物理空间的资源共享

（1）土地资源的共享

由于南京市轨道交通的建设已初见规模，无论从土地资源的征用方面、结合城市规划及线路规划等的具体情况，均存在资源共享方面的需求。将南京城南区域内线路统筹合建，进一步研究在同一建筑物内资源再共享问题。

（2）基础设施及设备和管理用房的共享

控制中心所需基础设施无异于其他管理组织机构建设所需条件，控制中心内涉及运营管理的设备用房和管理用房，也适合多线路共同使用的要求。

（3）集中控制模式与操作功能区域空间的共享

中央控制室的设置是城市轨道交通线路控制中心建设中的主要落实因素之一；真正发挥出轨道交通线网运行指挥功能的前提是统一的、协调的、科学的管理程序和空间共享。

2. 人员与物力资源配置共享

（1）用多线综合管理思路实现共享

从目前国内现有的实际应用情况看，存在着人员及设备不可避免的重复设置现象；多线综合管理的思路是实现人力与物力资源配置共享的主要前提之一，可采取垂直管理或横向管理模式，横向管理模式具有一定的优势。

（2）用人力与物力资源的统一调配实现资源共享

从控制中心的管理与操作模式上分析，在同一运营组织下的综合性管理，可以实现人力与物力资源的统一调配。

图 13-15 中央控制室内效果

3. 管理体制与信息管理的资源共享

（1）体制与管理方式的资源共享

实现在多线综合管理条件下的体制与管理方式上的资源共享，在具体做法上可以考虑将控制中心分解成多个专业级控制中心，如建立轨道交通行车调度中心、轨道交通电力供应与调配中心、轨道交通票务中心、防灾与应急处理中心等。

（2）通信与计算机信息、网络的资源共享

正线通信系统建立与设置，正逐步向社会化方式落实，控制中心建立时，将结合这一特点，充分支持，从而实现通信资源的共享；如建设时，与电信有关部门共同建设公务电话母局思路；通过虚拟组网方式专门服务于轨道交通的公务通信服务。

正线系统中如无专门计算机信息服务及网络服务系统提供路网信息化服务（如 ITS 服务），需以控制中心为信息枢纽，实现城市交通及其他信息的统一交换和发布等的信息共享。

（3）相关系统及技术支撑等资源共享

相关系统及技术支撑方面需进一步探讨，它不单单是控制中心方面需落实的问题，还需各设备系统予以配合；如数字化通信、统一的轨道信号制式、集散型电力及设备的监控、实时性的信息网络技术、多种的票类和票务集中等系统和技术的落实，然后均在控制中心内实现科学化、智能化、人性化轨道交通管理；符合现代化、简洁化的管理体制及思路的设置和配置也直接影响到控制中心基本功能的发挥；另外在正常运转时的对轨道交通线网的维持和维护、在非常情况下对轨道交通线网的应变／应急处理和恢复、在尽可能的情况下为所有乘客提供最优质服务的水平等方面，均值得研究和讨论。

南京南控制中心建立了统一的运营管理模式，在充分发挥管理机构能源调配及资源共享的同时，减少管理层次和简化操作程序，以实效、完善、正确、合理为目的进行设计和建设。

13.7 中、微风化安山岩地层明挖基坑施工及盾构技术问题的解决

禄口机场站～1 号井段区间穿越岩层以中、微风化安山岩为主（图 13-16），岩石强度高、完整性好，设计通过采用合理的基坑支护及开挖方案设计、线路优化调整、采取适当的施工工艺及措施，确保了工程能够按期完成。明挖基坑爆破如图 13-17 所示。

盾构施工主要采取了以下措施：

（1）刀圈型式及材质选择

采用了碳化钨合金刀圈替换普通刀圈，同时对镶嵌合金齿型式的刀圈与采用整圈合金型式的刀圈的使用效果进行了试验比对。实验结果显示，在安山岩复合地层中，采用镶嵌整圈合金型式的刀圈，最有利于工程效率的提高和施工成本的降低。采用此种刀圈，最大换刀距离得到了大幅提升，同时刀盘扭矩得到了大幅降低。因此在本工程中，大量采用了整圈合金刀圈滚刀。

图 13-16　安山岩微风化岩样

图 13-17　明挖基坑爆破

（2）提高滚刀密封装置的可靠性

增强滚刀密封性能可从两方面入手：一是改进密封设置的薄弱点，增加密封数量。针对实际施工中滚刀端盖密封失效率居高不下的情况，对滚刀密封端盖进行了改进，额外增加了一道 O 型橡胶密封圈，减少了砂土进入轴承腔的几率。二是提高密封可靠性，即选用高性能的密封装置。滚刀轴承外侧的金属浮动密封圈是由专业生产厂商生产研发的。经过认真比选，选用了适用压力更高、变形调节能力更强的密封装置，密封效果改善显著。在后期施工过程中，滚刀密封失效的情况大大减少。

（3）加强盾构掘进参数控制

盾构机总推力、滚刀贯入度、刀盘转速等重要施工参数的设定以及采取土体改良剂的使用等辅助措施，对滚刀的切削效果有着直接而重要的影响。保证滚刀能够在其合理的使用寿命中最大限度地发挥其性能，是贯穿在复合盾构施工全过程中的关键工作之一。

合理控制掘进时推进油缸的总推力：在克服盾体、刀盘与地层的摩擦力之外，能够作用在滚刀上的"有效推力"，其上限值不能大于刀盘所有滚刀所能承受的推力之和；其下限值必须能够保证滚刀正常转动并具备足够的破岩力。否则过大的推力易造成刀具轴承损坏、刀轴变形，严重的甚至会影响刀盘的主体结构与主轴承的使用寿命；过小则不能使滚刀刀刃对开挖面岩层造成有效的滚压破坏，滚刀磨损加快，掘进速度缓慢。

（4）其他措施

设计优化调整上台线路，尽量缩短穿越微风化岩层的长度，同时盾构设计了具有 TBM-EPB 掘进模式转换功能，在盾构进入全断面微风化安山岩后，将掘进模式由土压平衡模式转换为 TBM 掘进模式，提高了破岩能力和掘进效率。

13.8 隧道下穿京沪高铁设计方案及保护措施的选择

南京南站～翠屏山站区间盾构隧道自北向南依次下穿京沪高铁高架桥（图 13-18）、D3 走行线高架桥、沪汉蓉客运专线铁路高架桥、D5 走行线高架桥、宁安城际铁路高架桥、D6 走行线高架桥共 6 条铁路高架桥。下穿处的铁路高架桥均为预应力钢筋混凝土连续梁桥，采用群桩基础，桩长约 29m，桩端持力层为中风化泥质粉砂岩，基本承载力 1300kPa；下穿段盾构隧道外边缘与京沪高铁桥梁桩基的距离最近为 6.4m，如图 13-19 所示。

图 13-18 运营中的京沪高铁组桥

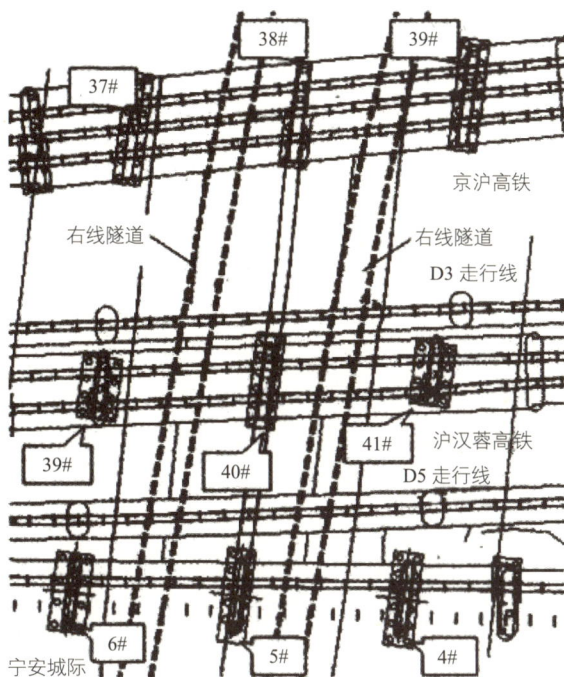

图 13-19 盾构隧道与高铁桥平面关系图

区间隧道采用复合式土压平衡盾构机施工，开挖直径 6.47m。地铁上下行线由两台盾构机先后推进，先施工左线隧道，约 25 天开始施工右线隧道。下穿段盾构隧道中心埋深平均约 27m，线间距约 30m，隧道结构外径 6.2m、内径 5.5m。下穿段盾构隧道全断面穿越 Klg-3 中风化泥质粉砂岩。

由于高铁保护标准极其严格，设计采取了以下措施保证穿越段的安全。

（1）在隧道通过前对京沪高铁设置了隔离桩，隔离桩用直径 1.2m 钻孔灌注桩，桩长嵌入隧道下方，有效地分隔开了隧道开挖影响区域，有利于控制盾构掘进过程中地层的扰动范围。

（2）线路压深控制在距离桩侧不小于 6m、隧道底不深过桩长的区域穿过，此项措施有效地稳定了桥梁结构的基础变形，保证了桥梁结构自身的安全。

（3）加强施工过程控制

①严格控制土仓压力，尽量保持土压平衡，不出现过大的波动，严格控制出土量，做到进尺量与出尺量均衡，有效控制前期地表沉降。

②通过同步注浆、二次补浆浆液合理控制浆液配合比、注浆量及注浆压力的情况下，很好地填充了开挖空隙，使地表沉降得到控制。

③严格控制盾构掘进姿态，及时检查及更换刀具，保证线行正确。

④合理控制推进速度，掘进过程中向土仓内及刀盘面注入泡沫等添加材料，以改善渣土性能，提高渣土的流动性和止水性，利于保持速度稳定。推进速度保持在 30 ～ 50mm/min，

并尽量保持匀速前进，以减小对土体的扰动。

（4）加强监测，信息化施工

通过施工前及施工期间对桥墩基础、地面沉降等的实时跟踪监测，及时调整盾构施工参数，确保施工过程中信息的及时反馈，确保了穿越过程中高铁桥梁的安全。

13.9　首次深化集成的综合监控系统

随着南京地铁运营水平的不断提高，其对系统用户需求、调度自动化水平的要求也越来越高，我们在本工程首次引入了具有更高调度自动化、集成互联度更优的综合监控系统。本系统采用以环调为核心的成熟集成方案在国内外众多城市均有成熟应用且可实施性高。系统主要集成互联了 PSCADA、BAS、CCTV、PA、PSD、FAS、ACS、PIS、CLK、ATS、ALM 等系统。充分做到了以安全保证的核心，信息资源整合化、调度数据集中化，并最大限度地减少手工操作，避免人为误操作，保证了操作的速度和准确率。本工程综合监控系统主要功能如下：

（1）环境与设备监控系统（BAS）功能

环境与设备监控系统（BAS）在车站级集成于综合监控系统，控制中心及车站主要设备均由综合监控系统提供，系统对各站的通风空调系统设备、给排水及消防设备、自动扶梯、电梯、照明设备、车站应急照明电源、防淹门等设备进行全面、有效地自动化监控及管理，确保设备处于安全、可靠、高效、节能的最佳运行状态，从而提供一个舒适的乘车环境，并能在火灾等灾害或阻塞状态下，更好地协调车站设备的运行，充分发挥各种设备应有的作用，保证乘客的安全和设备的正常运行。

（2）门禁系统（ACS）功能

门禁系统（ACS）在车站级集成于综合监控系统，ISCS 能对轨道交通内外的出入通道进行智能化控制管理。中心级主要负责 ACS 的日常设备运行管理、设备运行统计、故障报警统计、门禁卡的授权管理、设备控制参数及安全参数管理、系统数据管理等。车站级主要负责设备监视、故障报警、设备控制功能、车站及限制区域设置等，现场级主要负责紧急情况下的控制。

（3）站台门系统（PSD）功能

站台门系统（PSD）在车站级集成于 ISCS。车站 PSD 用于将车站站台与行车隧道区域隔离开，防止乘客在候车时因推挤掉入行车隧道区，保证乘客候车的安全性。

中心级主要完成对 PSD 运行状况的实时监视，方便运营调度人员了解 PSD 所处状态。车站主要完成 PSD 运行状况的实时监视。

PSD 在中心级和车站不单设 PSD 调度员，在中心级由中心环境调度员兼任，在车站级由车站值班员兼任，站台门的管理以车站管理为主。

（4）UPS 电源系统功能

UPS 电源集成于综合监控系统，UPS 将设备本身的故障、电源质量信息传送给综合监控系统，以完成对 UPS 电源的监控管理功能。

ISCS 在控制中心、各车站、车辆段设置 UPS 电源系统，为中心 ISCS、BAS、ACS；车站 ISCS、BAS、ACS 及车控室各专业设备统一提供 UPS 电源。

（5）电力监控系统（PSCADA）功能

电力监控系统（PSCADA）独立设置，在中心与综合监控系统互联，PSCADA 将相关供电系统信息传递给综合监控系统，实现信息共享。

（6）火灾自动报警系统（FAS）功能

火灾自动报警系统（FAS）独立设置，在车站与综合监控系统互联，传送相关信息，实现信息共享。

（7）信号系统（SIG）功能

信号系统（SIG）独立设置，在中心与综合监控系统互联，传送相关信息，实现信息共享。

（8）自动售检票系统（AFC）功能

自动售检票系统（AFC）独立设置，在中心与综合监控系统互联，接收 AFC 系统的客流信息和设备状态等信息，实现信息共享。

（9）广播系统（PA）功能

广播系统（PA）独立设置，在中心、车站与综合监控系统互联，ISCS 具备音源文件输入及播音功能。

（10）闭路电视系统（CCTV）功能

闭路电视系统（CCTV）独立设置，在中心与综合监控系统互联，实现对 CCTV 画面的控制及监视功能。

（11）时钟系统（CLK）功能

时钟系统（CLK）独立设置，在中心与综合监控系统互联，取得时标信号并将此信号分配给 ISCS、BAS、ACS、PSD。通信 CLK 系统在控制中心设中心母钟设备、车站设置二级母钟设备，通过接收标准时间信号产生精确的同步时间码，校准一级母钟，并为其他系统提供时钟信号。

（12）集中告警系统（TA）功能

集中告警系统（TA）独立设置，在中心与综合监控系统互联，获取通信各子系统的告警信息，实现信息共享。集中告警系统主要用于通信各子系统设备及设备告警信号的统一收集及发布。

（13）乘客信息系统（PIS）功能

乘客信息系统（PIS）独立设置，在中心与综合监控系统互联，获取相关信息，实现信息共享。

（14）地铁综合信息 WEB 系统功能

南京地铁统一设置地铁综合信息 WEB 系统，向 OA 发布的信息。南京地铁综合信息 WEB 系统已建成，在中心与 ISCS 系统互联，将必要的信息传送给 WEB 系统。实现地铁管理人员通过 OA 网络访问地铁重要信息的功能。

13.10　首次引入吸气式感烟探测器和感温光纤探测技术

　　停车场车辆日常停放和各类检修车库的停车部位空间较高，传统的典型探测器已经无法满足本区域的火灾探测需求，国内其他城市的轨道交通（包括南京既有线）在本区往往采用传统的红外光束探测系统（图 13-20），但由于高大区域不利于设备的检修，特别是车辆进出比较频繁引起的振动导致误报率较高，引起了很多运营部门的诟病。

图 13-20　传统的红外光束探测系统

　　随着火灾探测技术的发展，在国内北京等城市陆续引进了吸气式感烟探测器（图 13-21）的设置方案，其较好地解决了误报及检修问题，获得了较多好评，综合考虑本工程在停车场停放车辆的库房以及车站设备区走廊采用设置吸气式感烟探测器的方案，这在南京地铁中尚属首次应用。

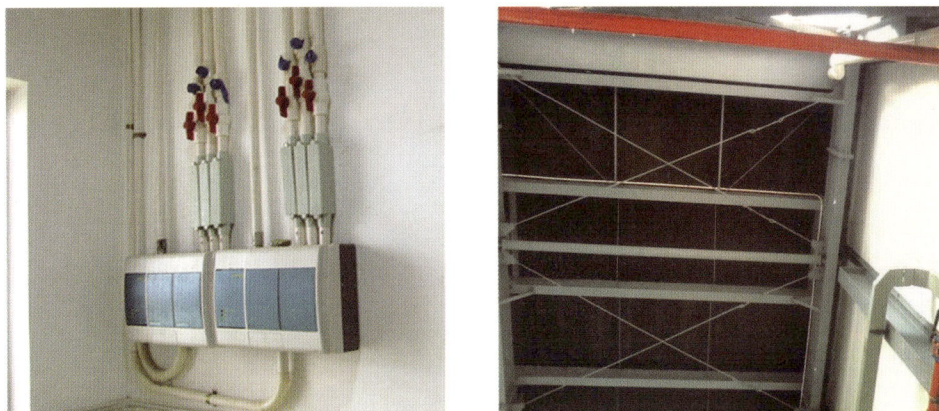

图 13-21　极早期吸气式感烟探测器

14 专项评估报告

14.1 工程地质灾害危险性评估

根据《地质灾害防治条例》、《国土资源部关于加强地质灾害危险性评估工作的通知》和《江苏省地质环境保护条例》等有关规定，江苏省地质调查研究院受南京地下铁道有限责任公司委托，完成提交了《南京地铁 6 号线机场段工程地质灾害危险性评估报告》(以下简称《报告》)。2010 年 9 月 10 日，江苏省国土资源厅组织 5 名专家对《报告》进行了审查，经认真审议，形成主要意见：

（1）《报告》充分收集利用了区域地质、矿产地质、水工环地质和拟建工程勘察资料，并进行了野外地质灾害调查和勘察，所获资料较丰富，满足地质灾害危险性评估要求。

（2）《报告》认为评估区地质环境条件复杂程度为中等 - 复杂类型，拟建工程属重要建设项目，将地质灾害危险性评估级别定为一级是合适的。

（3）《报告》查明了评估区地质灾害类型主要为滑坡、崩塌、地面塌陷和特殊类岩土（软土、砂土、膨胀土）灾害。现状评估认为：评估区内凤凰山铁矿采空塌陷区地面塌陷灾害危险性大，拟建工程沿线丘陵山体崩塌、滑坡灾害危险性中等，其余区段地质灾害危险性小。符合实际情况。

（4）《报告》按站点和区间进行了地质灾害危险性预测评估。评估结果可信。

（5）《报告》综合评估认为：A 区地质灾害危险性大，土地适宜性差；B 区地质灾害危险性中等，土地适宜性为基本适宜；C 区地质灾害危险性小，土地适宜性为适宜。评估结论正确。

（6）《报告》提出的地质灾害防治措施和建议合理可行。

（7）专家组认为：详勘阶段应查明凤凰山铁矿采空区及影响范围。

综上所述，《报告》章节齐全，内容丰富，资料翔实，结论正确，同意通过。《报告》根据专家意见修改后，可提供有关单位使用。

执行情况：江苏省地质调查研究院协调总体根据专家审查意见对报告进行了优化完善；地质勘查单位依据该报告在详勘阶段补充了凤凰山铁矿采空区及影响范围，细化了机场线沿线不良地质情况勘探；总体及各工点院在设计过程中对报告提出的地质灾害严重情况及分类采取了针对性措施，确保设计安全可靠。

14.2　节能评估

满足要求。从项目具体实施情况来看，基本满足节能分析报告要求的节能措施，如机电系统节能，通风空调系统组合式空调器及回排风机采用变频控制，车站隧道排风机变频控制，其余用电设备均按国家节能规范要求标准执行；车辆段职工浴室的热水供应热源采用可再生能源的太阳能热水器。

14.3　环境评估

满足要求。从项目具体实施情况来看，按环评报告要求对噪声敏感点设置有声屏障降噪措施，轨道设置有减振措施，按要求设置风亭及冷却塔与敏感点的距离，风道里面的风机均配置消声器。污废水排放均按环评要求设置相应的处理措施，满足排放标准。其中，在实施过程中，根据现场情况核实，南京英茂园林景观工程有限公司位于机场线高架段正方中路站以南约 2km 处轨道东侧，离轨道水平最近处距离约 20m，对其办公楼及宿舍楼影响较大，然而此处并未列入环评报告书中敏感点范围，后根据实际情况加装了该段声屏障降噪措施。

14.4　安全质量评估

南京至高淳城际轨道南京南站至禄口机场段工程初步设计安全质量风险评估报告咨询会，于 2011 年 8 月 10 日在广州地铁设计研究院有限公司南京分公司举行，会议由南京地下铁道有限责任公司建设分公司组织和主持，并邀请来自南京、上海、天津、深圳、长沙等地专家 5 人组成专家组（专家名单附后），对《南京至高淳城际轨道南京南站至禄口机场段工程初步设计安全质量风险评估报告》（以下简称《安全质量风险评估报告》）进行咨询。参加会议的有南京地铁公司以及设计单位的领导和代表。与会专家和代表认真阅读了《安全质量风险评估报告》文件，在听取设计单位的汇报后，专家组与设计单位进行了充分交流，提出了诸多意见和建议，供设计单位在下阶段对方案进一步研究与优化。

14.4.1 总体评价

南京至高淳城际快速轨道南京南站至禄口机场段南起禄口机场，止于南京南站，全长约 35.6km，共设置 8 座车站，线路方案和站点布局已与规划局做过多次沟通，符合轨道交通线网规划，线位、站位布局基本恰当。主要技术标准和设计原则符合规范、标准规定，风险评估资料翔实，方案研究比较充分，针对风险提出的防范措施基本合理可行。

14.4.2 具体意见和建议

1. 共性意见

（1）地下车站位于已建成道路下方，周边有较多的市政管线，设计单位需根据具体情况，对市政管线提出保护措施或者迁改方案。高架区间穿越多条架空高压线，影响高架车站及区间桥梁施工，设计单位需与电网管理部门协调，对高压线进行抬升和入地处理，改移至施工影响范围外，应制定严格的高压走廊下作业的防护措施，并取得电网管理部门的支持。

（2）地下结构施工重点关注地下水对工程实施的威胁，应做好应急防灾方案。

（3）工程通过铁路、高速公路等主要交通线路，要制定完备的实施方案，实施前应与相关部门联系，共同监控既有设施的安全。

（4）本工程工期紧，为保证建设安全，建议引入安全管理专业部门，加强风险防范措施的监督。

2. 工点意见

（1）禄口机场站：车站与禄口机场交通中心同步设计、同步施工，需注意交通中心施工时的相互影响。

（2）翔宇路南站、翔宇路北站：需要加强高空作业的安全管理。

（3）正方中路站：沿车站两侧有 10kV 高压线，应制定严格的高压走廊下作业的防护措施，并取得电网管理部门的支持。

（4）吉印大道站：车站站位附近有较多高压线及高压电塔。站位设置需避开高压线塔基保护范围，车站在高压线下施工净空需满足电力设施保护要求。

（5）佛城西路站：站址周边道路交通繁忙，建筑物及管线密集。车站分两期倒边施工，基坑开挖时需注意对地下管线和周边建筑物的保护。

（6）翠屏山站：车站基坑较深，地质条件较差，应注意围护结构的受力安全，围护结构的止水措施应充分安全。

（7）禄口新城南车辆段：车辆段位于横溪河堤下的低洼地带，场坪高度除按防洪专项报告要求设计外，应增加必要的防洪设施。

（8）禄口机场站~翔宇路南站区间：盾构区间穿越禄口机场现状停机坪，施工筹划应与机场管理部门协调，保证隧道施工期间停机坪安全。

（9）正方中路站～将军路站区间、将军路站～佛城西路站区间、佛城西路站～胜太路站区间：根据工程特点制定应急预案，保证施工的安全顺利进行；加强施工监测。

（10）翠屏山站～南京南站区间

① 盾构区间穿越100m宽秦淮新河，施工重点关注地下水对工程实施的威胁，控制好盾构姿态，添加土壤改良剂等，控制掌子面稳定及水土流失，并做好应急防灾方案。

②下穿京沪高铁等共六座铁路高架桥，距离高架桥群桩基础水平距离约5.17～9.92m，盾构施工应严格控制盾构推进姿态，确保同步及二次注浆的注浆量及注浆压力，建立专项安全施工方案、专项安全应急预案。高架桥群桩的沉降控制标准需满足铁路主管单位要求。

（11）翔宇路南站～正方中路站高架区间

①高架区间穿越多条架空高压线，影响高架车站及区间桥梁施工，设计单位需与电网管理部门协调，对高压线进行抬升和入地处理，改移至施工影响范围外，应制定严格的高压走廊下作业的防护措施，并取得电网管理部门的支持。

②应注意凤凰山采空区对工程的影响。

执行情况：在初步设计图中，总体协调各工点院针对专家评审意见进行了优化和调整，针对风险源采取了具体型措施，并在施工图中落实了风险控制措施。

15 科研、专题研究对设计、施工的指导

15.1 系统选型专题对设计的指导

南京机场线在设计阶段进行了系统选型专题研究，专题研究的开展对于指导设计工作的进行具有重要意义。

根据国内外机场线的列车情况，结合本线客流特征和功能定位，系统选型专题对运营组织方式（站站停和快慢车）、列车最高速度（100km/h 和 120km/h）、快慢车的车辆制式（6 辆编组 A 型车和 8 辆编组 B 型车）进行了比选研究。

根据研究，采用快慢车模式节省了少部分人 (112601 人 / 日，占 17%) 的出行时间，增加了大部分人 (553764 人 / 日，占 83%) 的出行时间，100km/h 快慢车比站站停损失时间价值 1.23 亿元、120km/h 快慢车比站站停损失时间价值 1.12 亿元，且快慢车运营增加了总投资、运营组织复杂，因此，推荐机场线采用站站停模式运营。

列车最高速度和运营组织方式比较如表 15-1 所示。采用 100km/h 的站站停列车，全程运行时间 60.7 分钟，禄口机场 ~ 南京南站的旅行时间为 29.9 分钟，禄口机场 ~ 明故宫的旅行时间为 40 分钟，旅行时间较短，满足《南京市轨道交通线网规划 2009》的时间目标要求（禄口机场 45 分钟内达到市中心）。另外，100km/h 的列车更节能、投资省、采用常规盾构（工期更有保障），因此，推荐南京机场线采用 100km/h 的列车。

列车最高速度和运营组织方式比较　　　　　　　　　　表 15-1

比较项目		100km/h			120km/h		
		站站停	快慢车		站站停	快慢车	
			快车	慢车		快车	慢车
旅行时间	南京南~禄口机场	29.9 分钟	25.3	32.6	26.8 分钟	18.1	29.5
	明故宫~禄口机场	40.0 分钟	33.4	45.4	36.7 分钟	25.4	42.1
	全程	60.7 分钟	53.4	66.1	56.7 分钟	44.7	62.1
满足低/中/高目标		中	高	低	高	高	中
车辆制式		6B	6A		6B	6A	
远期全日开行计划		276 对/日	快车 66 对/日 慢车 207 对/日		276 对/日	快车 66 对/日 慢车 207 对/日	
远期高峰小时最大客流断面		28626 人次/h					
远期开行对数		28	24		28	24	
运输能力		33376	33408		33376	33408	
运能储备率		16.6%	16.7%		16.6%	16.7%	
盾构内径		5.5m	5.5m		6m	6m	
工程工期		常规盾构，工期更有保障			重新定制盾构，需增加盾构生产周期约 10 个月		
区间土建造价		L 亿元	L 亿元		L+8.55 亿元	L+8.55 亿元	
车站土建造价		M 亿元	M +9.6702 亿元		M 亿元	M +9.6702 亿元	
远期配属车		74 列（6B）	74 列（6A）		70 列（6B）	69 列（6A）	
购车费		74×0.39 = 28.86 亿元	74×0.51 = 37.74 亿元		70×0.435 = 30.45 亿元	69×0.54 = 37.26 亿元	
车辆段/停车场用地		41.13 公顷	43.71 公顷		39.33 公顷	41.76 公顷	
车辆段/停车场用地投资		12.339 亿元	13.113 亿元		11.799 亿元	12.528 亿元	
机电系统投资		其他机电系统差别较小	屏蔽门增加 0.6 亿元		其他机电系统差别较小	屏蔽门增加 0.6 亿元	
远期年牵引电费		11389 万元	10832 万元		13595 万元	12969 万元	
总投资（亿元）		N	N +19.9242		N +9.6	N +27.4092	

15.2 线站位专题对设计的指导

《线站位专题研究》是《工程可行性研究》重要支持之一，其明确线路路由走向、车站设置、敷设方式和车辆段选址等。该专题一般由南京市规划局批复，为以后线路工可设计、初步设计、施工图设计指明方向。

（1）线路走向

本线作为 S1 线（南京南站～高淳）首期工程，线路起终点比较明确的，北起南京南站，南至禄口机场。《线站位专题研究》给出确切连接线路起点和终点的初步路由，是线路工可、初步设计、施工图设计的重要依据。

（2）车站设置

车站设置包括车站个数和车站位置两个部分，《线站位专题研究》给出车站设置的初步结论，本线共设置 8 座车站，车站位置如表 15-2 所示。

南京至高淳城际快速轨道南京南站至禄口机场段车站分布表 表 15-2

序号	车站名称	中心里程	站间距	车站位置
1	禄口机场站	YDK0+467.000	367	禄口机场 T2 航站楼
2	翔宇路南站	YDK8+338.975	7922.831	新生路与华商南路交叉口北侧
3	翔宇路北站	YDK12+568.777	4229.802	新生路与建设北路交叉口北侧
4	正方中路站	YDK19+852.240	7283.463	将军大道与正方中路交叉口北侧
5	吉印大道站	YDK24+579.319	4726.939	将军大道与吉印大道交叉口
6	河海大学·佛城西路站	YDK27+817.203	3239.060	将军大道与佛城西路交叉口北侧
7	翠屏山站	YDK31+071.824	3253.671	将军大道与胜太路交叉口
8	南京南站	YDK35+138.330	4067.269 727.670	南京南站站北广场内

（3）线路敷设方式

线路敷设方式通常有三种：地下隧道、地面线和高架线，三种敷设方式造价、对周边影响等差别较大。《线站位专题研究》给出本线敷设方式的初步结论，南京南站至绕越高速段采用地下敷设方式、绕越高速至禄口机场用地边线采用高架敷设方式、机场范围采用地下敷设方式；出入洞口分别位于将军大道与绕越高速立交南侧和禄口机场用地边线与将军大道交接位置。

（4）车辆段选址

车辆段为本线不可缺少的重要附属建筑，其位置选址也决定路由走向。《线站位专题研究》给出本线车辆段选址方案，位于将军大道、规划南环路、飞天大道和横溪河所围范围。

15.3　高架梁型专题对设计的指导

南京机场线高架区间梁型专题研究报告，结合机场线本身线路特点，从安全、景观、经济、施工等分析，确定南京机场线采用整孔预制 U 型梁。与传统箱型轨道梁相比，U 型梁具有降噪效果好、外观美观、断面利用率高、造价低等优点，具体如下：

（1）轨道直接铺设在 U 型梁的结构底板上，两侧腹板可有效阻隔地铁车辆轮轨噪声。

（2）U 型梁的上翼缘顶部与地铁车辆地板处于相同高度，遇到紧急情况时，可作为紧急疏散通道为乘客提供方便。

（3）U 型梁结构本身具有阻隔车辆轮轨噪声的功能，减少了高架桥声屏障的用量；U 型梁结构的混凝土截面较传统箱梁大大减小，采用 U 型梁有效降低建设和运营成本。

（4）U 型梁建筑底板高度只有 26cm，大约为箱型梁建筑高度的六分之一，采用带折线的外形，视觉上减小了结构的体量，再加上大量减少了声屏障的使用，U 型梁在视觉上降低了对城市景观的影响。

15.4　车站环控模式专题对设计的指导

2010 年 6 月，设计完成了南京机场线通风空调系统比选研究报告，结合机场线本身线路特点，从设备初投资、运行能耗、服务水平、拆迁情况以及南京气候特点等分析，确定南京机场线采用站台设置屏蔽门的通风空调系统，区间隧道通风按双活塞系统设置。尤其从能耗分析可以看出，在南京地区，由于全年空调季节较长，采用闭式系统（南京既有线路设置）与屏蔽门系统，通风空调全年能耗比较：由于屏蔽门系统里面排热风机的运行能耗比重较大，约占全年能耗 23%，如果按不变频运行考虑，两种系统年运行能耗相差不大。考虑到排热风机主要排除列车发热量，可根据高峰时段与低峰时段列车的行车对数不同采取变频运行，对节约能耗效果显著，与闭式系统相比，排热风机采用变频运行的屏蔽门系统，全年运行能耗节约大约 22%。所以，总的来说，在南京地区，采用屏蔽门系统并设置变频节能控制，运行能耗要低于闭式系统。另外，在全年能耗总量中，两种系统里面空调季节的能耗比重较大，闭式系统尤为明显，占到将近 73%，屏蔽门系统占 67% 左右。通过比较还可以看出，如果在空调季节较短的北方地区，采用这两种系统形式，仅对通风空调系统能耗而言，两种系统运行能耗的差别会随着空调季节的缩短而减小，以我院之前承担设计的北京大兴线（采用设置全高安全门的集成闭式系统）为例，全年运行能耗与采用屏蔽门系统相差不大，而如果在空调季节相对较长的地区，采用屏蔽门系统的运行能耗比闭式系统要小，而屏蔽门系统里面，车站排热风机的能耗比重又较大，针对线路的运行情况如果排热风机采用变频运行，那么屏蔽门系统的节能效果将更加明显，如广州、深圳、武汉等地均采用屏蔽门系统。

15.5　车辆段资源共享带来的优势

从线网上总体考虑，禄口新城南车辆段设计贯彻资源共享理念，降低检修级别，减少设施设置，减少了建设规模，有效控制了工程投资和运营成本，主要体现在以下几点：

（1）禄口新城南车辆段功能定位为线网中的大架修基地，承担全线配属车辆的大架修，同时，由于本车辆段设计初期线网并不明确，结合当时既有线网情况，禄口新城南车辆段按照兼顾 6 号线、14 号线的大架修任务设计。根据 S1 线行车组织资料，本线需设有 2.73 个大架修列位，同时，兼顾 6 号线、14 号线的大架修任务，经估算：6 号线线路全长约 26.1km，经估算约需 1.02 个大架修列位。14 号线线路全长约 34.2km，经估算约需 1.33 个大架修列位。共计 5.08 个列位，取 5 个列位。根据 2013 年版南京地铁线网规划修编文件，禄口新城南车辆段调整为承担南京（南京南站）至高淳都市圈轨道（S1 线）、南京（南京南站）至和县都市圈轨道（S3 线）和南京（禄口南站）至溧水都市圈轨道（S7 线）三线配属车辆的大架修任务，经过计算和核对原设计的大架修台位能够满足此需求，同时，将 S1 线高淳车辆段、S3 线桥林车辆段和 S7 线溧水车辆段定位为定修段。S3 线的车辆通过南京南站的联络线进入 S1 线到禄口新城南车辆基地进行大架修，S7 线的车辆通过翔宇路南站的联络线进入 S1 线禄口新城南车辆基地进行大架修。

（2）由于南京地铁线网规划在南京地铁线网中已考虑配置培训中心，故禄口新城南车辆段不再单独设置培训中心。

（3）禄口新城南车辆段为线网中 S1、S3 和 S7 的大架修段，本段设有物资总库，满足三线相关设备、材料和工具及大架修设备材料等统一存放，其余车辆段和停车场仅需根据各自线路承担检修任务的需求设置材料库，从线网上形成物资库的资源共享。

（4）将本工程 S1 线一期工程中所用的网轨检测车和磨轨车与 S1 线二期、S3 和 S7 线资源共享，降低线网设备投资。

（5）充分考虑社会化服务，对使用少、可社会化操作的设施采用委外检修或者维保，同时，从提高修车效率考虑，车辆检修采用以互换修为主，部分零部件以现车修为辅的检修作业方式。

15.6　通讯共享

（1）专用传输系统

机场线的专用传输系统采用 OTN 技术。

机场线控制中心设于新建的南京南站区域控制中心内，实际主要管辖南京市南城线路，集中合并设置 3 号线、5 号线、宁高一期、宁和、宁溧、宁高二期等共 6 条线路。机场线为本区域控制中心内第一条接入使用的线路。

（2）专用无线通信系统

机场线专用无线通信系统采用 800MHz TETRA 数字集群通信系统组网方案。

在控制中心与综合通信网互联，实现本线专用无线系统控制中心调度大厅调度台电话呼叫功能；实现本线专用无线系统网管室 TETRA 网管远程维护功能。

机场线提供本线无线设备与 3 号线交换中心互联，对 3 号线交换中心设备进行扩容、软件更新，在 3 号线交换中心提供的软件协议基础上进行本线的二次开发，实现本线无线系统功能。

（3）公务电话系统

机场线公务电话系统采用程控交换机方案组网。

在控制中心与综合通信网互联，实现本线公务电话系统出局、计费及与南京地铁公务电话网互联互通的功能。

（4）专用视频监控系统

机场线专用视频监控系统采用全数字 1080P 高清技术方案。

机场线公安 CCTV 与运营 CCTV 共享方案采用车站全共享方案。实现了运营 CCTV 与公安 CCTV 最大化的资源共享，系统投资最低。

（5）时钟系统

机场线时钟系统中心母钟作为基础主时钟设备，能自动接收 3 号线一级母钟的标准时间信号，实现本线时钟系统标准时间外部信源的引入，并预留接收 TCC 标准时间信号的接口，将自身的时间精度校准，产生精确的标准时间信号，通过传输通道向各车站、车辆段的二级母钟传送，统一校准二级母钟；并向其他需要标准时间信号的系统设备提供统一的标准时间信号。

（6）办公自动化系统（OA）

机场线 OA 系统网络采用简单化、层次化、分步实施的网络设计原则，考虑到接入信息的位置特点，将 OA 网络分为三层建设：核心层、汇聚层、接入层，核心层采用共用 3 号线核心层的方式，机场线相应配置汇聚层节点和用户接入层节点。

（7）乘客信息系统

机场线乘客信息系统采用全数字 1080P 高清技术方案。

在控制中心接入线网编播发布系统（PCC），PCC 共享机场线 PIS 中心的信息编辑发布设备资源，做到统一规划投资，避免 PCC 与线路 PIS 系统重复投资、资源浪费。

16 工程总体筹划的执行评价

16.1 工程总体筹划概况

16.1.1 设计总工筹

1. 实施阶段划分

南京至高淳城际轨道南京南站至禄口机场段工程划分为以下几个主要的阶段进行实施：

（1）工程前期准备工作，完成场地的三通一平，为施工创造条件；

（2）车站、区间、车辆段、控制中心和变电所的土建施工；

（3）轨道工程；

（4）车站装修、设备安装及设备的单系统调试；

（5）冷热滑及设备系统联调；

（6）试运行；

（7）建成通车开始试运营。

2. 工程进度关键路线和控制点的选定

工程进度关键线路是整个工程中起到控制工期，制约相关工程项目的线路，在南京至高淳城际轨道南京南站至禄口机场段工程中，隧道贯通是关键，制约着轨通、电通等多个关键点。

根据对工程具有的重要意义，控制点初步选定为：初步设计完成时间，工程正式开工时间，全线洞通时间，轨道铺通时间，合闸送电时间，第一列车到货时间，冷、热滑时间，试运行时间，通车试运营时间，共 9 个关键节点。

3. 主要进度指标

主要进度指标如表 16-1 所示。

主要进度指标表 表 16-1

序号	工程名称	进度指标	备注
1	全明挖地下车站	20 ~ 22 个月	土建结构
	其中围护工程	2 ~ 4 个月	
	盾构井主体结构	3 ~ 4 个月	含开挖
	主体结构	10 ~ 12 个月	含开挖
	附属工程	4 ~ 6 个月	含开挖
2	明暗挖结合地下车站	20 ~ 22 个月	土建工程
3	盖挖地下车站	20 ~ 22 个月	土建工程
4	高架车站	12 ~ 14 个月	土建工程
5	明挖区间	12 ~ 14 个月	
	其中围护工程	4 ~ 5 个月	
	主体结构	7 ~ 9 个月	
6	暗挖区间	11 ~ 13 个月	1 ~ 2m/ 工作面·天
	施工竖井和通道	8 个月	
	主体结构初支	10 ~ 12 个月	1 ~ 2m/ 工作面·天
	主体结构二衬	4 个月	6m/ 工作面·天
7	盾构区间		
	盾构机设计制造	8 个月	
	下井拼装	1 个月	
	1 个区间掘进	6 ~ 9 个月	7 ~ 8m/ 天
8	高架区间	11 ~ 13 个月	3m/ 天
9	车辆段	22 ~ 23 个月	含软基处理
10	轨道	6 ~ 7 个月	
	地下整体道床	5 ~ 6 个月	50m/ 工作面·天
	高架整体道床	3 ~ 4 个月	100m/ 工作面·天
	换长轨	2 个月	200 ~ 250m/ 天
11	车站设备用房	5 个月	

序号	工程名称	进度指标	备注
12	公用区安装装修	6 个月	
13	供电大设备运输安装	5 个月	
14	系统调试及联调	2 个月	

4. 关键工程工期安排

所谓关键工程，就是施工难度较大、施工工序繁杂、施工周期长和施工外部条件苛刻的单位工程。由于本工程总工期约两年半，工期短，本工程的关键工程为隧道贯通。计划在 2012 年 12 月底全线隧道贯通。盾构区间长度均不大于 2km，全线安排 18 台盾构机施工，为了减小盾构施工对车站施工的影响，盾构始发尽量安排在区间中间的盾构井始发，在车站到达吊出。

（1）车站工程

南京南站于 2011 年 4 月初开工，其他车站于 2011 年 8 月 1 日开工。所有车站于 2012 年 9 月 30 日主体完工。

（2）区间工程

盾构区间始发井于 2011 年 8 月 1 日开工，2011 年 12 月 31 日完工。2012 年 2 月 1 日盾构始发，2012 年 12 月 31 日隧道贯通。高架区间于 2011 年 9 月 1 日开工，2012 年 8 月 31 日完工。

（3）车辆段

车辆段于 2011 年 8 月 1 日开工，进行填方工程，2012 年 4 月 30 日完成填方。房屋建筑土建工程于 2012 年 5 月 1 日开始，2012 年 9 月 30 日完成。车辆段设备（包括常规设备、系统设备及工艺设备）安装及调试和铺轨工程于 2012 年 10 月 1 日开始，2013 年 3 月 31 日完成，具备接车条件。

（4）主变电所、控制中心

主变电所于 2011 年 8 月 1 日开始施工，2013 年 2 月 28 日完成。控制中心于 2011 年 8 月 1 日开始施工，2013 年 6 月 30 日完成。

（5）铺轨工程

正线总长约 34.9km，分别在禄口机场站～翔宇路南站区间地下与高架过渡段、正方中路站～将军路站区间地下与高架过渡段、佛城西路站～胜太路站区间 3 号盾构井共设置 3 个铺轨基地。禄口机场站～翔宇路南站区间地下与高架过渡段铺轨基地负责禄口机场站至翔宇路北站区段的轨道铺设（正线线路长度约 12.459km），正方中路站～将军路站区间地下与高架过渡段铺轨基地负责翔宇路北站至佛城西路站～胜太路站区间 3 号盾构井区段的轨道铺设（正线线路长度约 16.509km），佛城西路站～胜太路站区间 3 号盾构井铺轨基地负责3号盾构井至南京南站后6号盾构井区段的轨道铺设（正线线路长度约6.502km）。铺轨工程于2012年9月1日开始施工，2013年4月30日完成。

（6）车辆制造

车辆制造：计划2011年8月～2012年4月进行招标和合同签订，2012年5月1日～2013年4月30日完成第一列车制造，2013年7月至10月，每个月完成两列车的制造，至2013年10月底共完成9列车的制造，满足开通试运营时，开行5对/h，发车间隔12分钟的要求。2014年随着后续车辆的到货，逐步缩短发车间隔，直至达到初期要求。

（7）主要设备的采购

2012年2月～2013年2月进行设备制造，2012年6月～2013年5月设备陆续到货并安装。

（8）机电设备安装和装修

2012年6月1日机电设备安装和装修队伍陆续进场，2013年7月31日完成。接触网安装工程于2013年5月～2013年6月进行，于2013年6月30日实现"电通"。

（9）冷热滑及综合联调

2013年8月至2013年9月进行冷热滑及全线设备系统总联调，共2个月。

（10）试运行

2013年10月至2013年12月通车试运行，共3个月。

（11）试运营

2013年12月31日开通试运营。

5. 总工期筹划进度安排

总体进度安排详见图16-1及图16-2。

6. 控制点时间安排

工程建设实施计划如下：

（1）2011年3月20日至6月30日，全线初步设计。

（2）2011年4月初本线路土建工程先期站点开工。

（3）2011年5月10日，全线开展地质勘查。

（4）2011年8月1日本线路土建工程全面开工。

（5）2012年12月全线土建主体工程全面完工。

（6）2012年12月底全线隧道贯通。

（7）2013年4月底全线轨通。

（8）2013年6月底全线电通。

（9）2013年9月底完成全线热滑并三权移交。

（10）2013年10月1日～2013年12月30日试运行。

（11）2013年12月31日开通试运营。

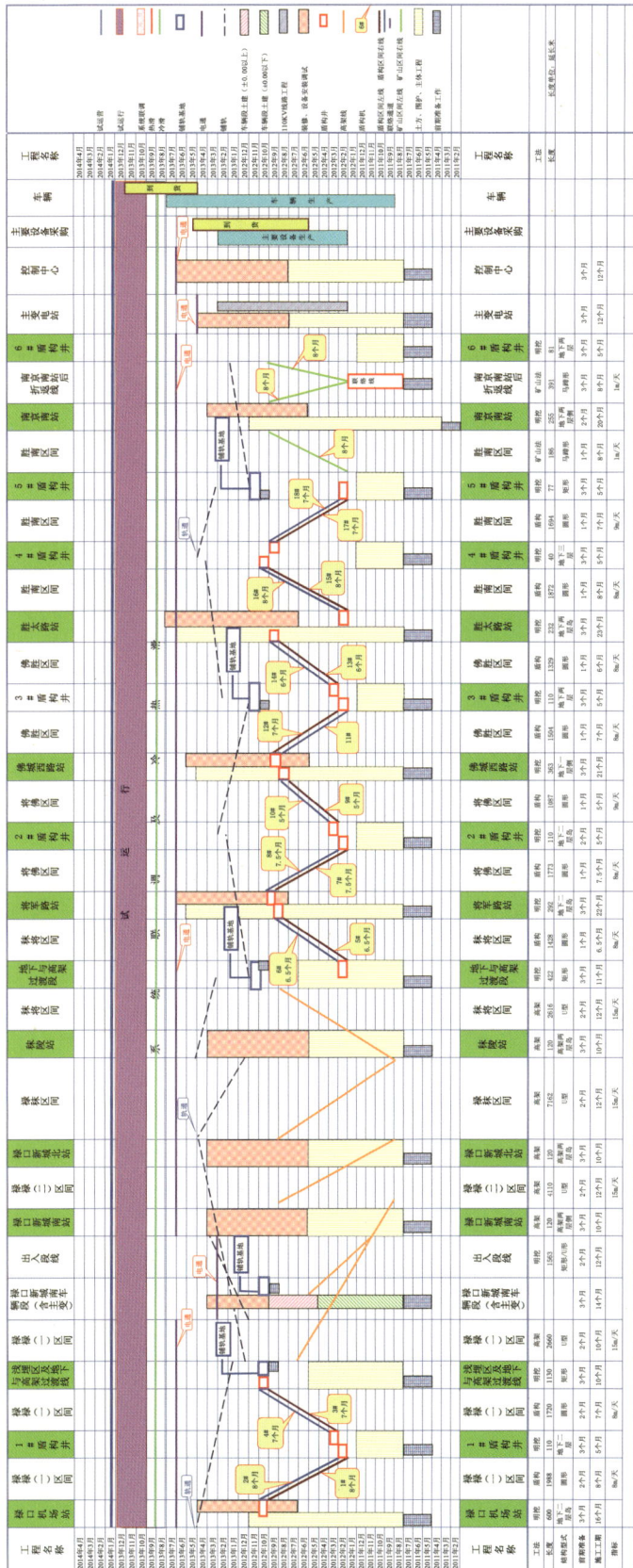

图 16-1　南京至高淳城际轨道南京南站至禄口机场段工程筹划竖状图

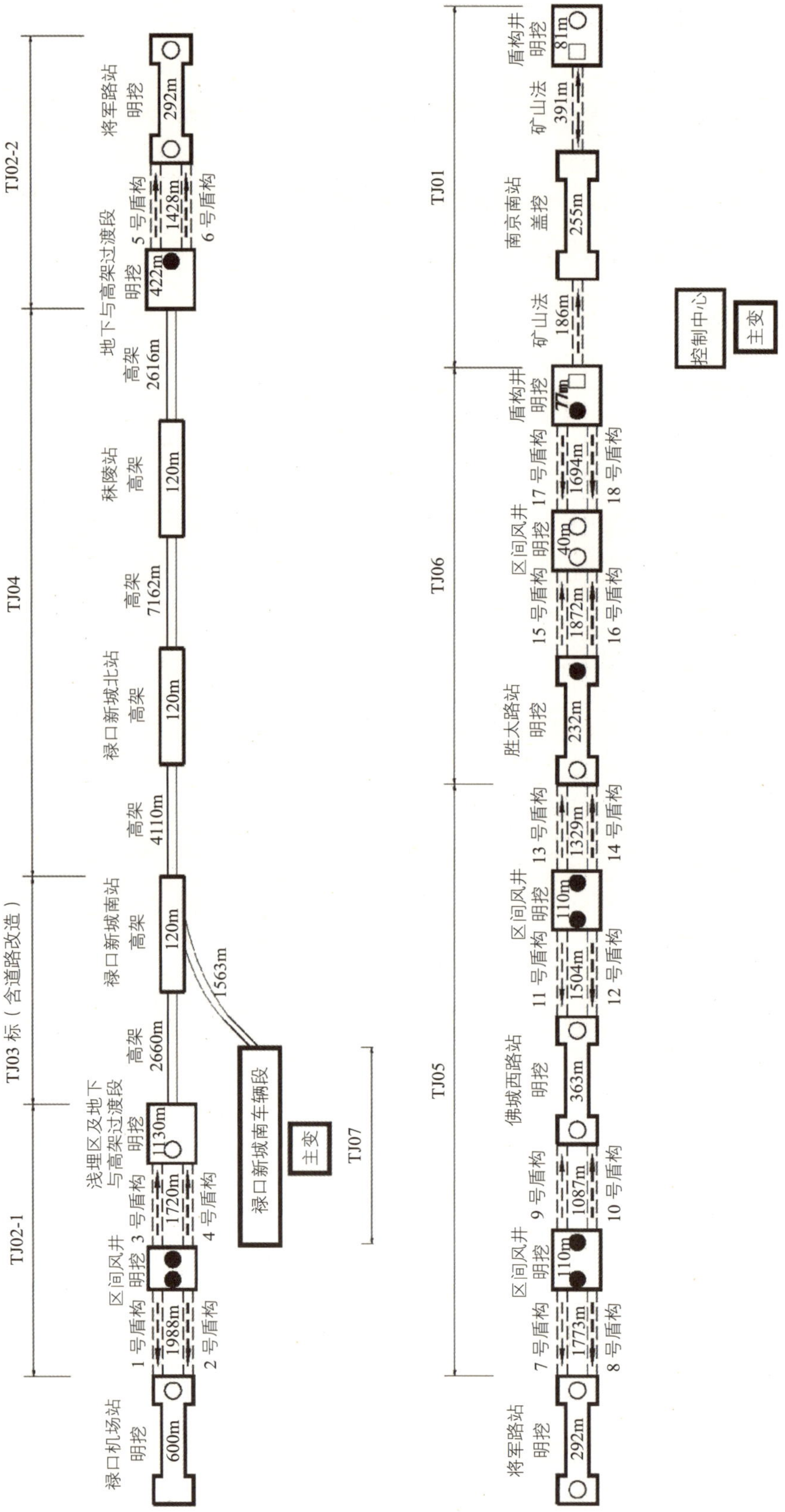

图 16-2　南京至高淳城际快速轨道南京南站至禄口机场段盾构推进示意图

16.1.2　BT 项目总工筹

南京元平公司于 2011 年 6 月编制了《南京至高淳城际轨道南京南站至禄口机场段工程总体筹划》。2011 年 7 月 15 日正式开工建设，于 2013 年 12 月 31 日前建成开通试运营，总工期 29.5 个月。

根据南京南站至禄口机场段工程设计文件和各项前期工作进展情况，结合已建工程建设的经验，工程总体筹划以"洞通"、"轨通"、"电通"、"第一列车到位"、"系统总联调"、"试运行"等为主要控制节点确定各阶段里程碑时间。

1. 开工

全线正式开工时间 2011 年 7 月 15 日。

2. 洞通

2012 年 12 月 31 日，全线车站、区间土建主体结构完成，区间桥、隧双线贯通。

3. 轨通

2013 年 4 月 30 日，全线轨道铺设完毕。

4. 第一列车到场

2013 年 3 月 30 日之前具备调车条件；2013 年 4 月 30 日，车辆段第一列车到场。

5. "电通"

全线电通 2013 年 6 月 30 日，其中：

（1）禄口新城南车辆段主变 2013 年 2 月 28 日具备供电条件（为调车提供条件）；

（2）南京南站主变 2013 年 4 月 30 日具备供电条件。

6. "冷、热滑"及系统总联调

2013 年 8 月 1 日至 2013 年 9 月 30 日，冷、热滑之前全线车站机电设备安装、装修完成，限界检查完成，与行车相关牵引供电、接触网安装调试完成；系统总联调之前全线各车站机电设备安装、单调和各系统设备安装、单调基本完成。

7. 试运行

2013 年 10 月 1 日至 2013 年 12 月 31 日。

8. 开通试运营

2013 年 12 月 31 日。

9. 实际施工情况

根据 BT 项目建设情况，主要施工节点：

2011 年 9 月 22 日，首个土建工点 1 号盾构开工。

2011 年 12 月 27 日，全线开工。

2012 年 3 月 10 日，在禄口梁场举行机场线首件 U 型梁生产启动仪式。

2012 年 4 月 15 日，立功竞赛动员大会暨首台盾构机始发仪式

2012 年 6 月 2 日，南京地铁机场线首片预制 U 型梁在 TA03 标正吉区间架设成功。

2012 年 6 月 26 日，位于南京地铁机场线正方中路站～吉印大道站区间的中国首台 GPST 盾构胜利始发。

2012 年 12 月 8 日上午，铺轨及供电工程开工仪式举行。

2013 年 9 月 13 日，首列列车完成接车。

2013 年 9 月 15 日，牵引供电系统、车辆段牵引降压变电所及跟随所、接触网先后送电成功。

2013 年 10 月 21 日，完成第一次向高架车站变电所送电，为后续高架段弱电系统调试及后期小交路测试打下了基础。

2013 年 11 月 15 日，开始进行单系统调试。

2013 年 12 月 3 日，"宝石绿"列车亮相高架段，进行接触网热滑试验。

2013 年 12 月 5 日，南京地铁机场线右线短轨全线贯通。

2013 年 12 月 10 日，南京地铁机场线右线长轨全线贯通

2013 年 12 月 15 日，机场线全线实现洞通节点。

2014 年 1 月 19 日，南京地铁机场线左线短轨全线贯通。

2014 年 1 月 23 日，南京地铁机场线左线长轨全线贯通。

2014 年 1 月 30 日，实现全线电通。

2014 年 3 月 10 日，完成全线"冷热滑"，开始试运行，计划在 3 个月内完。

2014 年 4 月 15 日，信号系统多车运行追踪测试完成。

2014 年 5 月 22 日，信号系统 144h 连续性运行测试完成。

2014 年 5 月 23 日，完成安全热烟测试。

2014 年 5 月 28 日，完成信号系统安全第三方安全认证。

2014 年 5 月 30 日，全线联调完成。

2014 年 6 月 4 日，完成全线消防验收。

2014 年 7 月 1 日，开通试运营。

16.1.3　南京南站至禄口机场段工程总体筹划进度计划

南京至高淳城际轨道南京南站至禄口机场段工程总体筹划进度计划描述见表 16-2。

南京至高淳城际轨道南京南站至禄口机场段工程总体筹划进度计划表　　表 16-2

序号	工程名称	计划完成目标	工期(月)	备注
1	正式开工	2011.7.15		
2	土建工程	2011.7.15 ~ 2013.6.30	23.5	（1）中间风井兼盾构井：按开工后 5 个月具备交付条件考虑。 2011 年 6 月 4 日：2 号风井围场； 2011 年 7 月 15 日：1 号风井、2 号风井、3 号风井、5 号风井等 4 个中间风井兼盾构井实质性开工； 2011 年 7 月 31 日：4 号风井实质性开工。 （2）车站：地下车站按 16 ~ 23.5 个月工期考虑，高架车站按 10 个月工期考虑。 2011 年 7 月 15 日：胜太路站、正方中路站开工建设； 2011 年 7 月 31 日：将军路站、佛城西路站、禄口新城北、翔宇路南站实质性开工。 车站主体全部完成：2012 年 9 月底； 车站所有附属结构完成：2013 年 6 月底。 （3）盾构：单台复合盾构、土压平衡盾构日平均进尺按 8m、9m 考虑，下井拼装按 1 个月考虑。单线盾构推进总里程为 28820m，综合考虑区间地层特点、盾构施工条件、工期控制要求，单线盾构区间施工共需 18 台盾构，平均推进里程为 1601m，单台盾构最小推进里程为 1086m，最长推进里程为 1999m。 18 台盾构于 2012.1.1 ~ 2012.2.28 陆续始发，2012.9.30 前完成盾构隧道施工。 隧道贯通后，3 个月内完成旁通道施工。 2012.12.31 日实现"洞通"，全线车站、区间土建主体结构完成，区间桥、隧双线贯通
3	轨道工程	2012.8.1 ~ 2013.4.30	9	正线线路总长约 35.6km，其中地下、地面段以铺轨基地为依托，主要采用轨排法机械铺轨，地上线段采用散铺法为主、轨排法为辅的方式铺轨。 分别在禄禄区间明挖过渡段（1 号轨排井）、将秣区间明挖过渡段（2 号轨排井）、3 号风井、5 号风井、禄口新城南车辆段共设置 5 个铺轨基地。1 号轨排井铺轨基地负责起点 ~ 翔宇路北站（不含）区段的轨道铺设（正线线路长度约 12.4km）；2 号轨排井铺轨基地负责正方中路站道岔岔前 ~ 3 号风井区段的轨道铺设（正线线路长度约 7km）；3 号风井铺轨基地负责 2 号风井 ~ 胜太路站区段的轨道铺设（正线线路长度约 4.7km）；5 号风井铺轨基地负责胜太路站（不含）~ 终点区段的轨道铺设（正线线路长度约 4.4km）；禄口新城南车辆段铺轨基地负责车辆段及出入段线铺轨。轨道铺设进度指标按每个工作面 75m/ 天
3.1	铺轨基地建设	2012.8.1 ~ 2012.11.30	4	禄禄区间明挖过渡段（1 号轨排井）、3 号风井、5 号风井铺轨基地土建建设 2012.8.1 开始，2012.10.31 结束； 将秣区间明挖过渡段（2 号轨排井）铺轨基地土建建设 2012.9.1 开始，2012.11.30 结束； 为满足 2013.3.30 具备存车、调车条件，禄口新城南车辆段铺轨基地土建建设从 2012.8.1 开始，2012.11.30 结束
3.2	正线铺轨	2012.10.31 ~ 2013.4.30	6	禄禄区间明挖过渡段（1 号轨排井）铺轨基地正线铺轨从 2012.11.30 开始，2013.4.30 结束；将秣区间明挖过渡段（2 号轨排井）铺轨基地正线铺轨从 2012.10.31 开始，2013.4.30 结束； 3 号风井铺轨基地正线铺轨从 2012.10.31 开始，2013.4.30 结束； 5 号风井铺轨基地正线铺轨从 2012.10.31 开始，2013.4.30 结束。 2013.4.30 日全线正线轨道铺设完毕，实现"轨通"

续表

序号	工程名称	计划完成目标	工期(月)	备注
4	车站及相邻区间环控、给排水、动照与车站装修	2012.6.30 ~ 2013.7.30	13	车站主体土建完成后进入装修施工阶段，每个站点主体装修工期为5个月；所有附属结构完成后1个月，装修工程结束。工期12个月。 装修工程施工2个月后开始车站及相邻区间环控、给排水、动照施工，按每个站点施工工期8个月安排，工期11个月
5	系统设备安装、调试及总联调	2012.10.1 ~ 2013.9.30	12	冷、热滑及系统总联调起始时间2013年8月1日，结束时间2013年9月30日
6	禄口新城南车辆段	2011.7.31 ~ 2013.10.31	27	2013年3月30日之前具备存车、调车条件
6.1	土建工程	2011.7.31 ~ 2012.9.30	14	
6.2	轨道工程	2012.11.30 ~ 2013.3.31	4	满足2013年4月底第一列车存车条件
6.3	设备安装和单系统调试	2012.10.1 ~ 2013.3.31	6	满足调车条件
6.4	道路景观绿化工程	2013.4.1 ~ 2013.10.31	7	
7	主变电站	2011.7.31 ~ 2013.4.30	21	
7.1	南京南站主变电站	2011.7.31 ~ 2013.4.30	21	土建、装修及设备系统均由3号线实施，相应的时间节点需满足本线电通节点要求； 要求：2013年4月底具备供电条件
7.2	车辆段内主变电站	2011.7.31 ~ 2013.2.28	19	2012年5月底土建完成（10个月）； 2013年2月底装修、设备系统安装完成（9个月），具备供电条件
8	控制中心	2011.7.31 ~ 2013.6.30	23	土建、装修及共用设备系统由3号线实施，要求2013年1月底完成； 本线独立设备系统安装2013年6月底完成，满足联调节点
9	第一列车到位	2013.4.30		2013年2月底，禄口新城南车辆段内主变具备供电条件，满足车辆调试需求
10	冷、热滑及系统总联调	2013.8.1 ~ 2013.9.30	2	
11	试运行	2013.10.1 ~ 2013.12.30	3	
12	开通试运营	2013.12.31		

16.2　工筹执行情况评价

工筹里程碑时间节点对照见表16-3。

工筹里程碑时间节点对照表　　　　　　表 16–3

关键节点	设计工筹	BT 工筹	现场实际时间
正式开工	2011 年 4 月初	2011 年 7 月 15 日	2011 年 9 月 22 日
全线洞通	2012 年 12 月底	2012 年 12 月 31 日	2013 年 12 月 15 日
轨道铺通	2013 年 4 月底	2013 年 4 月 30 日	2014 年 1 月 23 日
合闸送电	2013 年 6 月底	2013 年 6 月 30 日	2014 年 1 月 30 日
冷、热滑	2013 年 9 月底	2013 年 9 月 30 日	2014 年 3 月 10 日
系统联调	2013 年 10 月初	2013 年 9 月 30 日	2014 年 5 月 30 日
空载试运行	2013 年 11 月	2013 年 10 月 1 日	2014 年 6 月 22 日
通车试运营	2013 年 12 月 31 日	2013 年 12 月 31 日	2014 年 7 月 1 日

由表 16-3 可见，工程实际开工时间较 BT 计划时间推迟了约 2 个月；洞通较计划时间推迟约 1 年；轨通较计划时间推迟约 8 个月；电通较计划时间推迟约 7 个月；冷、热滑较计划时间推迟约 6 个月；最后，试运行时间相应推迟了半年以上。

17 总体总包管理

17.1 技术管理体系

本工程工期紧，为确保按时完成设计工作，总体总包单位努力提高技术管理水平，主要有以下几方面：

17.1.1 加强设计工作关键点控制

总体总包单位根据设计过程制定设计工作整体的进度计划表，确定其中的关键点，加强对关键点的控制，确保关键点设计按进度计划完成，使整个设计工作处于受控状态。

设计单位根据设计计划、组织落实保证措施，确保关键点的设计工作按计划完成。若关键点设计工作受客观原因限制或由于非设计单位责任而不能按时完成时，设计单位必须及时通知业主及总体总包单位，说明原因和情况，及时解决问题。

17.1.2 加强技术管理工作

总体总包单位成立设计总体部，负责、组织完成轨道交通工程总体设计、初步设计、施工图设计、施工配合，制定各专业技术要求和技术标准，处理各专业之间技术接口。

凡参加工点和系统设计的单位应成立项目组，项目组在技术上服从设计总体部的管理，执行设计总体部的技术管理指令，按所在单位质量管理体系完成各阶段、各专业设计。

设计总体部与项目组技术管理关系如图 17-1 所示。

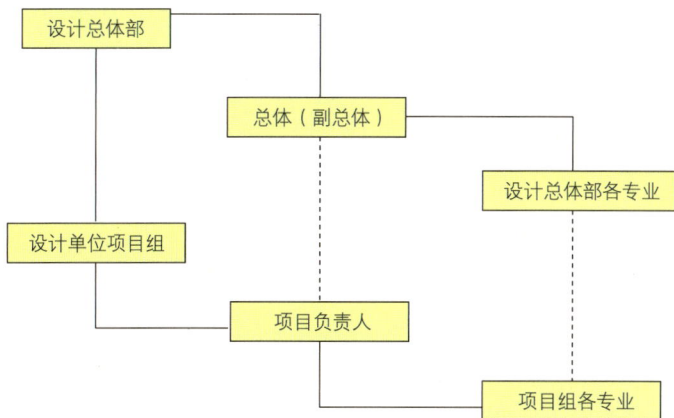

图 17-1　设计总体部与项目组技术管理关系图

17.1.3　加强图纸会签工作

项目组应按所在单位质量管理体系完成设计并签署，方可将设计图纸提交设计总体部会签和审定。

设计总体部在设计图纸会签和审定中发现问题，应指出相关内容，由总体（副总体）签署意见，要求项目组修改；项目组修改完毕再进行会签和审定。

"系统审定"栏，由该系统的负责人审定；"总体审定"栏，由总体（副总体）审定；设计图纸的会签栏，由相关专业负责人会签。会签栏签署完毕，再签署"系统审定"栏和"总体审定"栏。

对于设计过程中遇到的重大技术问题，或者出现与总体设计原则、技术要求有重大偏差的情况，项目组应及时向设计总体部书面报告，并同时向咨询单位、业主反映，以便及时决策。

17.1.4　保证人员投入，重视施工现场配合工作

在整个设计过程中，广州地铁设计研究院作为总体总包单位高度重视，组织各专业负责人和相关设计人员驻守现场，积极与各专业密切配合，按总体院设计进度计划安排，项目部制定详细设计计划，计划落实到每个人、每一天，有序地开展设计工作。项目主要设计人员克服困难坚守在南京现场设计，争分夺秒，加班加点，尤其是进入后续的施工图设计和施工配合阶段时，总体部高度重视，严格要求所有人员在最后的阶段，更应狠抓细节，精益求精，要坚持履行设计职责，保质量，按计划完成最后的设计任务。制度建设是保障工作有序开展的关键。为保证施工配合阶段能够及时有效的解决现场问题，保证现场施工进度，对于每个驻场人员的进出场都严格控制，尤其是离场，不仅要征求项目负责人同意，还需通过业主同意，方可离开。

施工配合阶段，我们响应业主的要求，为确保不因设计问题影响工程进度，各个专业设

计人员通力配合，尽职尽责，对于现场出现的任何问题以及施工单位提出的各项疑问，设计人员都会第一时间赴工地解决，并定期到施工现场巡检，按时参加现场施工工程例会，主动联系业主代表、监理工程师、施工单位，主动发现问题、及时提出设计意见和施工对策，为保障工程进度及质量创造了有利条件。

17.2　设计接口管理

接口包括内部接口和外部接口。内部接口是指设计单位内部各专业之间协调关系；外部接口是指设计单位与其他单位（包括业主、咨询单位、总体总包单位、设计单位、政府各职能部门等）之间的与设计有关的协调关系。总体总包单位应制定设计接口规定，对各专业之间的接口关系作出具体规定，编制"设计接口表"作为接口工作的重要记录。

接口表样表见表 17-1、表 17-2。

通风空调专业对建筑专业接口表　　　　　　　　　　　表 17-1

提资单位				设计阶段	初步设计	日期	2011-03-15
新增内容序号		1 ~ 27		修改内容序号		无	
序号	接口编号		接口内容	接口界面	接口属性	接口实施类型	备注
1	TK-JZ-001		1.1 落地安装大型空调设备尺寸	1. 组合式空调器：2500×2500×8000mm（宽×高×长） 2. 区间隧道风机：φ2300×1800mm（直径×长） 3. 车站隧道风机：φ1800×1500mm（直径×长）	—	物理接口	□1 □2 □3 □4 □5 □6 □7	
2	TK-JZ-002	1.设备	1.2 落地安装空调设备检修空间	1. 组合式空调器：检修面一个设备宽度；非检修面留800mm； 2. 小系统柜式空调器：检修面一个设备宽度；非检修面留800mm； 3. 冷水机组：检修侧留一个机组长度，其他非检修侧留1000mm； 4. 变频柜：操作面留1000mm； 5. 隧道风机：操作面一个设备宽度；非检修面留200mm	—	物理接口	□1 □2 □3 □4 □5 □6 □7	

通风空调专业对建筑专业接口表 表 17-2

提资单位				设计阶段	初步设计	日期	2011-03-15
新增内容序号		1 ~ 27		修改内容序号		无	
序号	接口编号		接口内容	接口界面	接口属性	接口实施类型	备注
3	TK-JZ-003	1. 设备	1.3 室外空调设备间距	下沉式冷却塔布置要求：吸风面与墙不小于 4000mm，其他面不小于 1500mm；冷却塔与新风亭、活塞风亭距离不小于 10m；下沉式多联空调室外机布置要求：吸风面与墙不小于 1500mm，其他面不小于 600mm；多联室外机与新风亭、活塞风亭距离不小于 5m	—	物理接口	☐ 1 ☐ 2 ☐ 3 ☐ 4 ☐ 5 ☐ 6 ☐ 7	
...	...		...	...	...	...	...
27	TK-JZ-027		8.8 消防要求	1. 防火墙的设置位置：环控机房四周 2. 是否有人值班：无 3. 是否设置自动灭火：无	—	物理接口	☐ 1 ☐ 2 ☐ 3 ☐ 4 ☐ 5 ☐ 6 ☐ 7	

17.3　总包管理

17.3.1　会签管理办法

1. 提交会签文件的要求

（1）各设计单位必须完成内部各专业的会签，签署完整。

（2）文件规格、格式、封面、排版、字体大小、章节的编排、专业或系统分册、装订应等符合设计总体下发的《图纸、文件编制统一规定》和《文件组成与内容》的要求。

（3）送签图为蜡纸图一份，并附带电子文件一份，设计计算书一份、会签接口表两份（需同时提交纸质和电子文件）以及《会签文件提交清单》一份（表 17-3）。

2. 会签工作流程

（1）提交会签设计文件的交付

会签前一周会签专业应已完成对电子版本的初次会签意见并反馈给设计单位，电子文件由设计单位直接发送会签人。

会签文件提交清单 表 17-3

图册名称： 图册编号： 设计单位： 张数： 会次次数：

序号	图名	第一次会签提交时间	第二次会签提交时间	……	备注
1					
2					
3					
……					

设计单位根据初次会签意见完成修改，将会签图纸周二下班前送总体总包单位，总体总包信息文整人员对图纸进行符合性检查、签收登记。周四上午总体院集中会签。

总体总包单位信息文整人员发出会签通知单并填写好会签意见表表头基本信息，通知相关专业的人员 5 个工作日内完成会签。

会签人应根据本专业对会签专业接口表，对照图纸逐一检查，不满足接口要求需填写其编号。

（2）设计文件会签的成果

各会签人员在规定时间内完成会签，并填写《宁高城轨线会签记录表》（表 17-4），提交《宁高城轨线会签意见表》（表 17-5）。

会签意见表一式两份，一份电子文件，一份纸质正式文件（会签人签字，盖总体章）。

（3）会签成果反馈

总体总包单位完成会签后 1 个工作日内，文整人员将会签成果反馈给各单项设计单位。

各单项设计单位在收到总体会签成果 5 个工作日内，填写会签意见执行情况，完成对设计文件的修改。提交会签意见单（电子文件一份，手签扫描件一份，盖章），并再次提交总体总包单位进行再一次会签工作。

（4）会签管理

业主或总体总包单位可对会签工作进行如下检查、管理：

①文整人员是否及时清楚对设计单位提交设计文件进行登记；

②总体总包单位是否在收到会签设计文件的一天内通知到各会签人员；

③会签人员是否在通知的规定时间内完成设计文件会签；

④会签人员是否履行会签责任；

⑤各单项设计单位是否按会签意见进行设计文件的修改；

⑥对以上各项若发生一项达不到要求，按考核管理办法办理。

宁高城轨线会签记录表

表 17-4

图纸名称										图纸张数	
会签次数	第　次会签					设计单位					院
收图时间						发图时间					
会签专业	会签人员	签名	日期	有无意见		会签专业	会签人员	签名	日期	有无意见	
				有	无					有	无
线路						低压配电					
车辆、限界						通信					
						安防					
轨道						信号					
车站建筑						门　禁					
高架建筑											
车站结构						FAS					
高架结构						BAS					
人防						屏蔽门					
地质						自动电、扶梯					
区间结构						AFC					
高架区间						综合监控					
防水						主变					
供电系统						控制中心					
给水排水及消防						声屏障					
隧道通风						概预算					
通风空调						防灾					
气体灭火						环境保护					
装修						报建					
车辆段											
行车、运营											
客流											
副总体											
总体											
会签图纸名称（备注）											

会签意见表 表 17–5

工点名称		专业	
图册编号		会签编号	

接口表检查	□ 满足	□ 不满足接口编号：

会签意见：

□ 修改后需再送签　　□ 修改后不需再送签

会签者：

年　月　日

总体签署意见：

会签者：

年　月　日

会签意见执行情况；

签名：

年　月　日

17.3.2　文件编制规定

1. 文件纸幅（图幅）规格

（1）初步设计原则上采用 A2 号图幅白图（594mm×420mm）。

（2）需单独成册的初步设计各专业说明书、概算书等文本文件，原则上采用 A4 号纸幅（210mm×297mm）。

（3）当业主对文件规格有要求时，按业主规定执行。

（4）当有特殊要求时，可执行当地政府主管部门的文件规格（包括与此相关的封面、扉页、图签格式等），以及行业惯用的文件规格，事先需报该项目设计总体总包组备案。

2. 封面、扉页格式要求

（1）封面、扉页格式的纸幅（图幅）大小应与整个文件的纸幅（图幅）大小一致。必要时，封面背景可以是彩图。

（2）封面、扉页应印刷书写工程名称、设计阶段名称、编制单位名称、设计证书名称（含编号）的全称，以及编制日期；扉页还应书写相应岗位人员名单（印刷实名、手书签名或盖章）。

（3）与其他设计单位合作完成的文本文件，应在封面、扉页共同书写编制单位名称。

3. 说明书编写

（1）文字

①一般采用中文简体字。

②注意外文字母的大小写区别，字母应靠紧。

（2）书写层次的划分

①文字部分的标题不宜超过四个层次，依次为"章、节、条、款"，对应的编号依次为"1，1.1，1.1.1，1.1.1.1"；当需要增加标题层次时，采用 1）、（1）的编号。

②"章"的序号及名称应居中书写，序号与名称之间空一格，示例如下：

第 1 章　×××

17.3.3　收发文管理

1. 收文

总体总包单位和设计单位设立专人负责文件的签收，并跟踪落实所接收的设计文件。

（1）总体总包单位应及时将收到的文件扫描成电子文件，进入 OA 系统处理。

（2）每天将结束后的纸质文件交档案室存档；电子文件在系统结束后自动进入档案系统。

（3）收文单位收到急件，应优先处理。

2. 发文

（1）总体总包单位和设计单位应设立专人负责文件的发送，建立发文的分类、编号和目录，并跟踪所发文件的情况。

（2）发出的文件应该有相关责任人的签字和制文单位有效印章。

（3）发文单位每月将纸质文件汇总、分类、装订、存档。

（4）急件除执行正常发文程序外，还应同时传真给收文单位或相应人员。

（5）各工点设计单位应严格按照总体总包单位下发的工作联系单格式进行收发文工作。工作联系单样表详表见表 17-6。

南京地铁 6 号线机场段　　　　　　　　　　　　表 17-6

设 计 工 作 联 系 单

□普通　　□急　　□特急　　　　　　　　　编号：

标题		□现提供有关资料予以落实。 □请予以审阅并于____时间前回复。
附件		
发文单位		
发文专业		涉及专业	

拟稿		复核		签发		签发时间	
主送							
签收							
抄送							
签收							

17.4 报建总结

17.4.1 概述

（1）编制报建月报

根据每月的报建工作情况汇总列表，做成台账，及时向业主汇报。

（2）组织设计单位学习

为了避免报建工作中不必要的反复，根据业主提出的相关报建工作要求，总体总包单位应组织各设计单位学习不同阶段的报建程序及所要求的报建材料，明确不同报建阶段所需要提交的设计文件及有关报建图的要求。

（3）整理、送审报建材料

根据工程设计进度，由总体总包单位通知工点设计单位提交报建材料，经校对、整理后呈业主审查。报建材料经业主确认后，总体总包单位直接送规划部门审批。

17.4.2 控制中心及主变电所报规

2012 年 7 月 18 日市政府规划项目方案审查会上，市领导明确提出：

（1）南京南站北广场地铁控制中心用地与东侧紧邻的铁投公司收储规划商业用地统一进行方案设计，形成整体建筑单体。

（2）建筑高度与国铁南京南站主站房高度相协调，按照国铁主站房高度的黄金分割比例进行规划控制。

（3）建筑与东侧落客平台匝道退让按 40m 控制，地铁公司与铁投公司双方商议建筑的具体使用、建设时序、收益问题。

为了满足控制中心的 6 线指挥中心的功能使用要求及市领导批示的要求，综合考虑用地的限制性，控制中心、商业大楼及主变电所决定整体考虑设计。控制中心层高也由初步设计的 7 层调整为 6 层，每层往北延伸两跨面积，但往北延伸后，北侧建筑外廓线与用地红线基本没有了退让距离，面对此情况，及时和业主及规划部门反映，经过多次开会讨论，规划部门同意修改用地红线。

2013 年 2 月，控制中心及主变电所进行了方案报规，但控制中心及主变电所用地与商业大楼用地虽然相邻，却是两个独立的用地红线，然而控制中心与商业大楼根据市领导意见视为一体建筑设计，两个建筑的地下室也是作为一个地下室设计的，只在相邻红线处设置混凝土墙及人防门分隔。报规工程中，由于地下室跨越两块用地，报规软件一直报错，我院再次将此情况反映给了规划部门，但是此种情况亦是南京首例，规划部门工作人员也不确定应如何申报，最后经过规划局内部开会讨论，决定以地下室中间的分隔墙作为分割点，分成两个地下室申报，我院只需申报控制中心及主变电所地块内部分。

2013年底，控制中心及主变电所开始了施工图报规，我院根据规划局要求，准备好所有资料进行施工图报规，但由于我院是第一次在南京申报地上建筑的施工图报规，各方面要求不是很熟悉，历经三轮最终完成控制中心及主变电所的报规任务。报规过程中，我院也在不断进行着经验总结，主要体会如下：

（1）使用规划部门最新的地形图申报，避免遗漏下穿地铁、高架等。

（2）红线内任何建筑都不可忽视，比如门卫室、垃圾房等也需通过报建通软件进行处理报建。

（3）根据规划局管网上的图纸绘制要求对图纸进行调整。比如所有总图上的建筑均需标明 ±0.000 的绝对标高、檐口标高、角点坐标等（门卫室、垃圾房等辅助用房亦须按此要求）。

18 设计经验与教训、问题与思考

18.1 比选系统设计能力的方案，以应对客流预测风险

本线交路设计在考虑预测客流的基础上进行了多方案比较，满足客流预测并留有一定富裕。远期交路综合比较见表 18-1。

远期交路综合比较   表 18-1

项目＼年限	方案一	方案二	方案三
早高峰最大断面客流量	26843		
高峰小时开行列车对数（对）	（18+9）对	（14+14）对，支线 8 对	（14+14）对，支线 12 对
最小行车间隔（秒）	133	129	129
列车运用车数（列／辆）	47/282	42/252	27（6）+23（4）/254
备用及检修车（列／辆）	15/90	9/54	6（6）+5（4）/56
配属车（列／辆）	62/372	51/306	33（6）+28（4）/310
单向设计最大运输能力	32184	33376	33376
运能裕量	16.60%	19.57%	19.57%
直达性	高淳可直通南京南	高淳客流需换乘才能到南京南	高淳客流需换乘才能到南京南

根据远期客流 OD 分析，如图 18-1 所示，高淳组团客流 69.5% 的流向中心的东山组团，客流直达性要求较高。

高淳组团

16352, 23.5%

48348, 69.5%

0, 0%

4900, 7%

机场组团　　　　禄口新城组团　　　　　东山组团

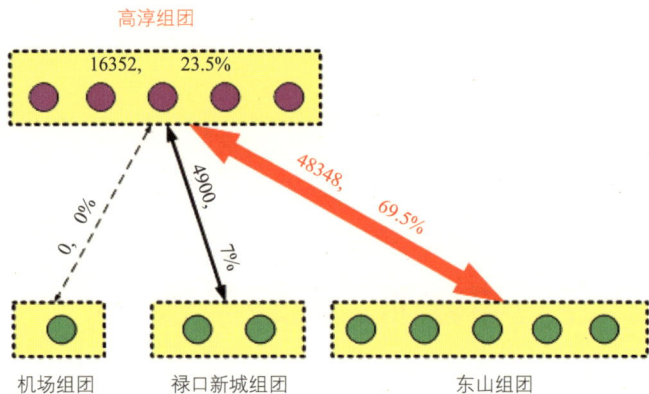

图 18-1　高淳组团全日客流流向

综合考虑，推荐远期采用南京南 - 禄口机场、南京南 - 高淳南的交路方案，同时在设计上也预留了远期独立运营的条件。

18.2　优化 U 型梁技术，进一步提高景观效果及施工效率

本线是继南京地铁 2 号线东延线线后第二条采用预制 U 型梁的高架线，进一步完善了 U 型梁成套技术，主要有以下内容：

（1）东延线高架桥在路侧（图 18-2），平均墩高 8m 左右，标准梁采用 25m，本线高架桥位于路中，平均墩高 11m 左右，在维持东延线预制 U 型梁断面的基础上，U 型梁标准跨径由 25m 变成 30m，景观效果进一步得到提升。

图 18-2　高架桥照片一

（2）东延线最小曲线半径 600m，本线最小曲线半径 205m，在维持原外轮廓基础上，通过优化预应力配束方案，把 U 型梁宽度由 5.205m 增加至 5.5m，使 U 型梁得以在小曲线半径上应用（图 18-3）。

图 18-3　高架桥照片二

（3）东延线预制 U 型梁采用地面运梁，汽车吊或者龙门吊吊装，本线预制 U 型梁采用梁上运梁架桥机架设（图 18-4），梁上运梁和架桥机架设大大减少了对道路交通的影响，同时使跨河预制 U 型梁的施工对河道无影响。

图 18-4　梁上运梁架桥机

（4）东延线 U 型梁电缆支架预埋件采用预埋钢板形式，定位较难。本线电缆支架预埋件采用了套筒形式（图 18-5），套筒安装在内模板上，定位准确，施工简单，造价低。

图 18-5　电缆支架预埋件

（5）在 U 型梁腹板处设置了隔声橡胶条（图 18-6），进一步提升 U 型梁的降噪能力。

图 18-6　U 型梁腹板处的隔声橡胶条

18.3 比选轨道减振方案，缩短施工周期

中等减振地段采用压缩型轨道减振扣件，施工速度同普通道床一致，只是扣件型式不同，这里主要对高等减振方案进行比选，包括梯形轨枕、固体阻尼钢弹簧浮置板、隔离式减振垫浮置板道床。

梯形轨枕轨道是由梯形轨枕、弹性支墩、混凝土底座构成。梯形轨枕由预应力混凝土纵梁和钢管连接件构成，轨道的重量小，节省材料，降低了轨道荷载，便于维修。梯形轨枕分别设减振材料和缓冲材料，其减振效果为 8 ~ 15dB。梯形轨枕其减振原理与浮置板稍有不同，它主要通过轨道弹性减振。该结构具有良好的减振、降噪性能，在提高线路稳定性、平顺性和耐久性方面有显著的效果；梯形轨枕轨道同时具备便于施工、检查、维修等特点。该结构在日本已经过多年的运营实践，国内在北京、广州、上海等地铁已运营使用，状况良好。

固体阻尼钢弹簧浮置板其减振原理和结构形式与现在已经使用在特殊减振地段的钢弹簧浮置板相同，同属于"质量—弹簧"体系，主要区别是对隔振器进行了改进，采用固体阻尼，使得隔振器材造价有了大幅度降低，其减振效果达到 10 ~ 18dB。这种结构比较简单，没有橡胶老化问题，弹簧使用寿命很长，而且性能稳定，可达 50 年以上。

隔离式减振垫轨道属于浮置板的一种，这种结构是将整体道床与基础分离，做成具有足够刚度和质量的道床板，再浮置于满铺的弹性橡胶减振垫上，即构成了隔离式浮置板道床，减振效果估计为 10 ~ 18dB。浮置板轨道板的施工采用现浇道床板的方法，浮置板上设纵向承轨台，板下、侧向均铺设减振垫。隔离式减振垫轨道具有减振效果，其减振效果优于轨道减振器扣件和弹性套靴。缺点是减振垫一旦失效，更换比较困难。

三种减振方案对比见表 18-2。

三种减振方案对比表　　　　　　　　　　　　　　　　　　表 18-2

类别	隔离式减振垫浮置板	固体阻尼钢弹簧浮置板	梯形轨枕轨道
减振效果（dB）	10 ~ 18	10 ~ 18	8 ~ 15
铺轨造价（万元/km）	1150	1700	1230
使用寿命	50 年	50 年	50 年
更换对运营的影响	需利用天窗时间或停运，分单元锯轨、松扣件后吊起更换减振垫	影响较小	影响较小
可施工性	隧道壁铺设基底后，满铺减振垫，道床板可现场浇筑，钢筋布置较少，施工工艺较简单；75m/天/工作面	精度要求高，施工进度慢，需专门施工机具；钢筋笼方案 50m/天/工作面，普通施工方案 10m/天/工作面	施工进度同普通地段
可维修性	可维修，维修量较大	可维修量少，维修不影响运营	可维修，维修量少，维修方便
轨道高度（盾构）	740mm（至管片 890mm）	800mm（至管片 950mm，最小 890mm）	740mm

以上三种减振措施在国内地铁均有应用，能满足高等减振的要求。隔离式减振垫性价比较好，每公里造价比固体钢弹簧浮置板降低约 500 万，满铺减振垫后，整体浇筑道床板，整体稳定性较好，圆形隧道轨道结构高度与普通地段一致，施工速度较快，但是存在养护维修较困难的缺点，需严格控制产品质量、施工质量等。固体阻尼钢弹簧浮置板，技术成熟，减振效果好，养护维修更换方便，但由于结构属于质量弹簧系统，荷载较大因此不宜在高架上使用，施工速度也相对较慢。梯形轨枕其轨道结构简单，养护维修方便，且结构自身所需轨道高度较低，较适合在高架上使用，且弹性较好，施工速度同高架线普通承轨台式整体道床，同时对减缓桥梁冲击振动和降低二次噪声均有利。

结合机场线结构设计特点，在满足环评要求的前提下缩短工期，高架线区间高等减振采用梯形轨枕整体道床，高架车站及地下线高等减振地段推荐隔离式减振垫浮置板整体道床。

18.4 确定调线调坡原则，便于施工配合

18.4.1 对调线调坡的理解

调线调坡是一个阶段，是线路施工配合阶段和铺轨前隧道验收阶段的总称。在施工期配合期间，调线调坡主要作为施工误差补救的一种备用手段；施工配合期间施工误差主要以水平打偏为主，如隧道打偏，且不满足限界要求时，则需借助调线调坡这个手段使之满足限界要求；如果调线调坡后扔无法满足限界要求，则只能处理原有土建后重新施工。在铺轨前验收阶段，调线调坡作为一种检验土建是否满足通车限界要求的方法，需要通过核实水平横距和竖向高度是否满足限界要求，若满足限界要求，即可铺轨，若不满足限界要求，则需要调线调坡，使之满足铺轨要求。

18.4.2 调线调坡的原则

调线调坡主要针对已建土建不满足设计限界要求时的一种补救措施，但应遵循以下原则：
（1）尽量利用既有土建，避免废弃已建土建；
（2）调线调坡时不宜降低线形标准（调线调坡前后同一位置通过速度不变）；
（3）满足轨道铺设和接触网安装要求；
（4）满足系统设备、疏散平台宽度、水沟铺设宽度等要求。

18.5 大型换乘站南京南站同期建设原则及方案分析

南京南枢纽由 1、3、S1 及 S3 号线 4 条地铁线路形成大型枢纽，设计中涉及与既有车

站换乘、换乘通道改造、设计标准不一致、建设时序不一致等相关问题，设计与实施过程较为困难，下面进行剖析并提出相关建议。

南京南站 S1（机场线）、S3 线（宁高城际线）站厅与 1、3 号线预留站厅换乘接口连接，但由于既有线路车站预留方案受条件控制，目前机场线、宁和城际线与 1、3 号线换乘通道高差约 3m，由于原地铁通知内未预留电扶梯安装条件，乘客仅能通过楼梯的方式换乘，换乘舒适度较差。建议在新线换乘车站设计时应加强对远期车站的设计深度。非付区换乘站厅平面图见图 18-7，付费区换乘站厅平面图见图 18-8。

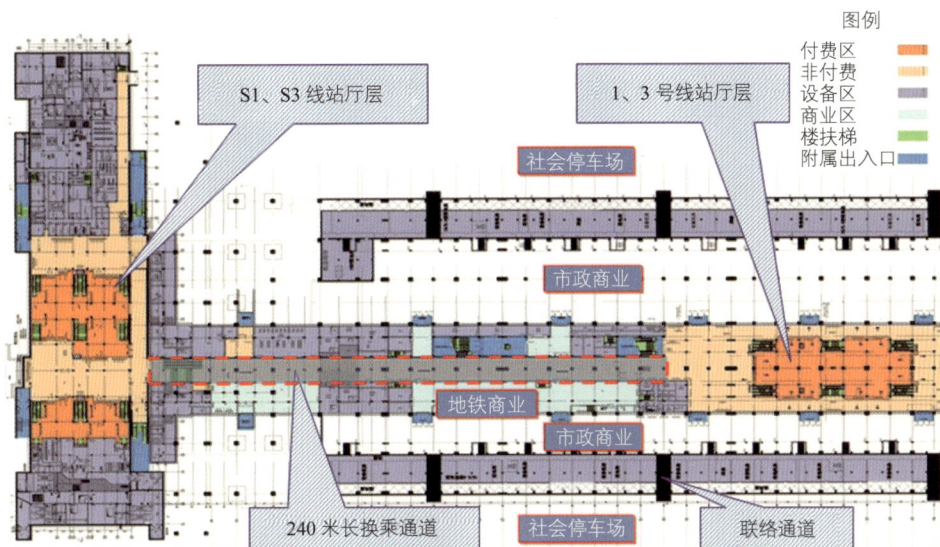

图 18-7　非付区换乘站厅平面图

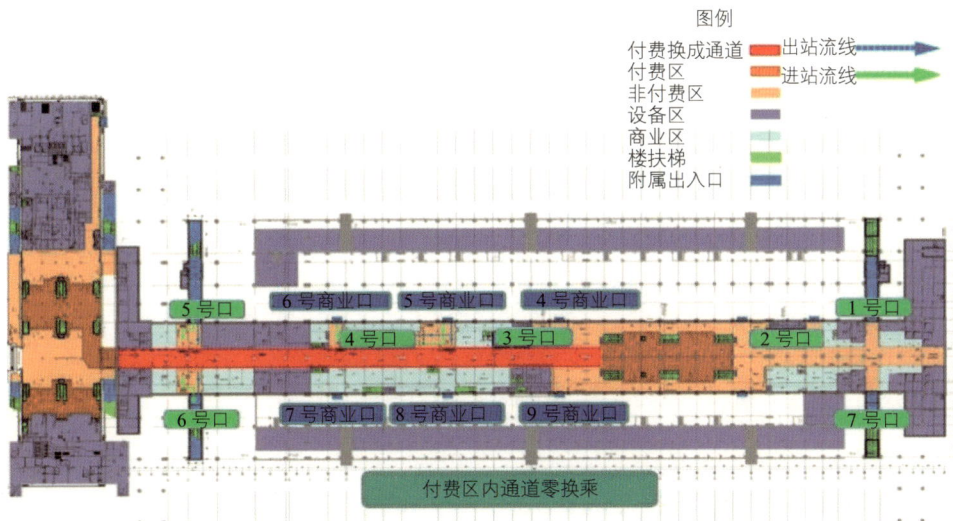

图 18-8　付费区换乘站厅平面图

S1、S3 平行换乘，S1、S3 与 1、3 号线乘取 T 型换乘方式，站厅通道换乘距离 240m。换乘通道过长，通道宽度、高度有限，换乘不便捷，消防疏散设计要求高。通道由非付区通道改造为付费区难度大，功能组织复杂、规模大、运营成本高。因此建议大型换乘车站规划前期应控制换乘距离及整体规模，避免长距离换乘车站，难以避免时建议增加其他辅助交通设施（如便民服设施、水平扶梯设备等）。

该站为机场线与 12 号线换乘站，设计过程中建议通风空调设置原则如下：车站的通风空调统一设置；隧道通风系统单独设置；界面划分：车站的通风空调、机场线隧道通风、12 号线车站隧道以及站后交叉渡线部分的隧道通风由机场线统一设置，12 号线站前单渡线部分由 12 号线考虑。南京南站隧道通风系统见图 18-9。

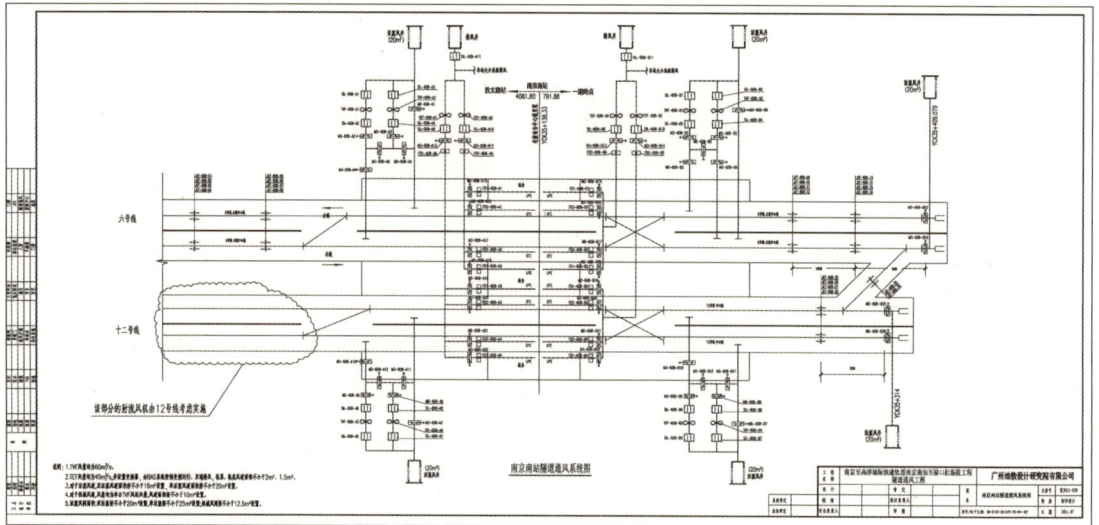

图 18-9　南京南站隧道通风系统

考虑土建一次实施，且机场线隧道通风火灾事故模式需要用到 12 号线隧道通风设备，设备也一次实施到位，并于 2011 年 8 月 17 日在业主组织召开的南京南站机场线和 12 号线设备系统接口划分原则讨论会上明确：对于与车站建筑有关的空调、给排水、低压配电等设备，纳入机场线的设计范围内，安装一并完成。项目完成后，按环控系统要求，对于 12 号线的隧道通风设备，调试满足机场线要求。

18.6　高架站封闭式设计采光问题的思考

18.6.1　设计基本情况

机场线三个高架站站台层均采用了全包钢结构雨棚的设计，具有防风、防雨、防晒的优点,提高了站台乘客、特别是等候乘客的舒适性。翔宇路北站、正方中路站为路中岛式标准站,结合车站外立面造型,在轨行区两侧设了整条弧形玻璃采光带,高约 4.5m,采光带底边基本与站台门同高,站台上的乘客视野不受影响;站厅层两侧采用了整体玻璃幕墙,并设活动玻璃窗。翔宇路南站为路侧高架双岛四线换乘车站,结合外立面造型,两侧采用大面积的玻璃幕墙采光,站台层结合本站换乘站的特点(两个站台整体宽度达 38m),在雨棚顶设置了 6 组菱形采光天窗,满足站台层的采光需求(图 18-10)。

(a)

(b)

(c)

(d)

图 18-10 高架站封闭式设计采光情况

18.6.2 存在问题

机场线三个高架站站台层均采用了全包钢结构雨棚的设计,经过几个月试运营发现此类封闭式站台存在以下两个不足之处:

(1)站台内照度不足,内部空间较暗。

(2)站台内自然通风不足,导致室内温度高,内外温差大。

18.6.3 思考与总结

根据机场线目前存在的不足之处,我们进行了深入的分析,并总结出以下几方面的建议:

（1）高架车站在形体设计中应充分研究分析屋面的开窗比例、太阳四季的照射角度、开窗角度，材料的色彩选择对环境的影响、站台的高度与灯具的选取等特点，最终采取有效的、更为节能的方式提高站台的照度和舒适度。

（2）高架车站屋面设计应充分考虑材料的特性，考虑安装维护方便、耐久性、安全性的同时，还应重视屋面的保温隔热性能（保温材料选择研究）、充分研究自然通风的设计等，以增加站台内舒适度，减少内外温差。

18.7 站台板侵限问题处理及思考

18.7.1 设计要求

1. 直线段

在有效站台范围内，线路中心线至站台边缘内侧距离 1500mm。

2. 曲线段或道岔区

曲线车站（或有曲线进站的直线车站）应在直线段车站的基础上，根据车辆参数、曲线半径、轨道超高等进行加宽。

（1）南京南站

左线 ZDK35+196.33 至 ZDK35+198.33（有效站台末端）段存在道岔外侧加宽 21mm；右线 YDK35+196.33 至 YDK35+198.33（有效站台末端）段存在道岔外侧加宽 21mm。

（2）翔宇路北站

左线 ZDK12+626.982 至 ZDK12+628.782 段存在道岔加宽 9mm。

翔宇路北站部分位于曲线段，左线 ZH 点 ZDK12+512.342，HY 点 ZDK12+532.342，YH 点 ZDK12+584.324HZ 点 ZDK12+604.324；右线 ZH 点 YDK12+504.869，HY 点 YDK12+524.869，YH 点 YDK12+587.693，HZ 点 YDK12+607.693。超高为 4mm，曲线段有效站台全加宽 35mm。左线从 ZDK12+496.542 至 ZDK12+620.124 加宽，从 ZDK12+496.542 至 ZDK12+512.842、ZDK12+620.124 至 ZDK12+603.824 段站台边缘至线路中心线的距离从 1500mm 线性增加至 1518mm；从 ZDK12+512.842 至 ZDK12+522.842、ZDK12+603.824 至 ZDK12+593.824 段站台边缘至线路中心线的距离从 1518mm 线性增加至 1535mm；从 ZDK12+522.842 至 ZDK12+593.824 段站台边缘至线路中心线的距离为 1535mm。右线从 YDK12+489.069 至 YDK12+623.493 加宽，从 YDK12+489.069 至 YDK12+505.369、YDK12+623.493 至 YDK12+607.193 段站台边缘至线路中心线的距离从 1500mm 线性增加至 1518mm；从 YDK12+505.369 至 YDK12+515.369、YDK12+607.193 至 YDK12+597.193 段站台边缘至线路中心线的距离从 1518mm 线性增加至 1535mm；从 YDK12+515.369 至 YDK12+597.193 段站台边缘至线路中心线的距离为 1535mm。

（3）翔宇路南站

右线站台范围，从站台末端 YDK08+278.975 至 YDK08+280.775 处于道岔内侧限界加宽，从 YDK08+280.775 开始加宽，至 YDK08+278.975 达到 9mm，即有效站台边缘距线路中心线的距离从 YDK08+280.775 的 1500mm，线性增大至 YDK08+278.975 达到 1509mm。

左线站台范围，从站台末端 ZDK08+278.975 至 ZDK08+280.775 处于道岔内侧限界加宽，从 ZDK08+280.775 开始加宽，至 ZDK08+278.975 达到 9mm，即有效站台边缘距线路中心线的距离从 ZDK08+280.775 的 1500mm，线性增大至 ZDK08+278.975 达到 1509mm。

18.7.2 存在问题

根据测量数据和限界资料，站台板边缘距离线路中心线实测横距和限界最小横距见表 18-3。

站台板边缘距离中心线实测横距和限界最小横距　　　表 18-3

南京南站					
位置	里程	实测横距	限界最小横距	富裕度	备注
右线	35078.388	1478	1500	−22	侵限 22mm
	35085.099	1489	1500	−11	侵限 11mm
	35094.08	1474	1500	−26	侵限 26mm
	35107.311	1478	1500	−22	侵限 22mm
	35121.301	1454	1500	−46	侵限 46mm
	35135.332	1454	1500	−46	侵限 46mm
	35148.523	1464	1500	−36	侵限 36mm
	35157.54	1465	1500	−35	侵限 35mm
	35166.531	1461	1500	−38	侵限 38mm
	35175.532	1458	1500	−42	侵限 42mm
	35184.53	1465	1500	−35	侵限 35mm
	35193.519	1472	1500	−28	侵限 28mm
翔宇路北站					
位置	里程	实测横距	限界最小横距	富裕度	备注
右线	12538.419	1533	1535	−2	侵限 2mm
	12609.579	1515	1516	−1	侵限 1mm
	12614.546	1494	1510	−16	侵限 16mm
	12619.553	1488	1505	−17	侵限 17mm

续表

翔宇路北站					
位置	里程	实测横距	限界最小横距	富裕度	备注
左线	12509.065	1493	1514	−21	侵限 21mm
	12513.986	1514	1521	−7	侵限 7mm
	12518.935	1522	1529	−7	侵限 7mm
	12523.982	1512	1535	−23	侵限 23mm
	12533.787	1518	1535	−17	侵限 17mm
	12538.653	1530	1535	−5	侵限 5mm
	12563.508	1523	1535	−12	侵限 12mm
	12568.503	1515	1535	−20	侵限 20mm
	12573.606	1504	1535	−31	侵限 31mm
	12578.523	1531	1535	−4	侵限 4mm
	12614.484	1502	1507	−5	侵限 5mm
翔宇路南站					
位置	里程	实测横距	限界最小横距	富裕度	备注
右线	YDK8+278.659	1495	1509	−14	侵限 14mm
	YDK8+288.099	1495	1500	−5	侵限 5mm
	YDK8+297.598	1497	1500	−3	侵限 3mm
	YDK8+308.186	1494	1500	−6	侵限 6mm
	YDK8+347.84	1495	1500	−5	侵限 5mm
	YDK8+357.849	1495	1500	−5	侵限 5mm
	YDK8+399.441	1497	1500	−3	侵限 3mm
左线	ZDK8+278.431	1503	1509	−6	侵限 6mm
	ZDK8+288.458	1484	1500	−15	侵限 15mm
	ZDK8+298.658	1484	1500	−15	侵限 15mm
	ZDK8+308.609	1478	1500	−22	侵限 22mm
	ZDK8+328.103	1474	1500	−25	侵限 25mm
	ZDK8+338.54	1473	1500	−27	侵限 27mm
	ZDK8+348.4	1488	1500	−12	侵限 12mm
	ZDK8+358.143	1487	1500	−13	侵限 13mm
	ZDK8+399.371	1485	1500	−15	侵限 15mm

注：里程单位为 m，横距单位为 mm。

18.7.3 处理方案

对于站台板侵限位置做切除处理，并对站台板进行顺接处理。

18.7.4 相关建议

（1）施工配合时要求施工单位严格按照设计图纸施工。

（2）限界测量时对于需要特殊加宽地段测量点进行加密。

18.7.5 加装橡胶条的建议

关于车体地板面边缘与站台边缘的间隙，目前运营线路一般采取加装安全防护装置——橡胶条，来防止乘客踩空。

如果在站台边缘加装安全防护装置（橡胶条），橡胶条均已侵入车辆的动态包络线范围，在特定情况下，将会发生车辆与橡胶条相碰。但车辆动态包络线计算时考虑了所有不利因素同时发生，这种概率相当小。另外，根据橡胶条的设计，是可以允许车辆碰撞橡胶条，而不会导致车辆损坏。因此在不影响列车停站开门前提下，可以在站台边缘加装一定厚度的安全防护装置（橡胶条），以保证乘客的安全。

根据运营经验，大多数列车供应商设计的列车在车辆运行时，车体的移动包括可复原和不可复原两类，橡胶条定位设计时，横向可只考虑车体不可复原移动。导致车体产生不能复原的横向移动的因素有中心销的横向移动（±10mm）、轮缘磨耗（±20mm）、钢轨轨头磨耗（±6mm），轨距设计公差（+6、-2mm）。累计理论计算车体相对于站台点的最大横向摆动量为：10mm + 20mm + 6mm + 6mm = 42mm。考虑到其他设计施工方面的误差以及必要的安全系数，建议列车与橡胶条的空隙控制在 50 ~ 55mm 左右，避免乘客的脚踏入空隙的可能，为列车运行也保留了足够的安全距离。垂向可只考虑列车停站车门所需空间，建议橡胶条面与站台面高度差控制在 30 ~ 35mm 左右。

18.8 现场未按设计要求进行混凝土电通量检测

存在问题：电通量法——用通过混凝土试块的电通量来反映混凝土抗氯离子渗透性能的试验方法。

（1）根据机场线施工图技术要求以及《铁路混凝土结构耐久性设计规范》（TB 10005-2010）相关条例，对高架车站及区间联络通道位置混凝土耐久性提出了电通量法检测要求：环境作用等级为 I-B 的混凝土，混凝土强度等级 ≥ C35，56d 电通量（C）：C35 ~ C45 混凝土为 <1500；环境作用等级为 I-C 的混凝土结构，混凝土强度等级 ≥ C40，56d 电通量：C40 ~ C45 混凝土为 <1500。

（2）机场线施工过程中，高架车站以及区间联络通道位置混凝土浇筑时，未委托相关检测单位对混凝土试块进行电通量检测，由南京轨道交通质监站现场质检时发现。

解决措施：南京地铁建设公司BT项目部召集广州院、元平公司、北京城建院以及中铁电气化局南京公司等单位进行了混凝土耐久性设计检测存疑讨论，各单位结合目前国内地铁建设过程中电通量法适用性进行了意见交流，统一了意见，形成了《宁高城际轨道交通一期工程混凝土耐久性专题会议纪要》（2014.03.03）如下：结合国内地铁建设中耐久性混凝土的使用现状，建议本线混凝土耐久性设计检测主要执行国标《混凝土结构耐久性设计规范》（GB/T 50476–2008）（该国标对混凝土电通量法检测不做强制要求）。全线高架段电通量检测不做强制要求。

18.9 车站梁柱节点位置混凝土浇筑等级问题思考

机场线1号井、将秣明挖过渡段、吉印大道站、2号井、佛城西路站、3号井、胜太路站和4号井土建工程结构柱的混凝土设计强度等级为C45/C50，梁、板的混凝土设计强度等级为C35。参照《混凝土结构工程施工规范》（GB 50666–2011）中相关条文以及设计图纸要求，梁、板、柱节点处混凝土应按照柱混凝土等级进行浇筑。而实际施工过程中，考虑两种标号的混凝土不易同时浇筑，且极易在该节点四周形成施工冷缝，混凝土的浇筑质量难以控制，同时也影响梁板混凝土结构的整体性，尤其在底板部位该节点处易发生渗漏水现象；机场线施工单位在上述土建工程结构构件节点处混凝土均按照梁、板的混凝土设计强度等级进行了施工。

设计意见：

（1）根据《全国民用建筑工程设计技术措施》（建质[2009]124号）A.0.8点要求：当柱采用高强混凝土后，梁柱节点核心区宜与楼板（包括梁）采用统一强度，同时浇筑。此时，应对梁柱节点核心区的抗剪承载力与抗竖向荷载能力进行核算，节点核心区的混凝土强度可以按提高后的"折算强度"（取计算公式A.0.8-2/3小值）采用。

（2）实际施工过程中，施工单位浇筑梁、板、柱节点时，对混凝土等级发生改变情况，未及时反馈设计，由设计复核核心区受力是否满足需求，导致该问题由南京轨道交通质监站现场检查时暴露。

解决措施：考虑现场实际情况，总体协调各工点院对上述核心区受力补充了计算复核，回复如下："南京地铁机场线相关工点（详南京元平建设发展有限公司技术联系单《关于南京地铁机场线梁板柱节点处混凝土施工情况的说明》，编号：NJMDJ-2013-JS-SJ-145）混凝土设计强度等级为C45/C50，梁、板的混凝土设计强度等级为C35，图纸及国家规范中均要求柱混凝土等级高于梁板时，梁柱节点处的混凝土应按柱子混凝土等级单独浇筑，在混凝土初凝前即浇筑梁板混凝土，并加强混凝土的振捣和养护。目前根据现场实际施工情况，由于支模非常困难，施工质量难以保证，现场梁柱节点处混凝土已按照 C35 一次浇筑完成；根据相关技术规范，考虑梁、板对梁柱节点核心区混凝土的约束作用，对梁柱节点核心区强度受力进行了核算，能够满足使用要求。"

对后期线路要求及建议：

（1）设计应细化梁、板、柱节点施工大样图，对不同等级混凝土在节点位置浇筑时，应提出详细的设计要求和施工注意事项。

（2）梁板与柱混凝土强度不小于 3 个等级，建议节点位置按柱混凝土强度等级浇筑；梁板与柱混凝土强度小于 3 个等级，考虑施工便利性，在设计对梁柱节点核心区强度进行了核算，满足受力要求后，可酌情采用梁板混凝土等级浇筑。

18.10 机场线离壁沟施工质量思考

存在问题：机场线设计在站厅公共区和设备区均设置离壁墙及下部混凝土防水档槛，实际施工过程中，施工方为工程便利，未施工混凝土防水档槛。

处理措施：车站内部装修施工过程中，在站厅垫层中凿出排水沟，并适当增加站厅地漏，解决了该问题。

存在隐患：后期侧墙渗漏水容易通过站厅垫层渗透进付费区，影响设备线路和运营使用。

对后期线路要求及建议：总体应协调各工点院，在现场图纸技术交底中重点交代施做防水档槛的重要性，以便引起施工和监理方重视；在施工配合阶段，应加强设计现场巡检，提早暴露问题，而非事后应急处理。

18.11 盾构隧道管片箍筋搭接方式反思

存在问题：机场线盾构管片 3 号箍筋弯钩采用 90° 弯折加两、三点焊接，这与设计要求进行 135° 弯折情况不符；同时，也不符合《混凝土结构设计规范》（GB 50010-2010）11.1.8 条文要求，难以保证地震作用下箍筋对混凝土和纵向钢筋起到有效约束作用。

解决措施：南京地铁建设公司委托同济大学编制了《南京地铁盾构隧道管片 3 号钢筋搭接方式评估》报告，同济大学经过调研、计算分析，针对南京地铁管片 3 号箍筋末端是否必须弯折 135° 得出以下结论：

（1）在钢筋混凝土构件的相关规范中，出于抗震的考虑，为提高箍筋对于受压构件的约束，同时提高在塑性状态下的延性，受压构件的箍筋末端必须弯折 135°，而盾构隧道管片由于配筋受横断面控制，其不是纯压构件，一直以来都按照弯梁来进行钢筋配置，与规范中的受压构件不尽相同。

（2）既有盾构隧道震害调查显示，在地震作用下管片不会出现导致箍筋破坏的环向裂缝的震害产生。

（3）计算表明南京地铁在 7 度设防下，地震引发的隧道横向位移并未导致管片出现环向裂缝和螺栓屈服现象，箍筋处于弹性状态；在 7 度地震条件下 3 号箍筋没进入最后的塑性破坏阶段，箍筋的弯钩并未发生作用。

（4）采用时程分析法，模拟了南京地区 475 年一遇，50 年内超越概率为 10% 的地震波对于管片的振动影响，计算结果表明所产生的弯矩明显小于强制位移法的计算结果，因此可以证明管片在此情况下不易发生环向裂纹，3 号箍筋的弯折角度对于箍筋的工作状态也是没有影响的。

对后期线路要求及建议：

（1）总体应协调各工点院，在现场图纸技术交底中重点交代管片箍筋末端构造要求，以便引起施工和监理方重视；在施工配合阶段，应加强设计现场巡检，提早暴露问题，而非事后应急处理。

（2）若施工过程中管片 3 号箍筋末端弯折 135° 确有困难，可将箍筋弯钩采用 90° 弯折且两侧边采用 10D 单面焊接或 5D 双面焊接的形式处理，我院认为该措施同样能满足《混凝土结构设计规范》（GB 50010–2010）中关于焊接封闭箍筋的构造要求，但施工方仍需征得工点院认可，完善技术变更，并报业主确认。

18.12　低洼泄洪区车辆段场坪及标高设计总结

车辆段用地区域内水系发达，车辆段站场的平面布局充分结合地形，尽量避开水系，但由于车辆段占地面积较大，仍需对用地范围内两条河涌进行改造，一条河涌位于联合检修库的正中，须填埋，另一条河涌位于咽喉区，须改道。两条河涌的改造方案已与江宁区水利局沟通，并获得认可，具体改造工作由大水专业来完成。

禄口新城南车辆段场坪标高根据周边道路及其他既有设施高程，并综合考虑场区排水、土石方工程等因素最终确定车辆段的场坪标高为 11.5m，轨顶标高为 12.14m。参考数据科学、内容全面，主要依据如下：

（1）车辆段东侧现状路燕湖路道路标高在 9.3 ~ 10.3m 之间；

（2）车辆段西侧既有路将军大道道路标高在 10.2 ~ 13.4m 之间；

（3）车辆段场地东侧河涌堤坝标高在 11.3m 左右；

（4）横溪河北岸防洪堤标高在 13 ~ 13.6m 之间；

（5）控制土石方工程量。

在满足车辆段使用功能的前提下，合理的车辆段场坪标高，有效控制了现场土方工程量和工程投资。在施工过程中，并未出现由于设计场坪标高问题产生变更。同时，在车辆段交付南京地铁运营公司使用时，整个车辆段现场使用状况良好。

18.13　车辆段结构基础选型，对工期影响考虑

禄口新城南车辆段位于翔宇路南站以南，横溪河北岸、燕湖路西侧、将军大道东侧的规划用地内。车辆段用地红线范围内长约 990m，宽约 380m。占地约 33 公顷。地块用地原状主要为农田，鱼塘及河涌，地势低洼平缓。后期经过场地整平并考虑防洪要求，在原有场地上回填约 4m 高填土。

场地内土层分布自上而下分别为回填土、淤泥质粉质黏土、软土、基岩。考虑到整个场地大面积回填，工期有限，无法让回填土完全固结，并且会使原有土层产生较大的工后沉降，不能满足车辆段基地的设计沉降要求，因此本厂区无法采用天然地基形式。必须采用桩基或复合地基的形式，而采用桩基础，则必须考虑回填土引起的沉降所带来的负摩阻力对桩基的不利影响。

2011 年 6 月 17 日，南京地铁建设分公司组织就此问题，召开了"南京至高淳城际轨道南京南站至禄口机场段工程禄口新城南车辆段地基处理专题"专家咨询会。经过专家与设计单位的认真论证，形成了本工程基础形式的明确意见：

（1）场地回填土材料、压实度、分层回填厚度、回填速率及施工顺序等应提出明确要求。

（2）禄口新城南车辆段分区处理合理，下一步的设计过程中加强不同专业的配合，做好不同区域之间的地基处理方案的衔接，形成沉降过渡。

（3）库外碎石道床区地基处理建议采用搅拌桩复合地基方案。如采用 PTC 桩复合地基处理方案，应考虑完善变形协调的构造处理。

（4）房屋建筑基础建议采用柱下独立承台灌注桩基础；整体道床采用 PTC 桩条形基础。

（5）道路与地基处理在下一步设计中与道路专业密切配合，满足其承载力、变形要求。

根据专家意见，本工程主要采用两种桩型：预应力管桩及钻孔灌注桩，预应力管桩施工快，钻孔灌注桩因为桩端需要入岩，施工较慢，但是由于整体数量相对于管桩较少，仅在房屋竖向受力构件下采用钻孔灌注桩，施工期间合理安排工序，可以最大限度减少钻孔灌注桩对施工工期的影响。

18.14　南京南站增加喷淋系统、气体灭火增加保护区的总结

18.14.1　南京南站增加喷淋系统问题及处理

机场线南京南站为平行换乘站，为地下二层车站。设计无商业开发，按设计规范未考虑

喷淋系统，设计时未预留喷淋的条件。已建的连接机场线南京南站地铁南北联系通道、已建的南京南站站厅公共区按设置商业考虑设计，并设有喷淋系统。消防报建时，要求机场线南京南站站厅公共区增加喷淋系统。因南京南站进度较快，要求增加喷淋系统时，土建已经基本实施，再增设有一定困难。

解决措施：复核机场线南京南站现有条件：已设计有的消防水池有效容量最大可达181m³，经计算消火栓系统加喷淋系统后水池储水量可按180m³（此水量按减去补充水量）。将现有消防泵房附近的楼梯三角房变更为喷淋系统用房，满足加喷淋系统水泵设备放置需求，对土建影响较小。

连接机场线南京南站地铁南北联系通道已有喷淋系统，但没有预留给机场线南京南站喷淋接口。如由他们引入喷淋接口原设计喷淋泵需更换，再由喷淋泵房引出喷淋管，距离超过500m且需跨过已运营线的站厅，可利用条件较差。

经协调，为不对既有远营线产生影响，确定利用机场线南京南站现有条件增设站喷淋系统，满足消防报建要求。

建议：①消防报建工作尽量提早推进；②对于换乘站设计，先实施的工点需充分考虑资源共享，为后建工点提供所需接口。

18.14.2　气体灭火增加保护区原因分析及处理

根据专家组现场检查意见，地下高压开关室未设自动气体灭火装置，要求整改。

有关气体灭火保护区的设置，根据"关于对《地下车站内单独设置35kV开关柜室是否设置自动灭火系统装置》函的回复"（地铁规范管理复函[2012]-04）单独设置的高压开关柜室可不设自动灭火装置事宜在修编的《地铁设计规范》中进行了补充说明。根据《地铁设计规范》（GB 50157-2013）28.3.13条文说明，单独设置的高压开关柜室可不设自动灭火系统进行保护。原设计的自动灭火系统未将高压开关柜室列入保护范围。

机场线气体灭火系统采用IG541系统。因气体灭火系统已完成生产、施工，再在原来系统增加一个保护区有一定困难。根据专家意见，经比较采用增加一套无管网气体灭火方案和在原来IG541系统增加一个保护区方案。确定采用的方案为：机场线地下高压开柜室有南京南站、佛城西路站、翠屏山站和4号井。设置方案在原IG-541气体灭火系统增加一保护区。其中南京南站、佛城西路站、翠屏山站原气体灭火系统气瓶数量满足增设保护区要求，4号井需另外增加7个气瓶满足新增保护区要求。

对于气体灭火保护区的设置范围，不同地方略有差异。根据设计规范，高压开关柜室自身已有保护措施，可不再设气体灭火保护。对于采用与地方一贯做法不同时需要充分与业主沟通说明。

18.15　声屏障预留预埋件与土建配合问题

机场段工程声屏障设计困难点在于受高架采用 U 型梁设计和接触网影响较大。高架 U 型梁，不允许后期打孔固定。触网的立柱、各类下锚拉线与声屏障安装在同一平面直线上，互相冲突。为解决 U 型梁不允许后期打孔固定，对高架全线预埋了声屏障预埋件。高架段长约 16.9km，同时协调各类接触钢柱等预埋件，工作量、协调量大。对触网的立柱、各类下锚拉线，声屏障安装采用局部避让的办法，声屏障不影响接触网相关设备正常功能。局部避让处声屏障为非标模块。

18.16　机场线四小件装饰设计搪瓷钢板颜色未统一的思考与总结

存在问题：设计阶段南京机场线四小件设计标准与南京全线四小件标准一致，均采用单向曲面屋面，玻璃结合斜向导向柱的形式（图 18-11），施工图设计阶段，因施工单位未向装饰设计单位提交深化及排版图纸，以及未进行小样确认，设计院现场工作人员巡查发现其来料颜色不符合设计要求（图 18-12）。

图 18-11　玻璃结合斜向导向柱形式

图 18-12　颜色不符合设计要求

通过此类现场情况的分析，提出以下几个建议：

（1）设计与施工单位应加强沟通及现场配合力度，做到设计交底全面无误，施工过程中如有调整应在第一时间反馈现场。

（2）装修单位、监理单位应加强装修施工的准备和管理，涉及设计标准如装修材料、尺寸、颜色等重要标准应提前与相关单位确认。

18.17　在设计各个环节中能耗控制措施的落实

18.17.1　照明节能设计

本工程节约能源方面对站厅、站台以及设备区工作用房等房间的照度提出新的要求，按照《城市轨道交通照明》（GB/T 16275-2008）执行，以照明功率密度目标值做为设计值，从设计源头上开展照明设施的节能措施。

根据本工程照明设施的节能方案，地铁照明开关时间为地铁运行时间，按每天05：00-23：00计，年使用小时数为6570h。本工程建筑照明系统各功能区域的照明功率密度按《城市轨道交通照明》（GB/T 16275-2008）要求的规定值进行设置，设计值按目标值进行设计，经统计，设计目标值比现行值节能13.3%。

站台、站厅的总照明能耗相当于车站总照明能耗的50%，考虑地铁站内设备区、办公区的照明能耗，地铁公共区间灯箱的照明能耗等，对站台、站厅进行照明优化设计，同时公共区、设备区、办公区、广告灯箱进一步采用节能照明灯具，站点照明综合节能率将进一步提高。

（1）高效节能灯具的使用

本工程节约能源篇章对灯具的选择推荐采用高效节能灯具。

① T5、T8 节能荧光灯

本线照明光源采用节能高效光源，以T5、T8三基色高效荧光灯为主。它与传统荧光灯相比，光效高、节电效果好。各种荧光灯技术指标见表18-4。

各种荧光灯的技术指标　　　　　　　　　　　　　　　　　　表18-4

灯管径	整流器种类	功率（W）	光通量（lm）	光效（lm/W）	替换方式	照度提高（%）	节电率或电费节省（%）
T12（38mm）	电感式	40	2850	72			
T8（26mm）三基色	电感式	36	3350	93	T12-T8	17.54	10
T5（16mm）三基色	电子式	28	2600	93	T8-T5	17.54	10

另外，合理选用光源附件，也是实现节能的关键。目前镇流器主要包括节能型电感镇流器和电子镇流器，两者的比较见表18-5。

两种镇流器的比较　　　　　　　　　　　　　　　　　　表18-5

	电子镇流器	节能型电感镇流器
镇流器损耗	低（3～4W）	高（5～6W）
功率因数	高	低

续表

	电子镇流器	节能型电感镇流器
谐波	高	低
灯光效果	无频闪，保护视力	有频闪，易引起视觉疲劳
启动特性	舒适，无闪烁启动	闪烁启动
噪声	<30dB	<35dB，大批量使用容易造成共振，噪声放大
灯丝预热	有，减少对电极损伤，延长寿命	无，电极损伤大，易发黑
灯管寿命	长（延长灯管寿命1.5倍）	短
寿命	5年（与温度有关，地铁环境可达10年）	10年
灯管状态监测	有，灯管异常时可提供安全保护，更换灯管无需关电闸	无，灯管异常时可能烧坏启辉器，需关电闸再更换灯管
直流供电	√*	×

* 本线在节能灯具上再配置电子整流器，照明系统的效率可提高5%～10%。

② LED 灯

LED 光源作为一种半导体发光光源，自 1996 年大功率白光 LED 问世以来，应用领域就迅速扩大。作为一种冷光源，LED 在照明领域的发展到目前为止分为两个阶段：准备期（2003～2006年）为技术发展突破期和道路照明示范期，快速发展期（2007～2010年）主要是道路照明普及期与室内照明技术突破期。随着室内照明技术的突破，室内照明 LED 灯将进入普及期。

LED 作为一种绿色环保节能光源主要体现在以下几个方面：a. LED 实际上是二极管发光光源，在材料上不会使用到汞；b. LED 光源的发光效率现在也比较高，实验室发光效率已经达到 161lm/W，目前国内大功率工厂生产 LED 光效也应达到 110lm/W，且 LED 光源的技术目前还处于高速发展时期，未来发光效率将越来越高；c. LED 光源的寿命长，是荧光灯等一般光源无法比拟的，LED 灯在 5 万个小时的光衰不超过 20%，理论寿命在 10 万个小时，制约 LED 灯寿命的因素主要在于 LED 灯散热问题，随着 LED 灯驱动电路效率的提高，以及散热方式的改进，LED 灯的寿命会越来越长。

目前，在本线车辆段／停车场办公及设备用房、试点车站采用了 LED 作为主要照明光源，对照明节能效果显著，节能效果可达 20%～40%。

（2）节能照明控制方式的设置

本工程节约能源对车站设备房设置应急照明，以往地铁工程中往往采用长明灯的运行模式，而大部分设备房间为无人值班，只有在巡视时才有人进入。因此，本工程采用了设备房应急照明设置开关的方案，正常情况下，当运营人员巡视时，进入房间打开灯具开关，离开房间是关闭灯具开关。火灾情况下，强行点亮应急照明，以保证人员疏散和应急状态下的工作需要。

根据设置要求，若以设备区用房应急照明功率 10kW 为例，由于在工作时段有部分应急照明需要使用，大约使用 20% 灯具，关闭 80% 灯具，按此计算，一年每站设备区可节省电能约 49000kWh。

（3）电扶梯节能措施

全线自动扶梯采用全变频调速，扶梯上无乘客时，扶梯能自动转入节能模式运行，节约能源，减少机器的磨损。节能模式具有慢速运行和停梯两种模式。

①空载运行时扶梯节能模式一：无乘客时慢速运行

此节能方式是当没有乘客乘坐扶梯时扶梯慢速运行（约 0.13 ~ 0.2m/s），空载时从外阻损耗看，速度由 0.65m/s 变成 0.13 ~ 0.2m/s，可以减少能量损耗 70% ~ 85%，扶梯的速度由设在裙板的光栅控制，只要某个乘客通过光栅而被检测，扶梯就会加速到它的额定速度（0.65m/s），同时不必增加防止跨越的光栅立柱。其中对于 0.65m/s 的扶梯，检修时必须配备维修速度，节能速度就是在维修速度的基础上，加感应光栅实现，不存在增加很多的设备投资。

②空载运行时扶梯节能模式二：无乘客时自动停梯

此节能方式是当没有乘客乘坐扶梯时停止运行，在有需要时自动启动的间歇运行模式。通过设置在登梯口处的启动元件（接触垫或者光栅）作用，电扶梯当有人需要运送时才启动。在启动元件起作用的最后时刻，电扶梯通过时间继电器启动运行直至最后一位乘客离开并且在所设定的后继时间结束后停止运行。

通过设置在扶梯上下端头的交通灯指示电扶梯的运行状态以及运行方向。如果启动元件在错误的方向起作用，电扶梯将以预先设定的方向运行，指示乘客实际运行方向。

（4）通风空调节能措施

由于空调系统里面主要能耗设备有大系统组合式空调器，回排风机，车站排热风机，所以南京机场线从工可阶段就推荐采用车站隧道通风设备变频节能运行，尤其屏蔽门系统里面排热风机的运行能耗比重较大，约占全年空调能耗的 23%，故排热风机采用变频运行，对系统的节能效果将更加明显。设计从方案阶段到设备招标后的设计联络阶段，均严格按此要求配置设备。

其中，对于排热风机设置形式，设计一开始采用广泛应用的双风机设置方案（图 18-13），即车站每端设置一台排热风机，每台风机负担车站一半轨行区左右线轨顶及轨底隧道的排风。

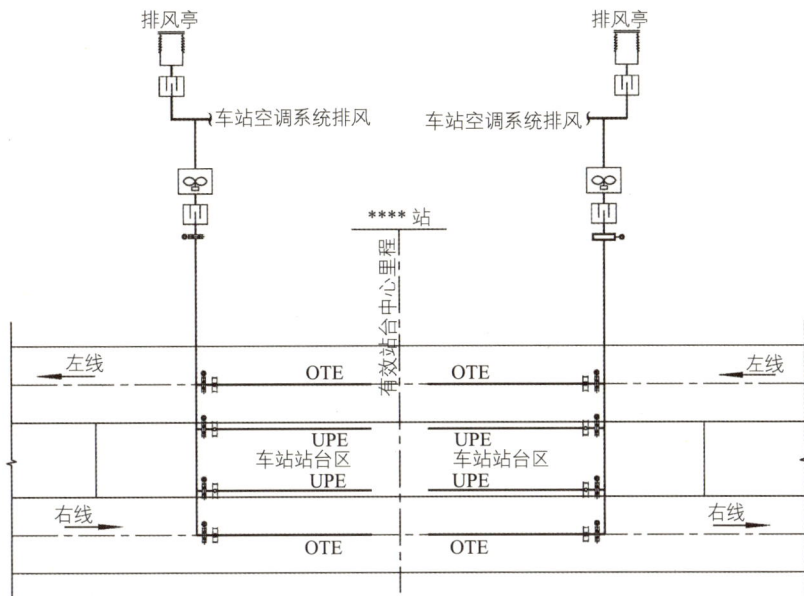

图 18-13　双风机车站隧道通风系统图

后来业主在初步设计审查之前提出，考虑到南京机场线初期列车行车间隔长，左右线列车不同时到站的情况比较普遍，建议把左右线轨顶及轨底隧道分开设置，即按四风机方案考虑（图 18-14），车站每端两台风机分别负担左右线轨顶及轨底隧道的排风，即左右的风机、左右线风道均独立设置，这样可根据左右线列车的到站情况分别控制排热风机，进一步提升系统的节能效果。

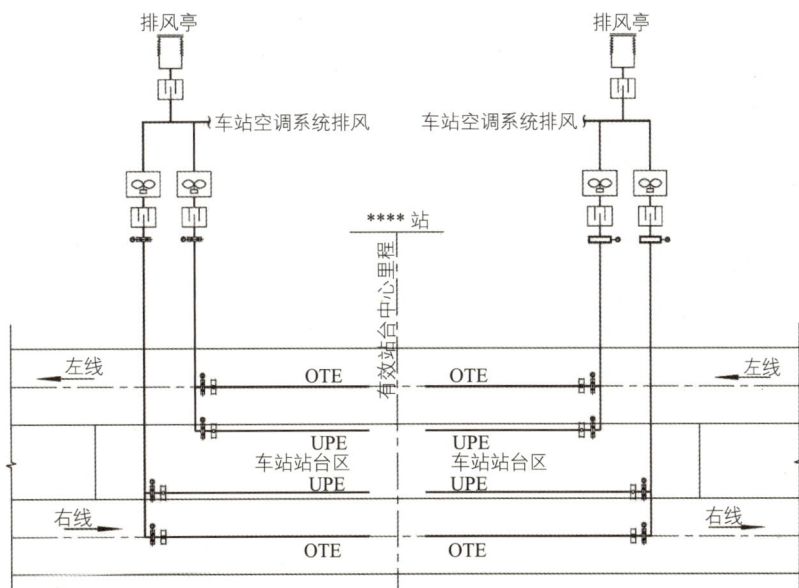

图 18-14　四风机车站隧道通风系统图

设计一开始认为已经变频控制的前提下，再左右线分开控制的意义不大，尤其到近远期线路行车间隔加大后几乎难以提高其节能运行空间，反而加大了系统控制难度，在其他地方已运行地铁线路上也未采用过此种控制方式，但之后与业主进一步沟通后还是坚持设置。当然从设备控制本身来说这也并不复杂，目的就是根据列车到站情况，比如左线列车进站，风机工频运行，列车出站，风机降频运行，右线也是如此。

但该控制方式具体如何实施，因为列车运行是连续的，具体在哪个位置风机开始变频，这涉及车站 BAS 专业与信号专业的接口，且还需要根据信号、BAS 等专业调试期间的运行情况进一步核实。经过与 BAS 专业、信号专业的沟通协商，采取的控制方式是：在行车对数较低的初期、近期和远期的非高峰时段，车站隧道排热风机根据列车的运行情况进行动态调节，列车车头进入车站停车区段前约 120m 时，风机开始升频至工频运行；其间保持工频运行，在列车车头驶离车站，距离车站停车区段约 240m 时开始降频至 25Hz 运行；其余时间保持 25Hz 运行。远期高峰时段（7：00 ~ 9：00、17：00 ~ 19：00）不变频，风机工频运行。在火灾、阻塞模式下风机均采用工频运行。

然而在后期调试过程中，根据现场 BAS 专业反馈的情况，由于信号专业提供不了所需列车的位置信号，BAS 无法根据此要求对列车进行左右线独立的变频控制，只能根据运行时段来对风机进行变频控制。为此，设计认为，这里面涉及信号专业是否开放与 BAS 专业接口的问题，较为复杂，并非仅仅通风空调专业上把设备及风道独立分开设置就可以办到的。由于该控制方式在其他地方均未有采用过，也很难客观评价其节能效果，运营后续使用中，可视情况开放信号专业接口，满足 BAS 控制的需要，进一步调试验证此控制方式的节能效果和运行情况。

18.18　BT 模式下工程数量的稳定与变更控制

18.18.1　从设计单位的角度考虑

设计单位一般是希望避免设计变更的，因为反复进行变更，会牵涉设计人员过多的精力，影响正常工作，拖延了正常的图纸出图时间。出图时间拖延，不但会给其他业主带来经济损失，也会降低设计单位的工作效率，损害设计单位的声誉。但是有一点应切记，设计单位是为业主服务的，如果设计变更能够帮助业主控制投资，提高质量，缩短工期，降低造价，那么这样的变更应该得到积极配合，是合理而有效的。

（1）设计深度不够。设计深度不够是产生大量设计变更的原因之一，也是当前设计市场存在的一个严重问题。设计单位要按照自己的资质等级来承揽相应的任务，但有些设计院工程任务多，时间紧迫，留给设计人员的思考、设计时间严重不足，达不到相应的设计深度，结果图纸仓促交付，问题毛病颇多，这使得在施工过程中需要不断地通过设计变更来修补完善，这种不负责任、不考虑设计单位自身的长远发展的做法非常不可取。

（2）各专业之间配合不当。各专业之间配合不当也会导致产生设计变更。一张最终交给业主的图纸包含了不同专业设计人员的辛勤劳动和智慧，不同专业的工作相互结合最后成为一个整体，所以，各个专业的协同合作就显得很重要。而现在的情况经常是，下一阶段的设计人员拿不到上一阶段完整的设计资料，数据不全，但是由于时间紧迫，只能完全按已有条件进行设计，然后再在施工过程中进行变更。发现问题时，如果问题处已经按照图纸施工了，这时发生变更会带来巨大损失，包括要耗费相当数量的人力、物力、财力返工。按照设计流程，上一专业在本专业设计完成之后，应该把技术资料、各项参数及时准确地提供给下一个专业设计部门，以免造成不必要的设计变更。但在实际工作中，各专业的沟通配合并没有那么流畅，甚至由于某些原因，数据交流会阻断，这种情况下设计变更自然就会出现。

（3）设计人员自身原因。设计人员的技术水平和工作态度造成的设计变更。现在，地铁设计单位任务量大，可能会存在人力资源不足的问题，一个人手上同时有几项设计任务，这种情况下，有些不负责任的设计人员会直接套用以前做过的类似工程，也不具体研究现有设计项目与原先项目的不同之处，这种不负责任的态度会导致变更设计不断产生，长此以往这种现象会周而复始地恶性循环下去，继而影响设计者的正常工作。有的设计人员经验不足，设计出来的图纸错误、不妥之处很多，这种情况下，如果负责审核、复核的工程技术人员工作不负责任，只是把图纸大概看一遍就签名出图的话，等到施工问题出来时，设计变更也就在所难免了。

18.18.2 从 BT 建设单位角度分析

BT 建设单位混乱的建设规划思路会影响设计人员的工作。比如，原来只是一标准地下车站，建设单位忽然想把它变成换乘站，这样，使用功能不同，原本设计好的图纸要进行修改，甚至要重新设计，牵一发而动全身，相关的配套专业图纸也要修改。对于建设单位来讲，避免产生变更，关键要在项目建议书阶段，即在项目最开始的阶段就要对所建项目有一个清晰的规划，明确所建工程的作用形式等。由于国家建设资金紧张，对工程项目的开工审批非常严格，但有的建设单位为了能上规模大、投资大的项目，故意要求设计单位在设计时降低工程的功能、使用标准，降低工程估算，以求通过国家审批的审批，等拿到开工建设的通行证，再通过变更等各种手段逐步扩大建设规模，这种做法为以后的工程施工埋下了隐患，增加了设计变更管理的难度。

18.19　重视运营意见，便于运营管理与维护

18.19.1　人性化设计提高运营工作质量

地铁车站或车辆段在设计的时候会根据车站的规模情况为运营公司预留部分的备用间，

但南京地铁已建成线的备用间仅设计了房间内的墙顶地的简装以及部分电源插孔，这样的方式大大局限了运营的使用，因此在机场线设计的过程中，此类备用间在原有设计的基础上增加了电话孔、网孔及空调系统，尽可能的去方便运营的工作调整，加强运营工作的灵活性。

地铁车站 CCTV 系统设计时通常根据规范要求的 30% 摄像机端口冗余的要求预留存储空间，但其实在后期运营介入之后运营公司会发现新的监控盲点，这时加装摄像头就会占用掉原来预留的存储空间。因此建议在前期设计工程中，在原 30% 的基础上适当放大 5%～10%，为运营后期的调整提供便利。

在地铁车站或车辆段中会大量使用到卷帘门，但其中大部分会采用手动式，此种卷帘门在某些特殊的地方会给运营日常使用带来很大的麻烦，比如层高较高的车站会出现手动链条过短，运营人员无法使用的情况（手动链条通常为标准尺寸）；以及部分车辆段的设备库用房，此类用房对门的开启高度有严格要求，但人为可开启的高度有限，不借用其他工具不可能满足运用的使用要求，对于此类情况，建议在设计时将此类区域的卷帘门设计为电动式。

在地铁车辆段的部分设备用房中需要用到落地式水池及配套的给水设施，但设计过程中很容易忽略水池尺寸对运营使用的影响，当水池过高过宽，并且水龙头又贴墙设置时，运营工作人员取水将非常困难，建议在设计时结合人体工程学数据，合理设计水池的尺寸，适当预留水管长度，为运营工作人员提供便利。

机场线高架段部分位于郊区地段，较多桥墩附近甚至没有建成道路，运营维护人员无法到达桥墩附近进行检修，同时桥墩上也未设置检修平台，检修作业无法开展。建议在设计初期结合现场地形，筛选出不具备检修道路的桥墩，为此类桥墩特别设计检修便道；密切与运营公司沟通，了解运营对检修平台的要求，优化设计后落实于图纸。

南京地铁 1 号线、2 号线设计完成后并未向运营公司提供 FAS 系统软件维护工具，导致运营日常维护工作受限，机场线吸取了 1 号线、2 号线的经验，要求在 FAS 系统安装竣工后向机自中心移交 FAS 系统的维护、保养、缺陷改造等工作需要的所有软件工具。

18.19.2　乘客安全高于一切

地下车站渗漏水是地铁工程中常见的现象，机场线佛城西路站由于渗漏水问题导致换乘通道铺设的光面大理石地面非常湿滑，乘客很容易滑倒摔伤，建议在后续建设的车站中，对出入口及换乘通道处的地砖进行防滑处理，避免造成乘客不必要的损伤。

根据地铁消防要求，车站及车辆段室外均需设置室外消火栓和水泵接合器，但较多车站都未设置防撞柱，乘客安全存在一定的隐患，建议在设计过程中，充分考虑到运营后乘客的安全性，对一些室外设施及凹凸处进行防撞处理，确保乘客的安全。

18.19.3　总结经验、密切沟通，提高设计质量

（1）初步设计阶段：在编写初步设计阶段方案时，能主动深入了解南京既有线路设计理

念、运营维护习惯，从用户角度考虑实际需求，小处着眼，细化方案，力争方案更加的合理性、更加的人性化，为日后运营的便利维护打下了坚实的基础。

（2）设计联络阶段：积极邀请运营部门人员参会。就专用通信系统、乘客信息系统、公安通信系统相关子系统设计联络内容征求运营人员意见，并借鉴南京地铁1号线、2号线建设、运营维护时积累的宝贵经验进行优化系统方案、细化设备功能和配置等方面的要求，最大程度提供了设备的使用性能。

（3）施工图设计阶段：认真落实设计联络会阶段运营提出的宝贵意见，并逐条经过仔细研究后落实在设计图纸里。

（4）施工配合阶段：邀请运营人员对施工现场进行监督。针对运营人员在施工期间发现的问题及建议能够认真研究并积极协调相关单位解决。如在确定视频系统摄像机安装位置时邀请运营相关使用部门人员进行现场确认，确保了最大限度满足运营后期使用时的监控角度要求。

针对在施工后期运营根据需要提出的新需求，能够积极从设计角度进行分析、研究，并提供具有可实施性的合理化方案。如：

①在区间1～7号风井的地面疏散通道门与轨行区通道门处增加摄像机，满足运营安全防护需求。

②在车辆段信号楼调度室、司机派班室、检修调度及南京南车控室根据值班人员使用要求新增时钟系统设备。

③在正方中路站站厅新增点钞室内增加相关通信监控系统设备。

在各个阶段设计人员均能积极主动与运营相关部门进行有效沟通，从运营使用角度出发理解实际需求，并认真研究、细化设计方案，进一步提高了运营质量和维护便利性。